高等职业教育
工程造价专业规划教材

GONGCHENG JISHU JINGJI

工程技术经济

（第二版）

主　编　陶燕瑜　胡　昱
副主编　廖奇云
参　编　陈玉梅　秦慧琳　冯婷婷
主　审　陈安明

重庆大学出版社

内容提要

　　本书是高等职业教育工程造价专业规划教材之一,主要内容包括技术与经济的概念,以工程项目为对象进行技术经济动、静态分析的方法、内容和程序,工程项目的财务经济评价,工程项目的国民经济评价,工程项目的不确定性分析,价值工程及其在建筑业中的应用,以及技术创新、技术改造的技术经济分析方法和项目后评价,等等。本书不仅适用于工程类本、专科学生,而且也可作为报考全国造价工程师资格考试的参考用书。

图书在版编目(CIP)数据

工程技术经济/陶燕瑜,胡昱主编.—2 版.—重
庆:重庆大学出版社,2014.3(2017.7 重印)
高等职业教育工程造价专业规划教材
ISBN 978-7-5624-7905-5

Ⅰ.工…　Ⅱ.①陶…②胡…　Ⅲ.①建筑工程—技
术经济学—高等职业教育—教材　Ⅳ.①F407.9

中国版本图书馆 CIP 数据核字(2014)第 015665 号

高等职业教育工程造价专业规划教材
工程技术经济
(第二版)
主　编　陶燕瑜　胡　昱
副主编　廖奇云
主　审　陈安明

责任编辑:桂晓澜　　版式设计:黄　河
责任校对:邹小梅　　责任印制:赵　晟

*

重庆大学出版社出版发行
出版人:易树平
社址:重庆市沙坪坝区大学城西路 21 号
邮编:401331
电话:(023)88617190　88617185(中小学)
传真:(023)88617186　88617166
网址:http://www.cqup.com.cn
邮箱:fxk@cqup.com.cn(营销中心)
全国新华书店经销
重庆升光电力印务有限公司印刷

*

开本:787mm×1092mm　1/16　印张:13.5　字数:337 千
2014 年 3 月第 2 版　　2017 年 7 月第 16 次印刷
印数:40 001—42 000
ISBN 978-7-5624-7905-5　定价:25.00 元

编委会

特别鸣谢(排名不分先后)

天津理工大学经济管理学院
重庆市建设工程造价管理总站
重庆大学
重庆交通大学应用技术学院
重庆工程职业技术学院
平顶山工学院
徐州建筑职业技术学院
番禺职业技术学院
青海建筑职业技术学院
浙江万里学院
济南工程职业技术学院
湖北水利水电职业技术学院
洛阳理工学院
邢台职业技术学院
鲁东大学
成都大学
四川建筑职业技术学院
四川交通职业技术学院
湖南交通职业技术学院
青海交通职业技术学院
河北交通职业技术学院
江西交通职业技术学院
新疆交通职业技术学院
甘肃交通职业技术学院
山西交通职业技术学院
云南交通职业技术学院
重庆三峡学院
重庆市建筑材料协会
重庆市交通大学管理学院
重庆市建设工程造价管理协会
重庆市泰莱建设工程造价事务所
江津市建设委员会

序

《高等职业教育工程造价专业规划教材》于 1992 年由重庆大学出版社正式出版发行，并分别于 2002 年和 2006 年对该系列教材进行修订和扩充，教材品种数也从 12 种增加至 36 种。该系列教材自问世以来，受到全国各有关院校师生及工程技术人员的欢迎，产生了一定的社会反响。编委会就广大读者对该系列教材出版的支持、认可与厚爱，在此表示衷心的感谢。

随着我国社会经济的蓬勃发展，建筑业管理体制改革的不断深化，工程技术和管理模式的更新与进步，以及我国工程造价计价模式和高等职业教育人才培养模式的变化等，这些变革必然对该专业系列教材的体系构成和教学内容提出更高的要求。另外，近年来我国对建筑行业的一些规范和标准进行了修订，如《建设工程工程量清单计价规范》等。为适应我国"高等职业教育工程造价专业"人才培养的需要，并以系列教材建设促进其专业发展，重庆大学出版社通过全面的信息跟踪和调查研究，在广泛征求有关院校师生和同行专家意见的基础上，决定重新改版、扩充以及修订《高等职业教育工程造价专业规划教材》。

本系列教材的编写是根据国家教育部制定颁发的《高职高专教育专业人才培养目标及规格》和《工程造价专业教育标准和培养方案》，以社会对工程造价专业人员的知识、能力及素质需求为目标，以国家注册造价工程师考试的内容为依据，以最新颁布的国家和行业规范、标准、法规为标准而编写的。本系列教材针对高等职业教育的特点，基础理论的讲授以应用为目的，以必需、够用为度，突出技术应用能力的培养，反映国内外工程造价专业发展的最新动态，体现我国当前工程造价管理体制改革的精神和主要内容，完全能够满足培养德、智、体全面发展的，掌握本专业基础理论、基本知识和基本技能，获得造价工程师初步训练，具有良好综合素质和独立工作能力，会编制一般土建、安装、装饰、工程造价，初步具有进行工程造价管理和过程控制能力的高等技术应用型人才。

由于现代教育技术在教学中的应用和教学模式的不断变革,教材作为学生学习功能的唯一性正在淡化,而学习资料的多元性也正在加强。因此,为适应高等职业教育"弹性教学"的需要,满足各院校根据建筑企业需求,灵活调整及设置专业培养方向。我们采用了专业"共用课程模块+专业课程模块"的教材体系设置,给各院校提供了发挥个性和设置专业方向的空间。

本系列教材的体系结构如下:

共用课程模块	建筑安装模块	道路桥梁模块
建设工程法规	建筑工程材料	道路工程概论
工程造价信息管理	建筑结构基础	道路建筑材料
工程成本与控制	建设工程监理	公路工程经济
工程成本会计学	建筑工程技术经济	公路工程监理概论
工程测量	建设工程项目管理	公路工程施工组织设计
工程造价专业英语	建筑识图与房屋构造	道路工程制图与识图
	建筑识图与房屋构造习题集	道路工程制图与识图习题集
	建筑工程施工工艺	公路工程施工与计量
	电气工程识图与施工工艺	桥隧施工工艺与计量
	管道工程识图与施工工艺	公路工程造价编制与案例
	建筑工程造价	公路工程招投标与合同管理
	安装工程造价	公路工程造价
	安装工程造价编制指导	公路工程施工放样
	装饰工程造价	
	建设工程招投标与合同管理	
	建筑工程造价管理	
	建筑工程造价实训	

注:①本系列教材赠送电子教案。

②希望各院校和企业教师、专家参与本系列教材的建设,并请毛遂自荐担任后续教材的主编或参编,联系 E-mail:linqs@cqup.com.cn。

本次系列教材的重新编写出版,对每门课程的内容都作了较大增加和删改,品种也增至 36 种,拓宽了该专业的适应面和培养方向,给各有关院校的专业设置提供了更多的空间。这说明,该系列教材是完全适应工程造价相关专业教学需要的一套好教材,并在此推荐给有关院校和广大读者。

编委会

2012 年 4 月

前言

  《工程技术经济》是高等职业教育工程造价专业规划教材之一。本教材立足于系列教材，具有较强的针对性、实用性和实践性等特点，结合工程造价等专业的使用要求，对技术经济的基本理论与方法作了较为完整的阐述和介绍，并针对建筑领域内的工程项目的经济评价方法作了较为深入的论述。本教材力求与我国过去采用的技术经济方法相衔接，同时也反映了我国当前工程技术经济分析中的一些实际做法。本教材在每章中均附有一定量的例题、实例和习题，以帮助学生掌握技术经济的基本原理、基本知识和常用的分析方法，培养学生从事各类工程项目经济分析和评价的初步能力。

  本书可作为高等职业教育本、专科，高等工程专科教育，成人高等教育及自学考试等的教学用书，也可作为注册造价工程师考试的参考用书。

  本书共 11 章，由陶燕瑜、胡昱主编，廖奇云副主编，陈玉梅、秦慧琳、冯婷婷参编，在原教材的基础上进行了第二次修订。其中第 1,2,3,4,6 章由陶燕瑜编写，第 5,8,10 由胡昱编写，第 3,7,9 由廖奇云编写，第 11 章由陈玉梅和秦慧琳共同编写。第 1,2,3,4,5,6 章由秦慧琳参编，第 7 章由冯婷婷参编，第 8,9,10,11 由陈玉梅参编；由陈安明主审。

  本书虽经多次修改，但由于编者水平有限，难免存在缺点和错误，敬请读者予以指正。

编 者

2013 年 10 月

目 录

1　绪　论

1.1　技术与经济的概念和工程技术经济学的产生与发展

·1.1.1　技术与经济的概念及其相互关系·

1）技术

"技术",有狭义与广义之分。狭义的技术,一般是指劳动工具的总称,或者是指人们从事某种活动的技能。广义的技术,是指人类认识和改造客观世界的能力。它的具体内容包括劳动工具、劳动对象以及具有一定经验、知识和技能的劳动者,即生产力三要素。但是技术并非三要素的简单相加,而是三者的相互渗透和有机结合成的整体。比如,必须由掌握先进经验、知识和技能的劳动者,使用先进的劳动工具作用于相应的劳动对象,才能成为先进的技术并转化为先进的生产力。因此,技术是指一定时期、一定范围的劳动工具、劳动对象和劳动者经验、知识、技能有机结合的总称。

技术是多种多样的,生产活动中的技术大致可分为两类:一类是体现为机器、设备、厂房、建筑物、原材材、燃料与动力等的物质形态技术,又称硬技术;另一类是体现为工艺、方法、配方、程序、信息、经验、技能、规划和谋略等管理能力的非物质形态的技术,又称软技术。

2）经济

"经济"这个词的含义较为广泛,其一,在"经济基础""经济关系"含义中的"经济"一般反映的是生产关系的总和;其二,在"国民经济""经济建设"含义中的经济是指物质资料的生产—流通—分配—消费等环节的经济活动;其三,是指人的日常用语中的"节约""节省"的意思。

3）技术与经济的相互关系

在人类社会发展中,技术与经济是相互联系、相互促进、相互制约的。正确处理技术与经济的关系,是研究技术经济的出发点。

①经济的发展是推动技术进步的动力。任何一项新技术的产生,总是由经济的需要所引起的,经济上的需要是技术发展的前提和动力,否则技术活动就失去了方向。技术进步同时又是推动经济发展的重要条件。

技术是达到经济目的的手段和方法。我国市场经济的建设是以科学技术现代化为先导,

1

一切新技术的开发与应用,要为国民经济的发展服务。在生产过程中,如果生产成本过高,材料消耗过大、产品质量低劣将直接影响产品在市场竞争中的能力,提高经济效果的愿望就会成为技术进步的动力。

②技术的发展要受到经济条件的制约。技术进步不仅取决于经济上的需要,还要考虑采用某项技术的相应的物质条件及经济条件。任何新技术的应用都要从实际出发,因地制宜,技术先进但经济性太差就会导致这项新技术在生产中难以推广。新技术的推广又要以传统技术为依托,离开了对传统技术的改造,新技术的应用也就失去了生命力。在生产实践中要强调采用既不是最先进的也不是落后的中间技术,中间技术易推广、见效快并能获得较好经济效果,采用中间技术可协调技术与经济之间的矛盾。经济性差的技术通过改造和创新,可转变为经济性好的技术;经济性好的技术如停滞不前,随着时间的推移也会逐渐转变为不经济的落后技术。要解决好技术与经济的相互对立又相互制约的矛盾,就要把技术上的先进性与经济上的合理性结合起来。

③技术与经济的统一。任何生产项目从设计到成品都要应用科学技术,同时也要耗费人力、物力、资金。技术与经济统一于生产项目的全过程。过去人们常将技术和经济的统一关系割裂开来,管技术的不考虑经济,管经济的不过问技术,或是认为技术上先进的经济上也是合理的。这种片面性认识既影响技术进步,也影响经济发展。任何方案的取舍,应以技术先进、经济合理为决策的标准。在技术先进条件下经济合理,在经济合理基础上技术先进,技术的先进性和经济的合理性的统一要贯穿于技术经济分析的始终。客观形势的发展需要广大技术人员和经济工作者能够掌握技术经济分析的基本原理与方法,以探求经济的客观规律,用来指导技术实践,解决好各种技术经济问题,促进我国建设事业的蓬勃发展。

· 1.1.2　工程技术经济学的产生和发展 ·

工程技术经济学是一门应用性很强的交叉学科,涉及自然科学、技术科学、社会科学和经济科学等多个领域。

在国外,早在 1911 年美国的泰勒就编写出版了《科学管理原理》,提出要用科学的方法来测定和研究解决工厂中的技术经济和管理问题,而到了 1930 年出版了格米梯教授撰写的《工程经济原理》之后,初步奠定了技术经济学的学科体系,这是技术经济学科从提出概念到初具雏形的第一阶段。此后,直到第二次世界大战结束,技术经济分析的原则被广泛应用于生产建设中,特别是第二次世界大战期间,由于军工生产和作战的需要,美国科学家首先运用数学分析方法和先进的运算技术解决了雷达的合理分布问题,从而建立和发展了"运筹学"。其后美国科学家为了研究敌方潜艇的出没概率并加以摧毁,创立了"搜索论",从而进一步推动和发展了运筹学。运筹学的理论与方法在技术经济分析和决策中的推广及应用,进一步提高了技术经济学的理论水平和技术水平,这是技术经济学科发展的第二阶段。第二次世界大战以后,系统论、控制论、信息论等方法论科学的诞生,特别是系统分析、现代数学和电子计算机的发展,使技术经济学发展到现代化的新阶段。此时,技术经济学在广泛吸取自然科学、数量经济学等最新研究成果的基础上,运用系统分析、概率统计、预测学、投入产出分析、费用效益分析、决策论、网络分析、价值工程等现代化方法,建立经济数学模型,并运用现代化计算技术——电子计算机对复杂的多目标技术经济问题进行了动态的、定量的分析、计算、模拟和决策,使技术经济学发展到当前现代化的第三阶段。

在我国,把技术与经济结合起来对工程项目进行经济分析始于 20 世纪 50 年代中期,当时称为"技术经济论证"。其分析方法虽然略显粗糙、简单,但在"一五"时期,对我国的社会主义经济建设曾起到过一定的推动与促进作用。其后,工程技术经济分析方法在总结实践的基础上不断发展与完善,并吸收国外"工程经济"等学科的一些方法,形成了今天的工程技术经济学。

1.2　工程技术经济的研究对象、内容、方法和程序

·1.2.1　工程技术经济的研究对象与内容·

工程技术经济的研究对象十分广泛,大致可以分为宏观、中观和微观 3 个层次。本书主要是从微观层次对各类工程项目和科技项目进行研究,其主要研究内容有以下几个方面:

①投资的必要性　每个项目的提出,都有其现实的背景及客观需要。在分析研究时,要站在较高的层次对项目提出的背景、投资的必要性和国民经济意义进行论证。

②市场前景或应用前景　一个应用类项目是否具有生存能力,在于它是否有可预见的良好的市场前景或应用前景,一般表现为产品需求量大小,用户的多少及应用范围等。

③项目的规模　项目的规模研究,实质上是评价该项目的生产或服务能力是否符合市场需求。规模的确定对该项目将产生长期的影响,一般是结合资源条件、市场条件、服务年限、工艺与设备等因素择优选定。

④建设地址的选择　凡是有土建任务的项目,都有选址问题,这个问题对项目具有长远影响。一般要考虑布局、运输方式和距离、公用设施与协作条件、水文、气象、环境保护以及地质、土地购置等因素。

⑤技术设计方案的选定　主要包括技术来源,技术水平,技术性能,工艺流程,设备选型,产品的适用性、安全性、可靠性,生产方式以及土建工程量的估算等因素的比较和选定。

⑥原材料与能源供应的分析

⑦专业化水平与协作条件分析

⑧劳动力资源分析

⑨投资估算与资金筹措　包括主体工程、配套工程所需的固定资产和流动资金的估算,资金来源、资金投入时间与偿还方式等分析。

⑩工程项目的全面财务评价　包括年度生产费用和总成本的估算,投资回收期或投资效果系数,净现值与净现值率,内部收益率等动态分析与财务综合评价。

⑪国民经济评价　国民经济评价是项目经济评价的核心部分,它是从国家整体角度考察项目的效益和费用,计算分析项目给国民经济带来的净效益,评价项目在经济上是否合理。

⑫综合评价　将上述全部评价内容加以全面综合分析,并得出相应的评价结论,提出最佳方案供决策部门选择。

·1.2.2 工程技术经济分析方法·

（1）定性分析法

定性分析是对问题作质的判断或规定,其常用方法主要有德尔菲法、专家会议法、逻辑推理或相关分析法、综合评价法等。

在技术经济活动中有很多指标和项目内容都是不可计量的,而且具有一定的模糊性。同时,由于问题的高度综合性、复杂性使得评价的数学模型不可能包括各个方面,所以在技术经济分析中,定性分析方法是绝对不可少的,而且是常用的方法,即使是作定量分析时也要与定性分析相结合。

（2）定量分析法

工程技术经济评价方法非常多,有静态的、也有动态的,有确定性的,也有非确定性的,有的采用普通计量经济模型,也有的运用系统工程理论来进行评价,有微观的工程项目的财务评价,也有宏观的工程项目的国家经济评价以及工程项目的价值工程分析和敏感性分析。本书在对工程项目进行投资的时间价值评价时,就分别采用了静态评价方法和动态评价方法。

（3）工程技术经济分析的程序

工程技术经济分析的程序有狭义和广义上的区别。狭义的程序仅包括对已有的项目方案进行评价和优选。广义的程序则从提出目标开始进行调查研究并广泛搜集有关的信息、资料;拟订各种可能的方案;对方案进行评价、优化和选择;在方案实施过程中进行跟踪评价。如图1.1 所示。

在我国,技术经济分析的程序应逐步从狭义向广义转变,并在条件成熟时予以标准化。

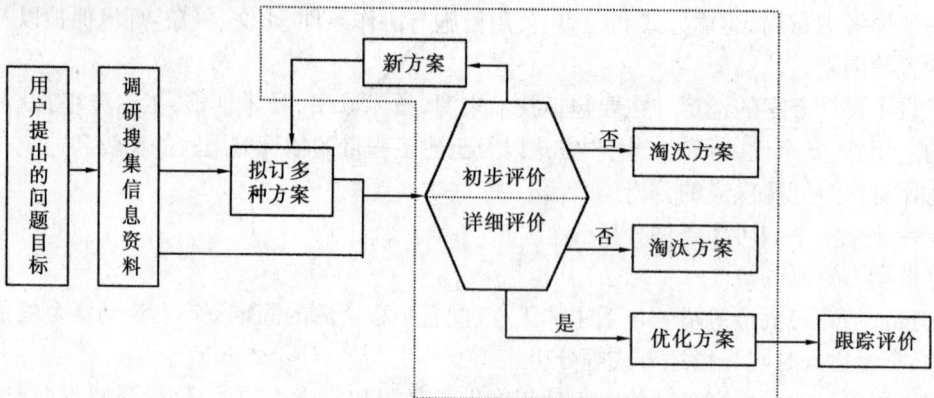

图 1.1　技术经济分析的程序框图

注:虚线框内为狭义的分析程序

1.3 建筑产品生产的技术经济特点及建筑技术经济学的任务

·1.3.1 建筑产品生产的技术经济特点·

①建筑产品生产的单件性 每件建筑产品都有专门的用途,都需采用不同的造型、不同的结构、不同的施工方法,使用不同的材料和设备。根据使用性质、耐用年限和防震要求,还需采用不同的耐用等级、耐火等级和防震等级的材料和设备。

随着新的施工技术、建筑材料、建筑结构不断涌现,建筑艺术形式经常推陈出新,即使用途相同的建筑产品,因为在不同时期兴建,采用的材料、结构和艺术形式也会不同。

②建筑生产的流动性 建筑产品的固定性和严格的施工顺序,带来了建筑产品生产的流动性,使生产者和生产工具经常流动转移,要从一个施工段转移到另一个施工段,从这个部位转移到那个部位,在工程完工后,还要从一个工地转移到另一个工地。生产设备、材料、附属生产加工企业、生产和生活设施经常迁移必然会增加施工企业的生产成本。

③建筑产品的生产过程具有综合性 建筑产品的生产首先由勘察单位进行勘测,然后是设计单位进行设计,建设单位进行施工准备,建筑安装单位进行施工,最后经过竣工验收交付使用。所以建筑单位在生产过程中,要和业主、银行、设计单位、材料供应部门、分包单位等配合协作。由于生产过程复杂,协作单位多,这就决定了建筑产品的生产过程具有很强的综合性。

④建筑生产受气候条件影响大 建筑产品在生产过程中,对其产生影响的因素很多。例如设计的变更、情况的变化、资金和物资的供应条件、专业化协作状况、城市交通和环境,等等。这些因素对工程进度、工程质量、建筑成本等都有很大影响。除此之外,由于建筑产品的固定性,只能在露天进行操作,受气候条件影响大,不仅生产者劳动条件差,而且严寒酷暑,风雨冰雪等都会造成停产或减缓施工进度。

⑤建筑生产过程的不可间断性 一个建筑产品的生产全过程是:确定项目、选择地点、勘察设计、征地拆迁、购置设备和材料、建筑和安装施工、试车(或试水、试电)验收,直到竣工投产(或使用),这是一个不可间断的、完整的周期性生产过程。再从建筑施工和安装来看,要能形成建筑产品,需要经过场地平整、基础工程、主体工程、装饰工程等各个阶段,最后才能交工验收交付使用。因此建筑产品是一个较长时间持续不断的成果,这种产品只有到生产过程终了才能完成,才能发挥作用。当然,在这个过程中也可以生产出一些中间产品或局部产品,这就要求产品生产过程中的各阶段、各环节、各项工作都必须组织得有条不紊,做到在时间上不间断,空间上不脱节,只有这样才能保证建筑产品生产的顺利完成。

⑥建筑产品的生产周期长 建筑产品的生产周期是指建设项目或单位工程的整个建设过程所耗用的时间,即从开始施工起,到全部建成投产或交付使用时止所经历的时间。建筑产品生产周期长,有的建筑项目,少则1~2年,多则3~4年、5~6年,甚至上10年。因此它必须长期大量占用和消耗人力、物力和财力,要到整个生产周期完结,才能出产品。故应科学地组织建筑生产,不断缩短生产周期,提高投资回报效率。

· 1.3.2 建筑技术经济学的任务 ·

技术经济学有许多分支,例如工业技术经济学、农业技术经济学、运输技术经济学、能源技术经济学、建筑技术经济学,等等。建筑技术经济学是技术经济学的理论和方法在建筑工程技术政策和技术方案中的具体应用。

建筑工程技术经济学研究的中心问题,是建筑工程技术发展中的经济效果问题。它有3个主要任务:首先是要选择技术上先进、适用和可靠,经济上合理的建设方案;其次是为国家和建设部门制定建筑技术政策、技术方案和技术措施提供经济依据;再次是为建筑技术的不断创新设计合理的运行机制。

本书的内容基本上按照两个层次展开论述:第一层次为技术经济分析的基本原理和基本方法;第二层次为基本原理和方法在各类建筑技术实践活动中的具体应用。

1.4 工程师必须掌握的技术与经济的基本知识

高等院校工科类专业的目标是培养未来的工程师。作为社会主义中国的高级建设人才,他们肩负着崇高的政治使命,作为一名工程师,在业务上他又肩负着3项使命:技术使命、经济使命与社会使命。

工程师不同于其他从业者,他所从事的工作是以技术为手段,创造工程产品或提供技术服务满足人们的物质和文化生活的需要——这就是工程师的技术使命。正如著名的空气动力学家冯·卡门所说:工程师创造还没有的世界,所以工程师以发明、革新为己任。为此他必须具有广泛而扎实的基础理论知识,要精通本门、类工程领域的技术知识和相关领域的知识,具备本门、类的工程技术和能力,掌握当代科技发展趋势,具有适应时代需要的人文知识、经济知识和技术素质。这就需要在大学中通过基础课、技术课和专业课学习掌握这些知识和技能。技术经济学中的技术创新部分,就是要求学生通过学习提高技术创新意识,掌握技术创新规律,自觉运用所掌握的科学技术知识进行创造性思维,创造出本地区、本国和世界上还没有的新产品、新技术、新工艺,开辟出新市场。

技术作为人类发展生产力的强有力手段,具有十分明显的经济目的,工程师的每项成果都涉及经济问题,都涉及投入、产出和经济效果问题。举一个最简单的例子,设计一幢大楼必须要考虑墙面隔热问题,这对能源的节约有很大关系。从技术上讲隔热问题很容易解决,除了选用隔热性能优良的材料外还可以加厚墙体。加厚墙体就要增加基本建设费用,而不加厚墙体则要增加能源的损耗,这之间就有一个经济性评价和方案选择的问题。科学管理之父泰勒曾经说过一句名言:"一个工程师能以一元钱完成别人必须用两元钱方能完成的工作。"半个世纪以前就有人作过这样的论述:除了少数例外,每项工程结构都是首先由经济需求提出的,并且每个零件的设计,除少数以外最后基本上都是从经济观点出发作出判断的。所以工程师的工作离不开经济,工程师必须掌握常用的、基本的经济学理论和方案评价的知识和方法,他的脑海中不仅要有技术的"弦",还要有经济的"弦"。在技术方案上除了要考虑功能、性能、质量、效率、精度、寿命、可靠性等技术指标外,一定要同时考虑投资多大,成本多高,运行费用多少,利润如何,在市场上有没有竞争力等一系列的经济性评价问题。否则再好的技术方案,只能是绣花枕头,好看不中用。因此工程师必须具有强烈的经济意识,必须要掌握技术经济的基本理论和方法。工程技术人员应当明白,尽管产品是由工人在生产过程中制造出来的,但是产品的技术先进程度、满足消费者的程度和创造费用高低在很大程度上是由工程技术人员在设计产品和选择工艺过程中早已决定了的。

此外,现代工程技术与人类社会的关系十分密切,与人类的生存环境、文化发展息息相关。工程师除了为人类提供价廉物美的产品和服务外,还必须关注环境保护和资源的利用,走可持续发展的道路。"可持续发展"最早在 1980 年联合国环境规划署(UNEP)、世界自然保护基金会、国际自然保护联盟(IUCN)三者共同发布的《世界自然保护战略》中谈到"为实现可持续发展而进行的自然资源的保护"时首次使用。在 1987 年"环境与开发世界委员会"发表的报告书《我们共同的未来》中,"可持续发展"成为关键词,并把"开发、发展"定义为人类"从周围环境获得的最大利益","保护"定义为"人类子孙后代从周围环境获得的最大利益",从而使开发、发展和保护两者在人与自然的协调关系上统一了起来。工程师必须树立这么一个观点:地球只有一个,它是全人类共同所有,要处理好发展与保护的关系,没有发展的保护是没有意义的,没有保护的发展是不能持续的。

综上所述,学习技术经济学的目的是帮助工科学生掌握技术方案的经济分析与决策方法,环境保护的经济评价方法和技术创新理论与方法等内容,使他们树立经济意识、可持续发展意识和技术创新意识。

小 结 1

本章主要介绍技术与经济的性质、产生和发展,并对贯穿全书的技术经济评价的基本经济思想进行了论述。针对建筑产品的技术经济特点及建筑经济学的任务,本章还论述了作为工程师必须掌握技术经济学基本知识的重要性。

复习思考题 1

1.1 技术与经济的性质是什么?

1.2 为什么在技术实践活动中要讲求经济效果?

1.3 技术与经济之间的关系怎样?

1.4 技术经济分析的研究对象与内容是什么?

1.5 建筑产品生产的技术经济特点有哪些?

2 工程技术经济评价原理及其指标体系

2.1 经济效果的概念及其评价标准

· 2.1.1 经济效果的概念 ·

人类所从事的任何社会经济活动都有一定的目的性,而且都可以获取一定的效果,这些效果称为该项活动的劳动成果,如各种产品、劳务等。但是要取得这些劳动产品必然要付出一定的代价,即必须投入一定数量的物化劳动和活劳动,付出的代价通常称为劳动消耗。

工程技术经济所研究的经济效果问题,主要是研究工程建设领域内各种活动的劳动成果与劳动消耗的关系。因此,经济效果的概念可以表述为:人们在工程建设领域中的劳动成果与劳动消耗的比较。

1)效率、效果与效益的关系

效率通常指单位时间内完成的工作量,为能力的量度。所谓效率高指在同样时间内完成更多的工作。

效果指某种活动产生的结果,可称之为凝固的效率。

效益指有益的效果,即社会需要或为社会所接受的成果。

三者的关系为:

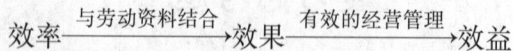

$$\text{效率} \xrightarrow{\text{与劳动资料结合}} \text{效果} \xrightarrow{\text{有效的经营管理}} \text{效益}$$

2)经济效果与经济效益的区别

经济效果反映劳动消耗转化为劳动成果的程度,实际上是人们从事经济活动的一种必然结果。这种结果可能符合社会需要,也可能不符合社会需要。

经济效益反映劳动消耗转化为有用或有效的劳动成果的程度,即:

$$\text{经济效益} = \frac{\text{有用的劳动成果}}{\text{劳动消耗}}$$

所以,经济效果与经济效益是两个既有联系又有区别的不同概念,不应该将其等同起来。但由于技术经济评价的预测性,这二者在许多场合往往是通用的。如在评价某项拟建工程项目的经济效益时,是假定它的产品适销对路,其全部劳动成果都是有效的。在这样的情况下,经济效益和经济效果便没有区别。以后若无特别说明,我们就认为这两个术语可以通用。

· 2.1.2 经济效果的评价原则 ·

①宏观经济效果与微观经济效果相结合。宏观经济效果指从国家整体出发考察技术方案的经济效果,微观经济效果则是从项目或企业本身的角度出发考察技术方案的经济效果。在多数情况下,二者是统一的,因为局部利益是全局利益的基础,全局包含局部。但有时也有矛盾,这时必须首先考虑宏观经济效果,因为必须首先从国民经济和全社会的角度出发考虑国家的整体利益,不能为追求局部利益而损害全局利益。

②近期经济效果与长远经济效果相结合。工程建设是百年大计,不仅要注意近期经济效果,而且要重视将来的发展前途,不仅要计算建设期间的劳动耗费,而且要计算生产服务期限内的经济因素,把拟建工程从投资开始到使用期终结这一周期作为完整系统来计算和评价。要把当前经济效果与长远经济效果很好地协调起来。当两者出现矛盾时,则应当"近期"服从"长远"。

③直接经济效果与间接经济效果相结合。直接经济效果是指方案本身的经济效果。间接经济效果也称外部经济效果,是指方案实施对国民经济其他部门带来的经济效果。如果技术方案的直接经济效果与间接经济效果一致,就很容易决定其好坏,但二者经常不一致。如化工企业在追求本企业经济效果的同时,对周边环境造成了污染。此时,必须具体问题具体分析,不能简单地以直接经济效果好或者间接经济效果好作为判断标准。

④经济效果与社会效果相结合。经济效果是可以进行定量计算其价值量大小的经济活动后果,而社会效果是指经济活动对于人口素质、伦理道德、生活质量、社会安全等方面带来的后果,一般难于计算。因此,对方案进行评价时,既要考虑其经济效果,也要考虑其社会效果。如果方案的经济效果与社会效果一致,则方案的好坏容易判断;如二者不一致,情况就比较复杂。从当前看,应当在尽量不危害社会的前提下,依据经济效果进行评价;从长远看,则应当在可能提高经济效果的同时,以社会效果的好坏决定取舍。

· 2.1.3 经济效果的评价方法 ·

经济效果是劳动成果与劳动消耗的比较,而这种比较可以用"比率法"和"差值法"两种方法表示。

1)比率法

用比率法表示经济效果,就是用比值的大小来反映经济效果的高低,其数学表达式为:

$$E = \frac{B}{C} \tag{2.1}$$

式中　E——经济效果;

　　　B——劳动成果;

　　　C——劳动消耗。

式(2.1)表示了单位投入所获得的产出,其比值越大越好。式(2.1)可以有 4 种表示类型:

①劳动成果和劳动消耗均以价值形态表示　这时经济效果的单位为"价值/价值"。如劳动成果可以用国民生产总值、国内生产总值、销售收入、利润总额等指标表示;劳动消耗可以用

固定资产投资、总成本、工资总额等指标表示。

②劳动成果以价值形态表示,劳动消耗以实物形态表示　这时经济效果的单位为"价值/实物"。劳动消耗根据具体情况可以分别用"kg""m³"等指标表示。如每千克煤提供的产值"元/kg"表示能源的利用效率。

③劳动成果与劳动消耗均以实物形态表示　这时经济效果的单位为:"实物/实物"。如每千克钢材提供的成品材料"kg/kg"表示钢材成材率。

④劳动成果以实物表示,劳动消耗以价值表示　这时经济效果的单位为"实物/价值"。如用每百元固定资产占用提供的实物产品量"kg/100"表示固定资产的利用效率。

2)差值法

差值法是以减法的形式表示经济效果的大小,其数学表达式为:

$$E = B - C \tag{2.2}$$

在差值法中,无论是劳动成果还是劳动消耗,都必须用价值的形式表示,劳动成果用财政收入、销售收入等价值形态表示,劳动消耗用财政支出、成本支出等价值形态表示。计算出来的收支差额用纯收入、利润等价值形态表示,要求 $E \geqslant 0$,而且差额越大越好。

除比率法和差值法两种表示方法外,表示经济效果还可以用差值—比率法,即:

$$E = \frac{B - C}{C} \tag{2.3}$$

该式反映单位消耗所创造的净收益,如每百元固定资产创造的利润等。这种表示方法综合了比率法和差值法的优点,其应用也非常广泛。

3)常用的评价指标

在上述公式中,一般要求 B 和 C 都能用价值指标表示。但由于实际应用中遇到的费用与效益的多样化,许多因素难以用统一的价值指标来表示,因而难以直接应用上述公式进行评价。这样就派生出了多种评价指标,这些评价指标分为劳动占用指标、劳动消耗指标、时间资源指标、劳动成果指标和经济效果指标等。

①劳动占用指标　该指标反映技术方案的实现和运行过程中所占用的资金和其他资源的情况,如每百元产值占用的固定资产原值、每百元产值占用的流动资金、土地,等等。

②劳动消耗指标　该指标反映技术方案实现和运行过程中消耗的活劳动和物化劳动,如:
* 建设过程投入的劳动量。
* 生产过程的劳动生产率,即劳动者在一定时间内生产某种产品的数量。
* 物料投入。即技术方案实现和使用过程中的材料、燃料、能源设备等的消耗量。
* 成本。即获得某种使用价值或生产某种产品所指出的全部费用的总和,有年总成本和单位成本等。

③时间资源指标　如工期、建设周期和投资回收期等。

④劳动成果指标　如年产量、年产值和年利润等。

⑤经济效果指标　常见的指标有:

a.成本利润率。成本利润率是单位产品利润与单位产品成本的比率,即:

$$成本利润率 = \frac{单位产品利润}{单位产品成本} \times 100\%$$

b.投资利润率。投资利润率是项目达到设计生产能力后的一个正常生产年份的年利润总额与项目总投资的比率,即:

$$投资利润率 = \frac{年利润总额或年平均利润总额}{项目总投资} \times 100\%$$

c.投资利税率。投资利税率是项目达到设计生产能力后一个正常年份的年利税总额或项目生产期内年平均利税总额与项目总投资的比率,即:

$$投资利税率 = \frac{年利税总额或年平均利税总额}{项目总投资} \times 100\%$$

2.2 工程技术经济评价的基本原则

·2.2.1 技术方案评价的基本原则·

工程技术经济分析是对技术方案、建设项目的费用和效果进行比较,计算其经济效果并进行经济分析。在分析时,应遵循以下各项原则:

①主动分析与被动分析相结合,以主动分析为主。工程技术方案的评价,就是要通过事前、事中和事后的分析,把系统的运行控制在最满意的状态。以前人们把控制理解为目标值与实际值的比较,以及当实际值偏离目标值时,分析其产生偏差的原因并确定下一步的对策。这种控制称之为被动控制,即在已造成损失和浪费的情况下发现偏离,而不能预防可能发生的偏离。现在人们将系统论和控制论的研究思想引入工程技术经济分析,将"控制"立足于事先主动地采取措施,以尽可能减少甚至避免目标值与实际值的偏离,这是主动的、积极的控制方法,也是技术经济效果分析应采取的主要思想方法。

②满意度分析与最优分析相结合,以满意度分析为主。传统决策理论把人看作具有绝对理性的"理性人"或"经济人",在决策时会本能地遵循最优化原则来选择方案。而以美国经济学家西蒙(Simon)首创的现代决策理论的核心则是"令人满意"准则。他认为,由于人的头脑能够思考和解答问题的容量同问题本身相比非常渺小,因此在现实世界里,要采取客观的合理举动,甚至要做到接近客观合理性也是很困难的。因而对决策人来说,最优化决策几乎是不可能的。西蒙提出了用"令人满意"准则来代替"最优化"准则。因此,技术方案的评价也应在满意度分析与最优分析相结合的基础上,以满意度分析为主,避免盲目地追求"最优"效果。

③差异分析与总体分析相结合,以差异分析为主。对工程技术进行经济效果分析,一般只考虑各技术方案的差异部分,不考虑方案的相同部分。这样既可以减少工作量,又使各对比方案之间的差别一目了然。

④动态分析与静态分析相结合,以动态分析为主。经济评价方法强调考虑时间因素,利用复利计算方法进行等值计算,即将不同时间内效益费用的流入流出折算成同一时点的价值,为不同方案和不同项目的经济比较提供相同的基础,并反映出未来时期的发展变化情况,这就是动态分析。在强调动态分析的同时并不排斥使用静态分析。静态指标一般比较简单、直观,使用起来比较方便,在评价过程中根据工作阶段和深度要求的不同,计算静态指标进行辅助

分析。

⑤定量分析与定性分析相结合,以定量分析为主。技术方案的经济分析,是通过项目建设和生产过程中的费用-效益计算,对诸多经济因素给出明确、综合的数量概念,从而进行经济分析和比较。经济评价的指标要力求能正确反映项目所得与所费,反映项目的效益与费用之间的关系。但一个复杂的建设项目总会有一些不能量化的经济因素,不能直接进行数量分析,此时应进行实事求是的、准确的定性描述,并与定量分析结合在一起进行评价。

⑥全过程效益分析与阶段性效益分析相结合,以全过程效益分析为主。技术实践活动的经济效果是在目标确定、方案提出、方案选优、方案实施以及生产经营活动的全过程中体现出来的,忽视哪一个环节都会前功尽弃。但这些环节中也有重点,在全过程效益分析中,也必须突出重点。以前我们普遍重视工程项目投产后的经济效益,对基本建设过程的经济效果重视不够,在基本建设工作中又普遍忽视工程建设项目前期工作阶段的经济分析,而把主要精力放在施工阶段。这样做尽管也有效果,但毕竟是主次不分、因果倒置,最后只能"亡羊补牢"。所以,要有效地提高技术活动的经济效果,就要把工作重点转到建设前期阶段上来,并立足于有重点的全过程的经济分析。

⑦价值量分析与实物量分析相结合,以价值量分析为主。不论是财务评价还是国民经济评价,都要设立若干实物指标和价值指标。以前往往侧重考虑生产能力、实物消耗、产品产量等指标,但在目前的市场经济条件下,应把投资、劳动力、信息、资源和时间等因素都量化为用货币表示的价值因素,对任何项目或方案都用具备可比性的价值量去分析,以便于项目或方案的取舍和判别。

⑧宏观效益分析与微观效益分析相结合,以宏观效益分析为主。对技术方案进行经济评价,不仅要看其本身获利多少,有无财务生存能力,还要考虑其需要国民经济付出多大代价及其对国家的贡献。如果项目自身的效益是以牺牲其他企业的利益为前提,或使整个国民经济付出了更大的代价,那么对全社会来说,这样的项目就是得不偿失的。我国现行经济效果评价方法规定,项目评价分为财务评价与国民经济评价两个层次,当这两个层次的评价结论发生矛盾时,一般情况下应以国民经济评价的结论为主来考虑项目或方案的取舍。

⑨预测分析与统计分析相结合,以预测分析为主。对技术方案进行分析,既要对现有状况进行分析,更要对未来情况进行预测。在预测时,除了要以统计资料为依据,在对效益费用流入流出的时间、数据进行常规预测时,还应对某些不确定性因素和风险性作出估算,包括敏感性分析、盈亏平衡分析和概率分析。这种预测分析应该是技术方案分析的重点。

· 2.2.2 技术方案评价的可比条件 ·

为了在对各项技术方案进行评价和选优时,能全面、正确地反映实际情况,必须使各方案的条件等同化,这就是所谓的"可比性问题"。两个以上的技术方案进行经济效果比较时,必须具备4个可比条件:

1)满足需要的可比性

技术方案的主要目的就是满足一定的需要。但需要的对象是多种多样的,因此从技术分析的观点来看,方案之间的比较必须具备满足相同需要或使用价值的条件才能比较,即功能或使用价值的等同化是方案比较的共同基础。如制作屋架,可以用钢结构、木结构、钢筋混凝土结构,即使用同一材料,结构也可以有不同形式,只有它们都能满足特定的承载能力的要求,能够互相替代,才能比较各方案的经济效果。再如,不同建筑体系的住宅建筑可以互相比较,因为它们的功能或使用价值是等同的,但相同建筑体系的住宅和厂房之间就不具有可比性,因为它们在满足需要方面是不同的。

一切技术方案一般说来都是以其产品数量、质量等技术经济指标来满足社会需要的,因此对满足相同需要的不同技术方案进行比较时,必须要求不同方案的产品数量和质量等指标具有可比性。例如两个装机容量和发电量都相同的电站建设方案,一个为水力发电,一个为火力发电,一般说来水电站自用电消耗(生产过程中消耗的电能)约占全部发电容量和发电量的0.1%~0.2%,火电站为6%~8%。由于二者向社会提供的实际效益不同,所以还是不可比的。当技术方案在产量不相同或效率不相同时,应通过适当的方法进行修正,使之在数量上具有可比性。

2)消耗费用的可比性

对技术方案进行经济效果比较,还应具备直接体现经济效果大小的劳动消耗的可比性。这里的劳动消耗可比性,主要是指各种消耗费用的计算范围、计算基础的一致性,以及计算原则和方法的统一性。

消耗费用的计算范围和计算基础的一致性表现为:一是应从整个社会总的全部消耗观点来综合考虑,不仅要计算实现技术方案本身直接消耗费用,还应计算与现实方案密切相关的相关部门的投资或费用。例如计算混凝土构件厂方案的消耗费用,不仅计算构件厂的投资费用,还应包括与之密切相关的原材料采集、加工、运输、成品储存运输等有关项目或设施所消耗的费用。二是用系统的方法计算方案全过程的全部费用,以楼板结构的施工为例,如采用现浇方案,其费用包括采购砂、石、水泥等材料费,从供应地到现场的运输费和场内二次搬运费,模板制作和安装费,钢筋制作绑扎费,混凝土的备料、搅拌、水平和垂直运输费,浇注、振捣、养护和模板拆除等费用。若采用预制安装方案,其费用包括构配件的出厂价格,从工厂到工地的运输费,场内运输和吊装费,节点的处理费等。只有计算出全部环节的总费用,才能使两方案具有可比性。

计算原则和方法的统一性,主要指采用统一的计算方法,即各项费用(如投资、生产成本等)的估算应采用相同的计算公式,采用统一的定额和取费标准等。

3)价格的可比性

价格的可比性要求所使用的价格必须满足价格性质相当及价格的时期相当两方面的要求。价格性质相当是指技术方案计算收入或支出时使用的价格应当真实反映价格和供求关系。如在计算方案消耗时,主要自然资源及人力资源应当采用受市场调节可真实反映其价值的市场价格或国家统一拟订的影子价格,而不应当使用国家计划调节下的、受政策因素影响的规定价格;在计算方案收益时,生产的供销售的产品也应当采用市场价格或影子价格;在国民经济评价时,各方案应一律采用影子价格。价格的时期相当是指各方案在计算经济效益时,应采用同一时期的价格。由于技术的进步和劳动生产率的提高以及通货膨胀的影响,不同时期的价格标准是不一样的,各备选方案应当在相同时期的价格标准基础上按方案的使用期适当换算,这样才能使经济效益值具有可比性。

4)时间的可比性

时间的可比性包括两方面的内容。首先,要求各备选方案应具有统一的计算期。计算期不同于方案的使用寿命或服务期,它是根据经济评价要求,在考虑了方案的服务年限、国民经济需要和技术进步的影响,以及经济资料的有效期等因素后综合分析得出的时期。如果备选方案的计算期不同,必须经过适当换算使计算期相同后再互相比较。其次,必须考虑投入的时间先后与效益发挥的迟早对经济效果的影响。各种技术方案在投入的人力、物力和资源以及发挥效益的时间上,一般是不尽相同的,如有的技术方案建设年限短,有的长;有的方案投入运行的时间早、有的迟;有的方案服务年限长、有的短。众所周知,相同数量的产品和产值或相同数量的人力、物力和财力,早生产就能早发挥效益,创造更多的财富;反之,迟生产就迟发挥效益,少创造财富。因此,对不同技术方案进行比较时,除了考虑投入与产出的数量大小外,还应考虑这些投入或产出所发生的时间和延续的时间。

2.3 工程技术经济评价的指标体系

· 2.3.1 指标体系的概念 ·

从一个方面、在一定范围内或一定程度上反映某些技术因素所决定的经济效果大小的指标,称为技术经济效果指标。由于单个指标难以全面反映技术方案的经济效果,所以在评价某种技术方案时,必须把各个指标综合起来考察。为此,在全面、具体地衡量技术方案经济效果时需要设置一系列互相联系、互相补充和比较完善的评价指标,构成技术经济效果指标体系,然后运用这种指标体系,并按照统一计量尺度计算各项指标的经济效果,作为分析、评价和选择各项技术方案的科学依据。因此,由一系列互相联系、互相补充的,反映方案技术特征、经济性及其效果的,比较完整的评价指标所组成的统一整体,称之为技术经济评价的指标体系。

· 2.3.2 指标体系的设计原则 ·

任何经济活动都要消耗一定的资源,即都要有投入,而且任何经济活动都会获得一定的劳动成果,即都会有产出,因此,可以根据这些共同点来设计技术经济分析的指标体系。在设计经济效果的指标体系时必须遵循以下基本规则:

①科学性。即指标的概念要明确,要能准确无误地反映事物的本质属性。

②实用性。即指标的设计要方便实用,要能够适应经济发展水平及管理水平。

③可比性。即所用数据要在计算范围、时间、价格等方面有可比性。

④可操作性。即计算方法要明确,要便于操作,便于数学表达和计算。

⑤通用性。即不仅部门之间要能够通用,而且还应能够与国际的相应经济评价指标体系相互参考。

· *2.3.3 技术经济评价指标的分类* ·

根据不同的功能、表现形式、综合程度等,可将技术经济评价指标分为以下几大类:

①价值指标与实物指标 价值指标是以价值形态反映的各种技术经济评价指标。这种指标在技术经济评价中应用十分广泛,具有较强的可比性。如资产产值率、资金利税率等。实物指标是以实物形态反映的各种技术经济评价指标。这种指标应用也很广泛,如吨钢煤耗、实物劳动生产率等。

②总量指标与人均指标 总量指标是进行总量评价的指标,反映了经济实力的大小,如国民收入等。人均指标是按人平均数量进行评价的指标,反映了富裕程度,如人均生活费收入等。

③综合指标与单项指标 综合指标是用以全面反映经济效果,对经济效果进行综合评价的指标,如成本指标、投资利润率等。单项指标是用以反映某种资源利用或某方面工作的经济效果,并对其进行经济评价的指标,如产值能耗率等。

④绝对指标与相对指标 绝对指标是以绝对数量的多少评价经济效果的指标,如国民生产总值、工业增加值等。相对指标是以相对数的大小(一般用百分率)评价经济效果的指标,如成本利税率等。

⑤数量指标与质量指标 数量指标是以数量的多少评价经济效果的指标,如产值、产量等。质量指标是以质量的高低评价经济效果的指标,如合格率、优质品率等。

⑥宏观指标与微观指标 宏观指标是从整个国民经济的角度进行评价的经济指标,微观指标是从项目或企业的角度进行评价的经济指标。

· *2.3.4 指标体系的构成* ·

技术经济评价的指标体系可分为:技术指标、经济指标和其他指标3类:

1)技术指标

所谓技术指标是反映技术方案的技术特征和工艺特征的指标,它的作用是说明方案适用的技术条件和范围,说明方案的工作能力和效率,如机械的性能、运行参数等。

2)经济指标

经济指标用以反映方案的经济性和经济效果,可进一步分为:

①劳动成果指标 该指标反映方案实现后可取得的劳动成果或使用价值。

②劳动耗费指标 该指标包括劳动占有和劳动消耗,其关系如图2.1所示。

其中,劳动消耗指生产和建设过程中实际消耗的劳动量,包括活劳动消耗和物化劳动消耗;劳动占用指生产和建设过程中占用的物化劳动,包括机器设备、厂房占用以及必要的原材料储备等。

③经济效果指标 该指标反映技术方案的经济效果,如材料利用率、劳动生产率、投资利用率、设备利用率、追加投资回收期等。

3)其他指标或因素

这是指除技术指标和经济指标以外的指标和因素,如社会因素、政治因素、国防因素、生态

劳动耗费
├─ 劳动消耗
│   ├─ 活劳动消耗
│   └─ 物化劳动消耗
└─ 劳动占用

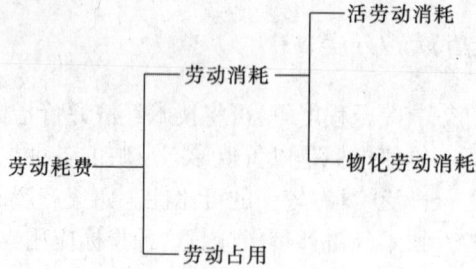

图 2.1　劳动耗费指标

环境和自然资源利用因素等。

下面以工程项目评价为例,说明技术经济指标体系的构成,如图 2.2 所示。

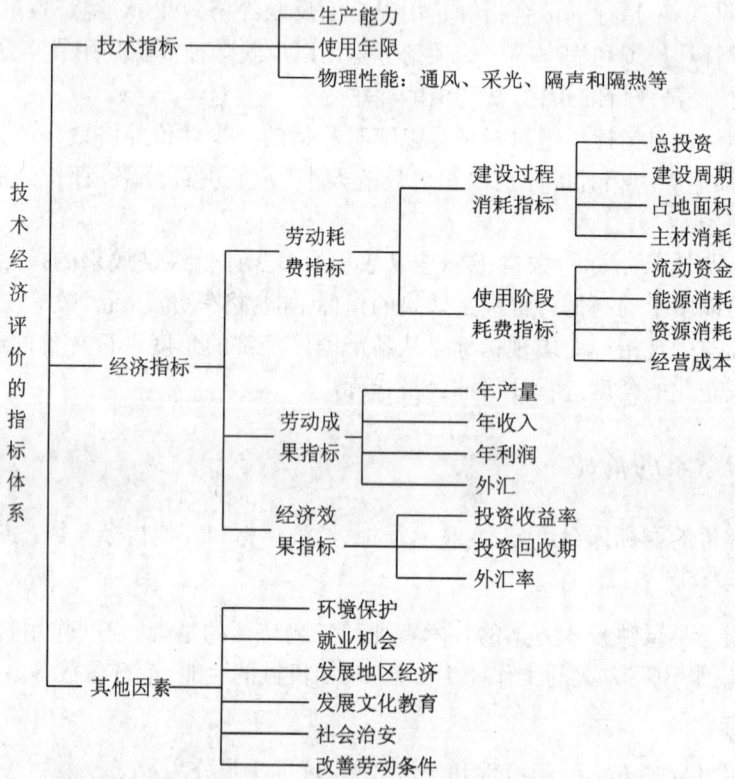

技术经济评价的指标体系
├─ 技术指标
│   ├─ 生产能力
│   ├─ 使用年限
│   └─ 物理性能:通风、采光、隔声和隔热等
├─ 经济指标
│   ├─ 劳动耗费指标
│   │   ├─ 建设过程消耗指标
│   │   │   ├─ 总投资
│   │   │   ├─ 建设周期
│   │   │   ├─ 占地面积
│   │   │   └─ 主材消耗
│   │   └─ 使用阶段耗费指标
│   │   ├─ 流动资金
│   │   ├─ 能源消耗
│   │   ├─ 资源消耗
│   │   └─ 经营成本
│   ├─ 劳动成果指标
│   │   ├─ 年产量
│   │   ├─ 年收入
│   │   ├─ 年利润
│   │   └─ 外汇
│   └─ 经济效果指标
│   ├─ 投资收益率
│   ├─ 投资回收期
│   └─ 外汇率
└─ 其他因素
    ├─ 环境保护
    ├─ 就业机会
    ├─ 发展地区经济
    ├─ 发展文化教育
    ├─ 社会治安
    └─ 改善劳动条件

图 2.2　技术经济指标体系

小 结 2

本章由经济效果的概念及其评价标准、工程技术经济评价的基本原则和工程技术经济评价的指标体系3部分内容组成。第1节介绍了在工程建设领域中经济效果这一概念,以及用比率法和差值法来评价经济效果;第2节介绍了方案评价的基本原则和各技术方案进行比较必须具备的条件;第3节介绍了指标体系的设计原则和构成。通过本章学习,学生应了解经济

效果的评价原则、指标体系的概念及其设计原则,掌握技术方案评价的可比条件及指标体系的构成,并重点掌握技术经济评价常用的指标:成本利润率、投资利润率和投资利税率等。本章难点在于实际中如何使技术方案具有可比性。

复习思考题 2

2.1 什么是经济效果? 经济效果与经济效益有何区别?

2.2 什么是成本利润率、投资利润率和投资利税率?

2.3 根据技术方案评价的基本原则,阐述实施技术方案所带来的局部利益和全局利益的关系。

2.4 各技术方案要进行经济效果比较必须具备哪几个条件?

3　含时间因素的货币等值计算

3.1　利 息 公 式

· 3.1.1　利息的种类 ·

利息分为单利及复利两种。利息可以按年也可以按不等于一年的周期计算,用以表示计算利息的时间单位称为计息周期。以下暂时假定计息周期为一年。

1)单利

每期均按原始本金计息,这种计息方式称为单利。在以单利计息的情况下,利息与时间是线性关系,不论计息期数为多大,只有本金计息,而利息不计息。设 P 代表本金,n 代表计息期数,i 代表利率,I 代表所付或所收的总利息,则:

$$I = Pni$$

假如以单利方式借人一笔资金 1 000 元,规定年利率为 6%,则在第一年末尾时利息应为:

$$I = 1\ 000\ 元 \times 1 \times 0.06 = 60\ 元$$

年末应付的本利和等于 1 060 元。

当借入一项资金的时间等于 n 个利息周期时,应在每期末尾时计算利息。假如以年利率 6% 借入资金 1 000 元,并借 4 年,其偿还的情况应见表 3.1。

表 3.1　单利利息计算表

年	年初欠款/元	年末应付利息/元	年末欠款/元	年末偿还/元
1	1 000	1 000×0.06=60	1 060	0
2	1 060	1 000×0.06=60	1 120	0
3	1 120	1 000×0.06=60	1 180	0
4	1 180	1 000×0.06=60	1 240	1 240

2)复利

将本期利息转为下期的本金,下期将按本利和的总额计息,这种计息方式称为复利。在以复利计息的情况下,除本金计息外,利息再计利息。以年利率 6% 借入资金 1 000 元,借款期 4 年,如果按复利计息,偿还见表 3.2。

表 3.2　复利利息计算表

年	年初欠款/元	年末应付利息/元	年末欠款/元	年末偿还/元
1	1 000	1 000×0.06＝60	1 060	0
2	1 060	1 060×0.06＝63.60	1 123.60	0
3	1 123.60	1 123.60×0.06＝67.42	1 191.02	0
4	1 191.02	1 191.02×0.06＝71.46	1 262.48	1 262.48

从表 3.2 可以看出,同一笔借款,在 i,n 相同的情况下,用复利计算出的利息金额数比用单利计算出的利息金额数大。当所借本金越大,利率越高,年数越多时,复利与单利两者差距就会越大。

· 3.1.2　现金流量图 ·

在工程经济的研究中往往要考察企业的某一项活动,为了便于考察,就需要把该项活动用某种方法从整个企业中分离出来,正像在力学中画出一个隔离体的图形一样。例如为了考察采购一部机器的经济效果,就必须把有关这部机器的收入和支出都计算出来,然后才可以看出该部机器的投资回收情况。

在考察不同投资方案的经济效果时,利用所谓现金流量图把各个方案的现金出入情况表示出来,是一种很方便的方法。图 3.1 表示了上例按复利计算时,借款人和贷款人的现金流量图。

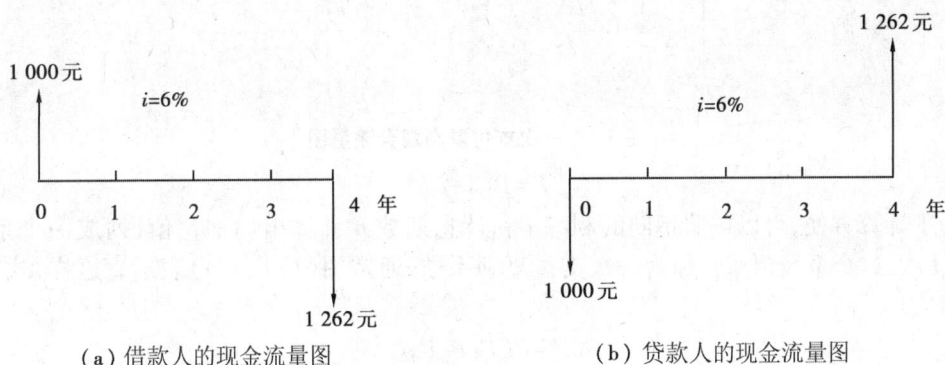

（a）借款人的现金流量图　　　　　（b）贷款人的现金流量图

图 3.1　两种立脚点的现金流量图

对现金流量图有以下几点说明:

①水平线是时间标度,时间的推移是自左向右,每一格代表一个时间单位(年、月、日)。标度上的数字表示时间已经推移到的单位数。应该注意,第 n 格的终点和第 $n+1$ 格的起点是相重合的。

②箭头表示现金流动的方向,向下的箭头表示支出(现金的减少),向上的箭头表示现金收入(现金的增加),箭头的长短与收入或支出的大小成比例。

③现金流量图与立脚点有关。图 3.1(a)是借款人的立脚点,图 3.1(b)是贷款人的立脚点。

·3.1.3　利息公式·

以后采用利息公式的符号如下：

i——利率；

n——计息期数；

P——现在值，即相对于将来值的任何较早时间的价值；

F——将来值，即相对于现在值的任何以后时间的价值；

它们之间的关系是：

$$现在值+复利利息=将来值$$

$$将来值-复利利息=现在值$$

A——n次等额支付系列中的一次支付，在各个计息期末实现。

根据现金的不同支付方式，下面介绍 7 个主要的复利计算公式。

1)一次支付复利公式

如果有一项资金 P 按年利率 i 进行投资，n 年以后本利和应为多少？这项活动可用下列的现金流量图表示（如图 3.2 所示），n 年末的将来值：

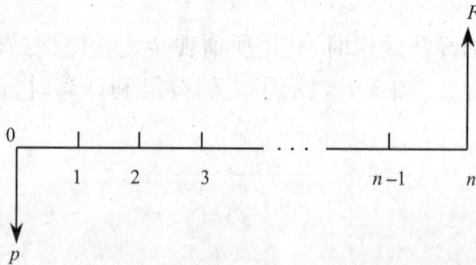

图 3.2　一次支付复利现金流量图

$$F=P(1+i)^{n} \tag{3.1}$$

为了计算方便，可以按照不同的利率 i 和计息期数 n 计算出 $(1+i)^{n}$ 值，列成一个系数表（附表 1）。这个系数 $(1+i)^{n}$ 称为一次支付复利系数，通常用 $(F/P,i,n)$ 表示。这样，式（3.1）可以写成：

$$F=P(F/P,i,n)$$

例如在第一年年初，以年利率 6% 投资 1 000 元，则到第 4 年年末可得之本利和：

$$F=P(F/P,i,n)=1\ 000\ 元\ (1.262\ 5)=1\ 262.50\ 元$$

用复利公式也可算得：

$$F=P(1+i)^{n}=1\ 000\ 元(1+0.06)^{4}=1\ 262.50\ 元$$

2)一次支付现值公式

由 $F=P(1+i)^{n}$ 变换成由将来值求现值的公式：

$$P=F\left[\frac{1}{(1+i)^{n}}\right] \tag{3.2}$$

其中 $\left[\dfrac{1}{(1+i)^{n}}\right]$ 称为一次支付现值系数，并用 $(P/F,i,n)$ 代表。式（3.2）可写成：

$$P = F(P/F, i, n)$$

利用$(P/F, i, n)$系数可以求出将来金额F的现值P(如图3.2所示)。

【例3.1】 为了在第4年末得到资金1 262.50元,按年利率6%计算,现在必须投资多少资金?

【解】 代入公式(3.2)得:

$$P = 1\ 262.50\ 元 \times \left[\frac{1}{(1+0.06)^4}\right]$$

查附表1求得:

$$P = 1\ 262.50\ 元 \times (0.792\ 1) = 1\ 000\ 元$$

3)等额支付系列复利公式

在工程经济研究中,常常需要求出连续在若干期的期末支付等额的资金及最后所积累起来的资金。这种财务情况可用图3.3表示。在利率为i的情况下,n年末积累的资金:

$$F = A + A(1+i) + \cdots + A(1+i)^{n-2} + A(1+i)^{n-1}$$

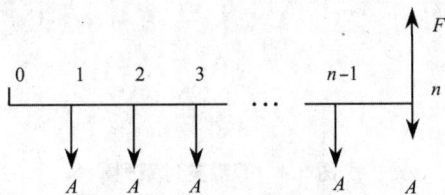

图 3.3 等额支付现金流量图

以$1+i$乘上式,可得:

$$F(1+i) = A(1+i) + A(1+i)^2 + \cdots + A(1+i)^{n-1} + A(1+i)^n$$

减去前式

$$F(1+i) - F = -A + A(1+i)^n$$

得

$$Fi = A(1+i)^n - 1$$

则

$$F = A\frac{(1+i)^n - 1}{i} \tag{3.3}$$

其中$\dfrac{(1+i)^n - 1}{i}$称为等额支付系列复利系数,通常用$(F/A, i, n)$表示。系数的值可以用计算求得,也可查附表1求得。公式(3.3)也可表示为:

$$F = A(F/A, i, n)$$

例如连续5年每年年末借款1 000元,按年利率6%计算,第5年年末积累的借款为:

$$F = 1\ 000\ 元(5.637\ 1) = 5\ 637.10\ 元$$

4)等额支付系列积累基金公式

与式(3.3)相反,如为了在n年末能筹集一笔钱F,按年利率i计算,从现在起连续几年每年末必须存储多少?将公式(3.3)变换可得到等额支付系列积累基金公式:

$$A = F\frac{i}{(1+i)^n - 1} \tag{3.4}$$

其中 $\dfrac{i}{(1+i)^n-1}$ 称为等额支付系列积累基金系数,用符号 $(A/F,i,n)$ 表示。系数的值可以计算求得,也可查附表 1 求得,公式(3.4)可以表示为:

$$A=F(A/F,i,n)$$

例如要在第 5 年末得到资金 1 000 元,按年利率 6% 计算,从现在起连续 5 年,每年必须存储:

$$A=1\ 000\ 元×0.177\ 4=177.40\ 元$$

5)等额支付系列资金恢复公式

某人以年利率 i 存入一项资金 P,他希望在今后 n 年内把本利和在每年年末以等额资金 A 的方式取出,这项活动可用图 3.4 表示。

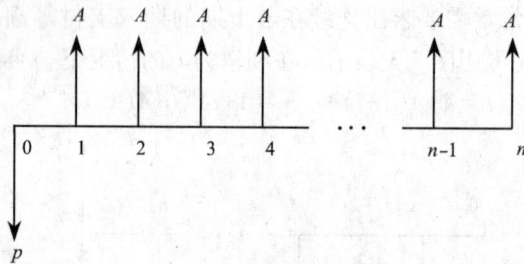

图 3.4 等额支付系列

将 $F=P(1+i)^n$ 代入式(3.4)中,即得等额支付系列资金恢复公式:

$$A=P(1+i)^n\ \frac{i}{(1+i)^n-1}=P\ \frac{i(1+i)^n}{(1+i)^n-1} \tag{3.5}$$

其中 $\dfrac{i(1+i)^n}{(1+i)^n-1}$ 叫做等额支付系列资金恢复系数,用符号 $(A/P,i,n)$ 表示。系数的值可以用 $\dfrac{i(1+i)^n}{(1+i)^n-1}$ 计算求得,也可查附表 1 求得。公式(3.5)也可表示为:

$$A=P(A/P,i,n)$$

例如以年利率 5% 投资 1 000 元,今后 8 年中把本利和在每年年末以相等的数额提取,每年年末可以提取:

$$A=1\ 000\ 元× 0.154\ 7=154.70\ 元$$

6)等额支付系列现值公式

与式(3.5)相反,按年利率 i 计算,为了能在今后几年中每年年末提取相等金额 A,现在必须投资多少?

把式(3.5)倒过来,得到等额支付系列现值公式:

$$P=A\ \frac{(1+i)^n-1}{i(1+i)^n} \tag{3.6}$$

其中 $\dfrac{(1+i)^n-1}{i(1+i)^n}$ 叫作等额支付系列现值系数,用符号 $(P/A,i,n)$ 表示。系数的值可以计算求得,也可查附表 1 求得。公式(3.6)也可表示为:

$$P=A(P/A,i,n)$$

例如按年利率6%计算,如果为了能在今后5年中每年年末提取100万元的利润留成用于设备更新,现在应投资:

$$P = 100 \text{ 万元} \times 4.2124 = 421.24 \text{ 万元}$$

7)均匀梯度系列公式

假定一个现金流量如图3.5所示,第一年年末的支付是A_1,第二年年末的支付是A_1+G,第三年年末的支付是A_1+2G,$\cdots$,第n年年末的支付是$A_1+(n-1)G$。如果我们能把图3.5所示的现金流量转换成等额支付系列的形式,那么根据等额支付系列复利公式和等额支付系列现值公式很容易求得n年年末的将来值F和0年的现在值P。

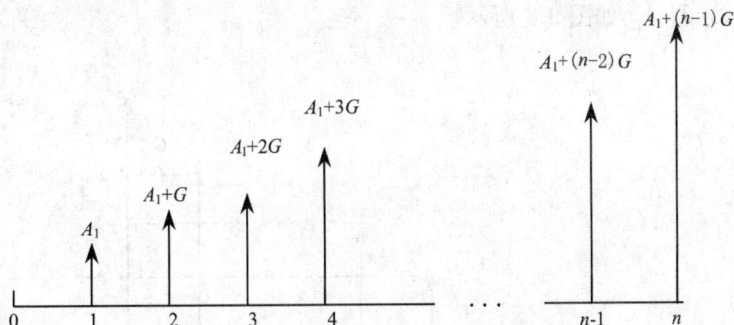

图3.5 均匀增加支付系列

比较简便的方法是把一个均匀增加(减少)的支付系列看成是由下列两个系列所组成:一个是等额支付系列,其等额的年末支付是A_1;另一个是由$0,G,2G,\cdots,(n-1)G$组成的梯度系列(图3.6(a)、(b))。如果能把$0,G,2G,\cdots,(n-1)G$组成的梯度系列转换成A_2,那么所要求的等额支付的年末支付$A=A_1+A_2$,如图3.7所示。

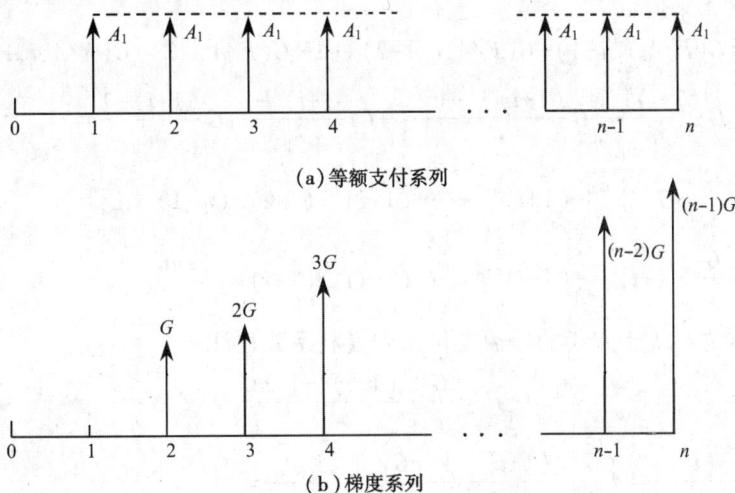

(a)等额支付系列

(b)梯度系列

图3.6 均匀梯度支付系列

A_1是已知的,A_2可以通过下列方法求得:先把梯度系列$0,G,2G,\cdots,(n-1)G$分解成$(n-1)$个年末支付为G的等额支付,并通过等额支付复利公式可求得将来值F_2,再通过等额支付系

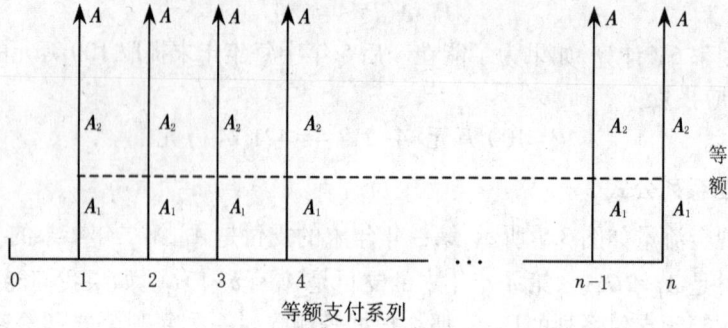

图 3.7　均匀增加的支付系列的转换

列积累基金公式求得 A_2，如图 3.8 所示。

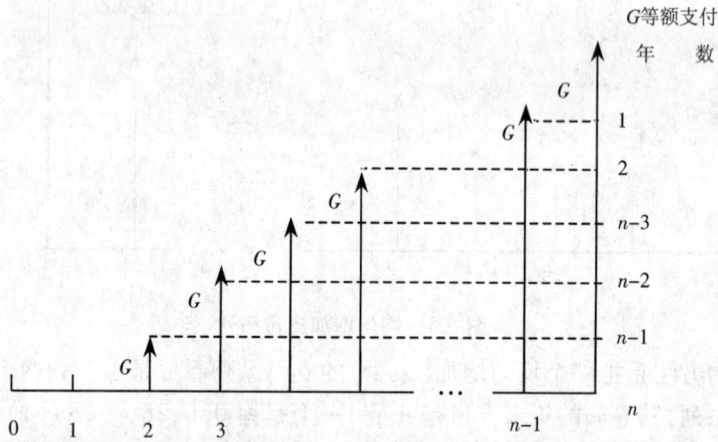

图 3.8　梯度系列的分解

梯度系列的将来值：

$$F_2 = G(F/A,i,n-1) + G(F/A,i,n-2) + \cdots + G(F/A,i,2) + G(F/A,i,1) =$$

$$G\frac{(1+i)^{n-1}-1}{i} + G\frac{(1+i)^{n-2}-1}{i} + \cdots + G\frac{(1+i)^{2}-1}{i} + G\frac{(1+i)-1}{i} =$$

$$\frac{G}{i}\left[(1+i)^{n-1} + (1+i)^{n-2} + \cdots + (1+i)^{2} + (1+i) - (n-1)\cdot 1\right] =$$

$$\frac{G}{i}\left[(1+i)^{n-1} + (1+i)^{n-2} + \cdots + (1+i)^{2} + (1+i) + 1\right] - \frac{nG}{i}$$

方括号中的各项之和等于 n 年的等额支付系列复利系数，所以

$$F_2 = \frac{G}{i}\cdot\frac{(1+i)^{n}-1}{i} - \frac{nG}{i}$$

而　　$A_2 = F_2\frac{i}{(1+i)^{n}-1} = \left\{\frac{G}{i}\cdot\frac{(1+i)^{n}-1}{i} - \frac{nG}{i}\right\}\frac{i}{(1+i)^{n}-1} =$

$$\frac{G}{i} - \frac{nG}{i}\frac{i}{(1+i)^{n}-1} = \frac{G}{i} - \frac{nG}{i}(A/F,i,n) =$$

$$G\left[\frac{1}{i}-\frac{n}{i}(A/F,i,n)\right] \qquad (3.7)$$

式中把梯度支付转化为等额支付形式的运算系数 $\frac{1}{i}-\frac{n}{i}(A/F,i,n)$ 叫做梯度系数,通常用符号 $(A/G,i,n)$ 表示,上式亦可写为 $A_2=G(A/G,i,n)$。梯度系数的数值可以用 $\frac{1}{i}-\frac{n}{i}\cdot\frac{i}{(1+i)^n-1}$ 计算求得。

把 A_1 和 A_2 相加就得 A。

【例 3.2】 假定某人第一年末把 1 000 元存入银行,以后 9 年每年递增存款 200 元。如年利率为 8%,若这笔存款折算成 10 年的年末等额支付系列,相当于每年存入多少?

【解】 $A=A_1+G(A/G,i,n)=1\,000$ 元 $+200$ 元 $\times3.871\,3=1\,744$ 元

即每年应存入 1 744 元。

梯度系数也可用来计算均匀减少的系列。例如某人第一年末存入银行 5 000 元,以后 5 年每年递减 600 元,如年利率为 9%,则相当于这个系列的年末等额支付

$$A=A_1-G(A/G,i,n)=5\,000 \text{ 元}-600 \text{ 元}\times2.249\,8=3\,650 \text{ 元}$$

即每年应存入 3 650 元。

8)运用利息公式应注意以下的问题

①为了实施方案的初始投资,假定投资发生在方案的寿命期初。

②方案实施过程中的经常性支出,假定发生在计息期(年)末。

③本年的年末即是下一年的年初。

④P 是在当前年度开始时发生。

⑤F 是在当前以后的第 n 年年末发生。

⑥A 是在考察期间各年年末发生。当问题包括 P 和 A 时,系列的第一个 A 是在 P 发生一年后的年末发生;当问题包括 F 和 A 时,系列的最后一个 A 是和 F 同时发生。

⑦均匀梯度系列中,第一个 G 发生在系列的第二年年末。

·3.1.4 名义利率和有效利率·

以上一直把计息期作为一年,但是实际上计息期可以规定为半年、3 个月或 1 个月。当利率的时间单位与计息期不一致时,就出现了名义利率和有效利率的概念。例如每半年计息一次,每半年计息期的利率为 3%,3% 是实际计息用的利率,也是资金在计息期所发生的实际利率,称为有效利率。有效利率都是指的计息期的利率,当计息期为一年,此时的有效利率称为年有效利率。当计息期短于一年时,每一计息期的有效利率乘以一年中计息期数所得到的年利率,如上例为 3%×2=6%,6% 就称为年名义利率。在实际计息中不用名义利率,它只是习惯上的表示形式。例如每月计息一次,月利率为 1%,习惯上称为"年利率为 12%,每月计息一次"。通常说的年利率都是指名义利率,如果后面不对计息期加以说明,则表示一年计息一次,此时的年利率也就是年有效利率。

1)离散式复利

按期(年、季、月和日)计息的方法称为离散式复利。一年中计算复利的次数越频繁,则年

有效利率比名义利率越高。例如年利率 6%,每半年计息一次,则 1 元资金按利率 3% 每半年计息一次,到第一年年末本利和

$$F = 1 \text{ 元} \times 1.03 \times 1.03 = 1 \text{ 元} \times 1.03^2 = 1.060\ 9 \text{ 元}$$

这样 1 元的实际利息是 1.060 9 元 − 1.000 0 元 = 0.060 9 元,即有效年利率是 6.09%,大于名义利率 6%。

再如年利率 6%,每月计息一次,则月有效利率为 0.5%,1 元资金到第一年末的本利和:

$$F = 1 \text{ 元} \times (1.005)^{12} = 1.061\ 7 \text{ 元}$$

这样 1 元的实际利息是 0.061 7 元 > 0.060 9 元,因为一年中计息的次数频繁了。

如果名义利率为 r,一年中计算利息是 n 次,每次计息的利率为 r/n,根据一次支付复利系数公式,年末本利和

$$F = P(1 + r/n)^n \tag{3.8}$$

上式表示本金(P)计息 n 次后的本利和,而其中本利和与本金之差为:

$$P(1 + r/n)^n - P$$

按定义,利息与本金之比为利率,故年有效利率为:

$$i = \frac{P(1 + r/n)^n - P}{P} = (1 + r/n)^n - 1 \tag{3.9}$$

【例 3.3】 假定某人把 1 000 元用于投资,时间为 10 年,利息按年利率 8%,每季度计息一次计算,求 10 年末的将来值。

【解】 由题意可知,每年计息 4 次,10 年的计息期为 4 次/年 × 10 年 = 40 次,每一计息期的有效利率为:

$$8\% \div 4 = 2\%$$

根据公式(3.1)可求得:

$$F = 1\ 000 \text{ 元} \times 2.208\ 0 = 2\ 208 \text{ 元}$$

其名义利率为 8%,每年的计息期 $n = 4$,年有效利率:

$$i = (1 + 0.08/4)^4 - 1 = 8.243\ 2\%$$

2)连续式复利

按瞬时计息的方式称为连续复利。连续复利可以在一年中按无限多次计算,年有效利率为:

$$i = \lim_{n \to \infty} (1 + r/n)^n - 1$$

但是由于

$$(1 + r/n)^n = \left[(1 + r/n)^{n/r} \right]^r$$

而

$$\lim_{n \to \infty} (1 + r/n)^{n/r} = e$$

因而

$$i = \lim_{n \to \infty} \left[(1 + r/n)^{n/r} \right]^r - 1 = e^r - 1$$

这就是说,如果复利是连续地计算,则:

$$i(\text{年有效利率}) = e^r - 1 \tag{3.10}$$

式中　e——自然对数的底,其数值为 2.718 28。

就整个社会而言,资金是在不停地运动,每时每刻都通过生产和流通增值,从理论上讲应采用连续复利计算,但在经济评价中实际应用多为离散式复利。有效利率则对于描述一年之内利上滚利的复利计算效果是有用的。表3.3列出了名义利率为6%、分别按不同计算复利的方式计算的复利及其相应的有效利率。

表 3.3　各种情况的有效利率表

复利计算的方式	一年中的计息期数	各期的有效利率/%	年有效利率/%
按　年	1	6.000 0	6.000 0
按半年	2	3.000 0	6.090 0
按　季	4	1.500 0	6.136 4
按　月	12	0.500 0	6.167 8
按　日	365	0.016 4	6.179 9
连续地	∞	0.000 0	6.183 7

在投资方案比较时,如果各方案均采用相同的计算期和年名义利率,但如果它们计算利息次数不同彼此仍不可比,这时应先将年名义利率化成年有效利率后再进行计算和比较。

3.2　等值的计算

·3.2.1　等值的含义·

如果两个事物的作用相同,则我们称它们为等值的。货币等值是考虑货币的时间价值的等值。即使金额相等,由于发生的时间不同,其价值并不一定相等;反之,不同时间上发生的金额不等,其货币的价值却可能相等。

货币的等值包括3个因素:①金额;②金额发生的时间;③利率。例如,在年利率为6%的情况下,根据公式(3.1)计算,现在的300元等值于8年年末的478.20元,这两个等值的现金流量如图3.9所示。

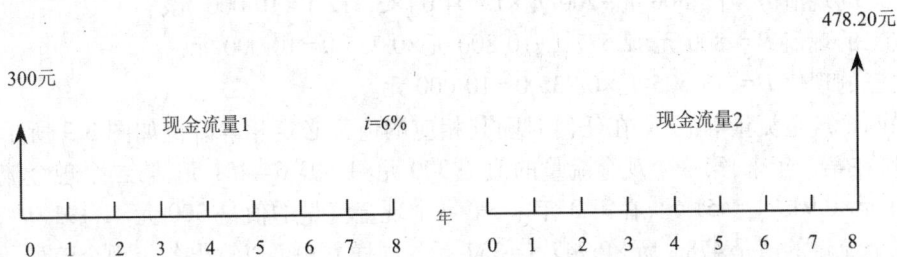

图3.9　同一利率下不同时间的货币等值

由上可知,0年的300元与8年末的478.20元在年利率6%的情况下,发生的时间和金额不同,但其价值相等。相反,0年的300元与8年末的300元在年利率6%的情况下,虽然金额相等,由于发生的时间不同,其价值并不相等。

又如某企业以年利率 8%向银行借款 10 000 元,准备在 4 年里将本利还清。这笔借款有好几种归还方式,为了简单起见,选了下列 3 种特殊的方法。

方法一:每年年末归还 2 500 元借款,加上当年借款的利息,4 年还清;

方法二:前 3 年每年年末仅归还借款的利息 10 000 元×8%=800 元,第 4 年年末归还全部借款和第 4 年借款的利息;

方法三:前 3 年年末均不归还,第 4 年年末归还借款和借款的 4 年利息。

3 种特殊的归还方法列于表 3.4。

表 3.4　各种偿还方式的利息计算表

方法 (1)	年 (2)	年初欠款 (3)	欠款利息 (4)=8%×(3)	年末欠款 (5)=(3)+(4)	归还欠款 (6)	年末总归还 (7)=(4)+(6)	现金流量图 (8)
一	1	10 000	800	10 800	2 500	3 300	
	2	7 500	600	8 100	2 500	3 100	
	3	5 000	400	5 400	2 500	2 900	
	4	2 500	200	2 700	2 500	2 700	
			2 000		10 000	12 000	
二	1	10 000	800	10 800	0	800	
	2	10 000	800	10 800	0	800	
	3	10 000	800	10 800	0	800	
	4	10 000	800	10 800	10 000	10 800	
			3 200		10 000	13 200	
三	1	10 000	800	10 800	0	0	
	2	10 800	864	11 664	0	0	
	3	11 664	933	12 597	0	0	
	4	12 597	1 008	13 605	10 000	13 605	
			3 605		10 000	13 605	

从表 3.4 中可以看出,这 3 种方法归还的总额,不但相互等值,而且还与 10 000 元现款相等值。

方法一的现值 P =[3 300 元-200 元×1.404 0]×3.312 1=10 000 元;

方法二的现值 P = 800 元×2.577 1+10 800 元×0.735 0=10 000 元;

方法三的现值 P = 13 605 元×0.735 0=10 000 元。

如果两个现金流量等值,则在任何时间其相应的值都必定相等。例如图 3.9 所示的两个现金流量,在第 7 年末,第一个现金流量的值是 300 元×1.503 6=451 元,第二个现金流量的值是 478.20 元×0.943 4=451 元;在第 3 年末,第一个现金流量的值是 300 元×1.191 0=357 元,第二个现金流量的值是 478.2 元×0.747 3=357 元。同样方法可以算出各年现金流量的值也都相等,因此就这两个现金流量是等值的。我们再看表 3.4 所示的 3 种方法的现金流量,比如在第二年末:

方法一的现金流量的值:

3 300 元×1.080 0+3 100 元+2 900 元×0.925 9+2 700 元×0.857 3=11 664 元

方法二的现金流量的值:

$$800 \text{ 元} \times 2.080\ 0 + 800 \text{ 元} \times 0.925\ 9 + 10\ 800 \text{ 元} \times 0.857\ 3 = 11\ 664 \text{ 元}$$

方法三的现金流量的值：

$$13\ 605 \text{ 元} \times 0.857\ 3 = 11\ 664 \text{ 元}$$

用同样方法可以求出 3 种方法的现金流量在 1,3,4 年末的值：

年　末	1	3	4
方法一	10 800	12 597	13 605
方法二	10 800	12 597	13 605
方法三	10 800	12 597	13 605

上述计算说明这 3 种方法的现金流量是等值的,因为任何时间其相应的值都相等。

在工程经济分析中,等值是一个非常重要的概念。在方案的比较中都采用等值概念来进行分析和选定。

·3.2.2　计息期为 1 年的等值计算·

计息期为 1 年时,有效利率与名义利率相同,利用前述的复利利息公式可以直接进行等值计算。

【例 3.4】　当利率为多大时,现在的 300 元等值于第 9 年年末的 525 元?

【解】
$$F = P(F/P, i, n)$$
$$525 = 300(F/P, i, 9)$$
$$(F/P, i, 9) = 525/300 = 1.750$$

从利息表上查到,当 $n = 9$,1.750 落在 6%～7%时。从 6%的表上查到 1.689,从 7%的表上查到 1.838。用直线内插法可得:

$$i = 6\% + \frac{1.689 - 1.750}{1.689 - 1.838} \times 1\% = 6.41\%$$

计算表明,当利率为 6.41%时,现在的 300 元等值于第 9 年年末的 525 元。

【例 3.5】　当利率为 8%时,从现在起连续 6 年的年末等额支付为多少时与第 6 年年末的 1 000 000 元等值?

【解】　　$A = F(A/F, i, n) = 1\ 000\ 000 \text{ 元} \times 0.136\ 3 = 136\ 300 \text{ 元}$

计算表明,当利率为 8%时,从现在起连续 6 年 136 300 元的年末等额支付与第 6 年年末的 1 000 000 元等值。

【例 3.6】　当利率为 10%时,从现在起连续 5 年的年末等额支付为 600 元,问与其等值的第 0 年的现值为多大?

【解】　　　$P = A(P/A, i, n) = 600 \text{ 元} \times 3.790\ 8 = 2\ 274.48 \text{ 元}$

计算表明,当利率为 10%时,从现在起连续 5 年的 600 元年末等额支付与第 0 年的现值 2 274.48元等值。

·3.2.3　计息期短于 1 年的等值计算·

如计息期短于 1 年,仍可利用以上的利息公式进行计算,这种计算通常可以出现下列 3 种情况:

1)计息期和支付期相同

【例3.7】 年利率为12%,每半年计息一次,从现在起连续3年,每半年为100元的等额支付,问与其等值的第0年的现值为多大?

【解】 每计息期的利率 $i = 12\% \div 2 = 6\%$

$$n = 3 \times 2 = 6$$

$$P = A(P/A, i, n) = 100 \text{ 元} \times 4.917\ 3 = 491.73 \text{ 元}$$

计算表明,按年利率12%,每半年计息一次计算利息,从现在起连续3年每半年支付100元的等额支付与第0年的491.73元的现值等值。

【例3.8】 假如有人目前借入2 000元,在今后2年中分24次偿还,每次偿还99.80元,复利按月计算,试求月有效利率、名义利率和年有效利率。

【解】 现值 $99.80 = 2\ 000(A/P, i, 24)$

$$(A/P, i, 24) = 99.80/2\ 000 = 0.049\ 9$$

查附表1,可得 $i = 1.5\%$。因为计息期是一个月,所以月有效利率为1.5%。

名义利率

$$r = 1.5\% \times 12 = 18\%$$

年有效利率

$$i = (1 + r/n)^n - 1 = (1 + 0.18/12)^{12} - 1 = 19.56\%$$

2)计息期短于支付期

【例3.9】 按年利率12%,每季度计息一次计算利息,从现在起连续3年的等额年末借款为1 000元,问与其等值的第3年年末的借款金额为多大?

【解】 其现金流量如图3.10所示。

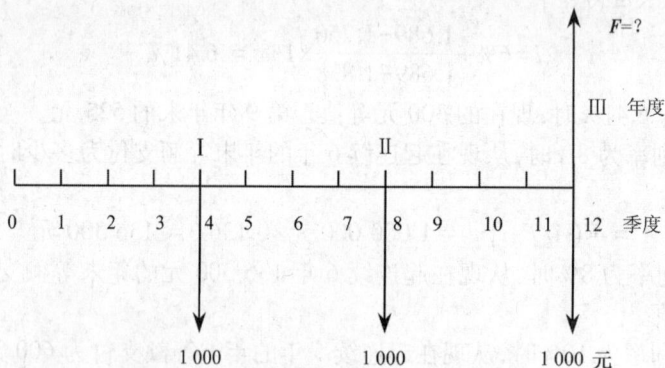

图3.10 按季计息年度支付的现金流量图

每年向银行借一次,支付期为1年,年利率为12%,每季度计息一次,计息期为一个季度,属于计息期短于支付期。由于利息按季度计算,而支付在年底,这样计息期末不一定有支付,所以例题不能直接采用利息公式,需要进行修改,使之符合计息公式。修改方法有如下3种:

第一种方法:取一个循环周期,使这个周期的年末支付转变成等值的计息期末的支付。支付系列的现金流量如图3.11所示。

$$A = F(A/F, i, n) = 1\ 000 \text{ 元} \times 0.239\ 0 = 239 \text{ 元}$$

式中 $r = 12, n = 4, i = 12\% \div 4 = 3\%$

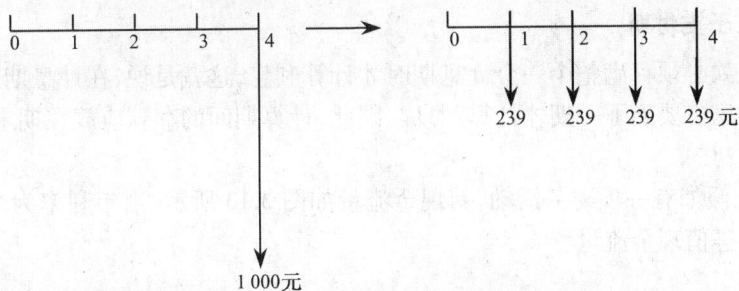

图 3.11　将年度支付转化为计息期末支付

经过转变后,计息期和支付期完全重合,可直接利用利息公式进行计算,并适用于后两年。例题的原现金流量图可变成图 3.12。

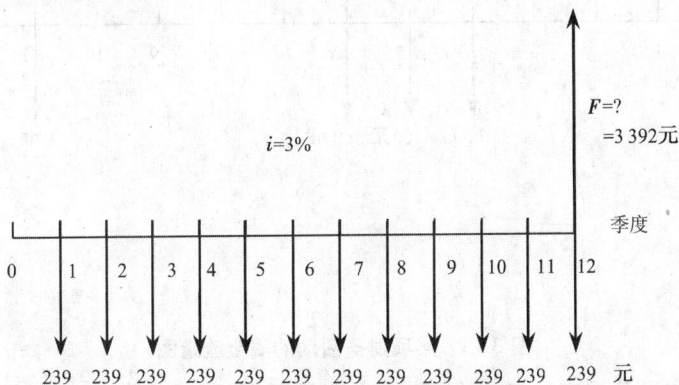

图 3.12　经转变后计息期与支付期重合

$$F = A(F/A, i, n) = 239 \text{ 元} \times 14.192 = 3\,392 \text{ 元}$$

第二种方法:把等额支付的每一个支付看为一次支付,求出每个支付的将来值,然后把将来值加起来,这个和就是等额支付的实际结果。

$$F = 1\,000 \text{ 元} \times 1.267 + 1\,000 \text{ 元} \times 1.126 + 1\,000 \text{ 元} = 3\,392 \text{ 元}$$

式中第一项代表第 1 年年末借的 1 000 元将计息 8 次;第二项代表第 2 年年末借的 1 000 元将计息 4 次;最后一项代表第 3 年年末借的 1 000 元。

第三种方法是先求出支付期的有效利率,本例支付期为一年,然后以一年为基础进行计算。年有效利率是:

$$i = (1 + r/n)^n - 1$$

现在 $n = 4$, $r = 12\%$,所以

$$i = (1 + 0.12/4)^4 - 1 = 12.55\%$$

由此可得:

$$F = 1\,000 \text{ 元} \times 3.392\,3 = 3\,392 \text{ 元}$$

$(F/A, 12.55, 3) = 3.392\,3$ 由下列方法求得:

$$(F/A, 12, 3) = 3.374\,4, \quad (F/A, 15, 3) = 3.472\,5$$
$$(F/A, 12.55, 3) = 3.374\,4 + (3.472\,5 - 3.374\,4) \div 3 \times 0.55 = 3.392\,3$$

通过 3 种方法计算表明,按年利率 12%,每季度计息一次,从现在起连续 3 年的 1 000 元等额年末借款与第 3 年年末的 3 392 元等值。

3)计息期长于支付期

通常规定存款必须存满整个一个计息期时才计算利息,这就是说,在计息期间存入的款项在该期不计算利息。要到下一期才计算利息。因此,计算期间的存款应放在期末,而计息期间的提款应放在期初。

【例 3.10】 假如有一项财务活动,其现金流量如图 3.13 所示,当年利率为 8%时,求出按季度计息的年末等值现金流量。

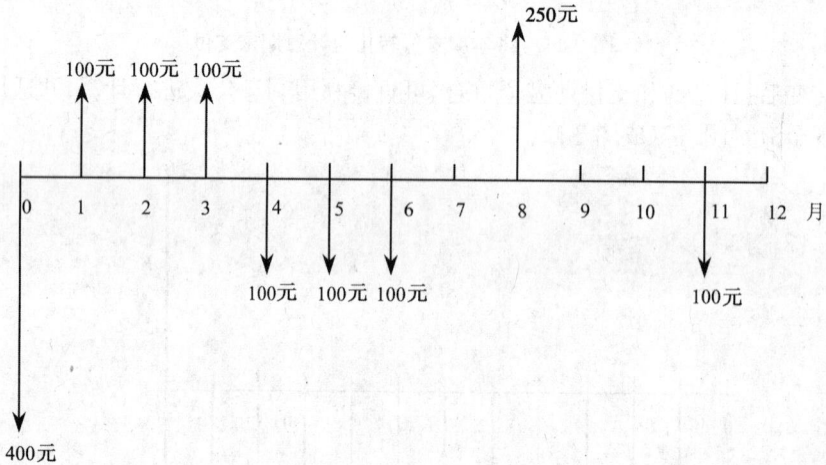

图 3.13 某项财务活动的现金流量图

【解】 因复利是每季度计息一次,则这个流量图可以加以整理,得到等值的现金流量图如图 3.14 所示。按照这个图,计息期和支付期相同,计算可以按利息公式进行。

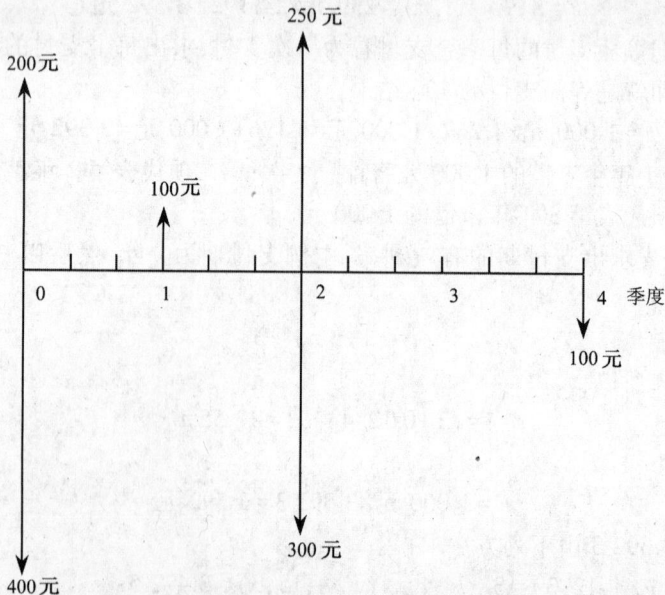

图 3.14 按季度计息整理的等值现金流量图

年利率为 8%,每季度计算一次,这个财务活动的年末等值现金流量:

$F = (400 \text{元} - 200 \text{元}) \times 1.082 - 100 \text{元} \times 1.061 + (300 \text{元} - 250 \text{元}) \times 1.040 + 100 \text{元} = 262.30 \text{元}$

数值为正,表示存入。

·3.2.4 需要几个系数的等值计算·

对于复杂的问题,可以先画出一个简明的图,以提高计算的速度和准确性。

【例 3.11】 假定现金流量:第 6 年年末支付 300 元,第 9,10,11,12 年年末各支付 60 元,第 13 年年末支付 210 元,第 15,16,17 年年末各支付 80 元。如按年利率 5% 计息,与此等值的现金流量的现值 P 为多少?

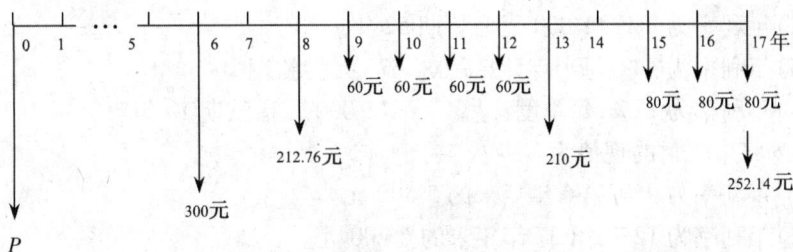

图 3.15 现金流量图

【解】 先把所有的支付画成现金流量图如图 3.15 所示,然后根据现金流量图利用公式进行计算。

$$P = 300 \text{元} \times 0.746\ 2 + 60 \text{元} \times 3.545\ 6 \times 0.676\ 8 + 210 \text{元} \times 0.530\ 3 +$$
$$80 \text{元} \times 3.153 \times 0.436\ 3 = 589.27 \text{元}$$

这个现金流量,按年利率 5% 计息,与其等值的现值为 589.27 元。

【例 3.12】 求每半年向银行借 1 400 元,连续借 10 年的等额支付系列的等值将来值。利息分别按①年利率为 12%;②年利率为 12%,每半年计息一次;③年利率为 12%,每季度计息一次这 3 种情况计算。

【解】 3 种计息情况的将来值:

①计息期长于支付期

$$F_a = 1\ 400 \text{元} \times 2 \times 17.548\ 7 = 49\ 136 \text{元}$$

②计息期等于支付期

$$F_b = 1\ 400 \text{元} \times 36.785\ 6 = 51\ 500 \text{元}$$

③计息期短于支付期

$$F_c = 1\ 400 \text{元} \times 0.492\ 6 \times 75.401\ 3 = 52\ 000 \text{元}$$

小 结 3

本章全面介绍了资金时间价值的概念。要求学生掌握单利、复利的计算方法以及等值计算的应用。

复习思考题 3

3.1 向银行借款 1 000 元,借期为 5 年,试分别用 8%单利和 8%复利计算借款的利息。

3.2 某人以 8%单利借出 1 500 元,借期为 3 年。到期后以 7%复利把所得的款额(本金加利息)再借出,借期为 10 年。问此人在 3 年年末可获得的本利和为多少?

3.3 下列现在借款的将来值为多少?
(1)年利率为 10%,8 000 元借款期 8 年。
(2)年利率为 8%,11 000 元借款期 52 年。
(3)年利率为 4%,每半年计息一次,675 元借款期 20 年。
(4)年利率为 12%,每季度计息一次,11 000 元借款期 10 年。

3.4 下列将来支付的现值为多少?
(1)年利率为 9%,第 6 年年末的 5 500 元。
(2)年利率为 12%,第 37 年年末的 6 200 元。
(3)年利率为 6%,每月计息一次,第 12 年年末的 1 700 元。
(4)年利率为 12%,每月计息一次,第 15 年年末的 6 200 元。

3.5 下列等额支付的将来值为多少?
(1)年利率为 6%,每年年末借款 500 元,连续借 12 年。
(2)年利率为 9%,每年年末借款 4 200 元,连续借 43 年。
(3)年利率为 8%,每季度计息一次,每季度末借款 1 400 元,连续借 16 年。
(4)年利率为 10%,每半年计息一次,每月月末借款 500 元,连续借 2 年。

3.6 下列将来值的等额支付为多少?
(1)年利率为 12%,每年年末支付一次,连续支付 8 年,8 年末积累金额 1 500 元。
(2)年利率为 8%,每年年末支付一次,连续支付 58 年,58 年末积累金额 5 200 元。
(3) 年利率为 12%,每季度计息一次,每季度末支付一次,连续支付 8 年,8 年年末积累金额 1 500 元。
(4)年利率为 9%,每半年计息一次,每年年末支付一次,年续支付 11 年,11 年年末积累 4 000 元。
(5)年利率为 8%,每季度计息一次,每月月末支付一次,连续支付 15 年,15 年年末积累 17 000 元。

3.7 下列现在借款的等额支付为多少?
(1)借款 5 000 元,得到借款后的第一年年末开始归还,连续 5 年,分 5 次还清,利息按年利率 4%计算。
(2)借款 37 000 元,得到借款后的第一年年末开始归还,连续 32 年,分 32 次还清,利息按年利率 9%计算。
(3)借款 16 000 元,得到借款后的第一年年末开始归还,连续 8 年,分 8 次还清,利息按年利率 7%,每半年计息一次计算。
(4)借款 37 000 元,得到借款后的第一个月月末开始归还,连续 5 年,分 60 次还清,利息按年利率 9%,每月计息一次计算。

3.8 下列等额支付的现值为多少?

(1)年利率为 7%,每年年末支付 3 500 元,连续支付 8 年。

(2)年利率为 15%,每年年末支付 230 元,连续支付 37 年。

(3)年利率为 8%,每季度末支付 720 元,连续支付 10 年。

(4)年利率为 12%,每季度计息一次,每年年末支付 5 000 元,连续支付 6 年。

3.9 下列梯度系列等值的年末等额支付为多少?

(1)第一年年末借款 1 000 元,以后 3 年每年递增借款 100 元,按年利率 5%计息。

(2)第一年年末借款 5 000 元,以后 9 年每年递减借款 200 元,按年利率 12%计息。

(3)第二年年末借款 200 元,以后 9 年每年递增借款 200 元,按年利率 7%计息。

3.10 写出计算期为 Y 年,每年计息 X 次名义利率为 r 的一次支付复利系数公式。

3.11 求出下列计息情况的年有效利率。

(1)年利率为 8%,半年计息一次。

(2)年利率为 12%,每月计息一次。

3.12 某公司购买了一台机器,估计能使用 20 年,每 4 年要大修一次,每次大修费用假定为 1 000 元,现在应存入银行多少钱足以支付 20 年寿命期间的大修费支出,按年利率 12%,每半年计息一次。

3.13 某公司购买了一台机器,原始成本为 12 000 元,估计能使用 20 年,20 年末的残值为 2 000 元。运行费用固定为每年 800 元。此外每使用 5 年后必须大修一次,大修理费用每次 2 800 元。试求机器的等值年费用。年利率为 12%。

3.14 某人借了 5 000 元,打算在 48 个月中以等额月末支付分期还款。在归还 25 次之后,他想第 26 次以一次支付立即归还余下借款。年利率为 24%,每月计息一次。问此人归还的总金额为多少?

4 技术经济的静态与动态评价方法

对拟建工程项目,如新建的装置、工厂,企业改扩建项目,以及较大型机器设备的更新等工程项目的取舍作出正确的决策,必须对工程项目进行多方面的评价:

技术方面——可靠性、安全性、难易程度;

商业方面——资金、市场;

资源方面——原材料、人力以及机器设备、能源等其他投入;还有环境保护方面等。但是在一般情况下,最主要的决策依据还是在上述诸方面评价的基础上的经济方面的评价结果。因此,弄清楚拟建投资项目的经济效果如何,是进行技术经济分析的主要目的。若项目可行的技术方案只有一个,则分析的目的是评价该方案在经济上是否合理;若项目有若干可行的技术方案,则分析的目的除评价各个方案的经济合理性外,还要从中择优选定一个最优方案实施。

投资项目经济效果评价的方法很多,按是否考虑资金的时间价值分为两大类:一类是不考虑资金的时间价值的静态评价方法,另一类是考虑资金的时间价值的动态评价方法。在进行项目的经济评价时,动态评价方法由于其合理且精确而被广泛采用。静态评价方法由于其分析指标和计算方法比较简单,可用于短期投资项目的评价或对长期投资项目进行初始阶段的粗略评价。

本章从分析工程项目技术方案的效益和费用出发,先介绍几种常用的静态评价方法,再讨论动态评价方法和多方案择优的基本方法。

4.1 静态评价方法

静态评价的基本方法根据其评价的指标不同主要有投资收益率、投资回收期等方法。

· 4.1.1 投资收益率法 ·

1)概念

投资收益率是衡量技术方案获利的评价指标,它是技术方案建成投产达到设计生产能力后一个正常生产年份的年净收益额与技术方案投资的比率。它表明技术方案在正常生产年份中,单位投资每年所创造的年净收益额。对生产期内各年的净收益额变化幅度较大的技术方案,可计算生产期年平均净收益额与技术方案的比率,其计算公式为:

$$R = \frac{A}{I} \times 100\% \tag{4.1}$$

式中　　R——投资收益率；

　　　　A——技术方案年净收益额或年平均净收益额；

　　　　I——技术方案投资。

2）判别准则

将计算所得投资收益率（R）与所确定的基准投资收益率（R_c）进行比较。若 $R \geq R_c$，则技术方案可以考虑接受；若 $R < R_c$，则技术方案是不可行的。

3）应用公式

根据分析的目的不同，投资收益率又具体分为：总投资收益率（ROI）、资本金净利润率（ROE）。

（1）总投资收益率（ROI）

总投资收益率（ROI）表示总投资的盈利水平，按下式计算：

$$ROI = \frac{R_p}{I} \times 100\% = \frac{S - C' - D - T}{I}\tag{4.2}$$

式中　　R_p——年利润总额；

　　　　I——项目总投资额；

　　　　S——年销售收入；

　　　　C'——年经营成本；

　　　　D——年折旧额；

　　　　T——年销售税金。

式中　　ROI 可以按生产期平均年的收益计算（当各年净收益额变化幅度较大时），也可按正常生产年份的收益计算。

【例4.1】 某工程项目总投资额为 3 500 万元，投产后平均年净利润为 1 400 万元，正常生产年份的利润额为 1 500 万元，试求平均投资收益率和正常生产年份的投资收益率。

【解】 设备年平均投资收益率为 ROI_1，正常生产年份的投资收益率为 ROI_2，则：

$$ROI_1 = 1\ 400\ 元 \div 3\ 500\ 元 \times 100\% = 40\%$$

$$ROI_2 = 1\ 500\ 元 \div 3\ 500\ 元 \times 100\% = 42.9\%$$

采用投资收益率评价单方案时，需要与"标准投资收益率" $[ROI]$ 进行比较，当 $ROI \geq [ROI]$ 时，方案才可考虑接受。对于多方案比较，显然，投资收益率高的方案为较优方案。

（2）资本金净利润率（ROE）

技术方案资本金净利润率（ROE）表示技术方案资本金的盈利水平，按下式计算：

$$ROE = \frac{NP}{EC} \times 100\%\tag{4.3}$$

总投资收益率（ROI）用来衡量整个技术方案的获利能力，要求技术方案的总投资收益率应大于行业的平均投资收益率；总投资收益率越高，从技术方案所获得的收益就越多。而资本金净利润率（ROE）则用来衡量技术方案资本金的获利能力，资本金净利润率越高，资本金所取得的利润就越多，权益投资盈利水平也就越高；反之，则情况相反。对于技术方案而言，若总投资收益率或资本金利润率高于同期银行利率，适度举债是有利的；反之，过高的负债比率将损害企业和投资者的利益。由此可以看出，总投资收益率或资本金净利润率指标不仅可以用来衡量技术方案的获利能力,还可以作为技术方案筹资决策参考的依据。

4)优劣

投资收益率(R)指标经济意义明确、直观,计算简便,在一定程度上反映了投资效果的优劣,适用于各种投资规模。但不足的是没有考虑投资收益的时间因素,忽视了资金具有时间价值的重要性;指标的计算主观随意性太强,正常生产年份的选择比较困难,带有一定的不确定性和人为因素。因此,以投资收益率指标作为主要的决策依据不太可靠,其主要用在技术方案指定的早期阶段或研究过程,且计算期较短、不具备综合分析所需详细资料的技术方案,尤其适用于工艺简单而生产情况变化不大的技术方案的选择和投资经济效果的评价。

· 4.1.2 静态投资回收期法 ·

静态投资回收期是不考虑资金时间价值的条件下,以技术方案的净收益回收其总投资(包括建设投资和流动资金)所需要的时间,一般以年为单位。静态投资回收期宜从技术方案建设开始年算起,若从技术方案投产开始年算起,应予以特别注明。

从建设开始年算起,静态投资回收期的表达式为:

$$\sum_{t=0}^{P_t} (CI-CO)_t = 0 \tag{4.4}$$

式中 $(CI-CO)_t$——第 t 年的净现金流量。

如果投产或达到生产能力后的净收益相等,或用年平均净收益计算时,则投资回收期的表达式转化为:

$$P_t = \frac{K}{CI-CO} = \frac{K}{M} \tag{4.5}$$

式中 P_t——投资回收期;

K——全部投资;

CI——现金流入量;

CO——现金流出量;

$CI-CO$——年平均净收益;

M——等额净收益或年平均净收益。

投资回收期亦可根据全部投资财务现金流量表中累计净现金流量计算求得,表中累计净现金流量等于零或出现正值的年份,即为项目投资回收的终止年份。其计算公式为:

$$\frac{\text{静态投资}}{\text{回收期}} = \frac{\text{累计净现金流量开}}{\text{始出现正值的年份}} - 1 + \frac{\text{上年累计净现金流量的绝对值}}{\text{当年净现金流量}} \tag{4.6}$$

设基准投资回收期为 P_C,则判别准则为:

若 $P_t \le P_C$,则方案可以接受;若 $P_t > P_C$,则方案应予以拒绝。

【例4.2】 某工程项目有 A,B 两个设计方案,各方案的现金流量见表4.1。已知基准投资回收期为 3 年,试用投资回收期指标评价项目方案。

表 4.1 A,B 方案的投资与收益

年份	方案 A			方案 B		
	投资/万元	净收益/万元	累计净现金流量/万元	投资/万元	净收益/万元	累计净现金流量/万元
0	1 500		−1 500	1 000		−1 000
1		400	−1 100		100	−900
2		500	−600		300	−600
3		600	0		450	−150
4		700	700		150	0
5		700	1 400		450	450
6		700	2 100		450	900
7		700	2 800		450	1 350

【解】 ①利用公式(4.4)计算：

A 方案的投资回收期 P_{tA} ,通过令

$$\sum_{t=0}^{P_{tA}} (CI-CO)_t = -1\ 500\ 万元 + 400\ 万元 + 500\ 万元 + 600\ 万元 = 0$$

得到 $P_{tA}=3$ 年。

同理 B 方案的投资回收期 P_{tB} ,通过令

$$\sum_{t=0}^{P_{tB}} (CI-CO)_t = -1\ 000\ 万元 + 100\ 万元 + 300\ 万元 + 450\ 万元 + 150\ 万元 = 0$$

得到 $P_{tB}=4$ 年

由于 $P_C=3$ 年,所以 A 方案可取,B 方案不可取。

②利用公式(4.6)计算：

$$P_{tA} = 3\ 年 - 1 + |-600|\ 万元 / 600\ 万元 = 3\ 年$$

$$P_{tB} = 4\ 年 - 1 + |-150|\ 万元 / 150\ 万元 = 4\ 年$$

可见,两种算法得出的结果是一致的。

投资回收期法的最大优点是计算简便,能反映投入资金的补偿速度,因此特别适用于有风险的、强调清偿能力的方案的评价。它的主要缺点是不能反映投资回收以后方案的盈利能力如何。所以一般应结合其他评价指标一起来参与决策。

在投资回收期法的实际应用中,人们对投资及净收益的认识往往不尽相同。如在计算投资时,有的包括流动资金,有的不包括流动资金;在计算利润总额时,一般应包括折旧,但也有不包括折旧的。此外,回收期一般应从项目建设开始年算起,但也有从投产年开始算起的,二者正好相差建设期。对于同一项目,如果各方案所采用的投资和收益的基准不同,则在择优评价时,必须换算成一致的基准。

4.2 动态评价方法

根据其评价指标的不同,动态评价的基本方法主要有:现值法、年值法、收益率法以及动态

投资回收期的计算方法等。

· 4.2.1 现值法 ·

现值法是将方案的各年收益、费用或净现金流量,按照要求达到的折现率折算到期初的现值,并根据现值之和(或年值)来评价、选择方案的方法。现值法是动态的评价方法。

1)费用现值与费用年值

采用动态投资回收期评价两个方案的优劣,没有考虑资金的时间价值。在对两个以上方案比较选优时,如果诸方案的产出价值相同,或者诸方案都能够满足同样的需要,但其产出效果(比如环保效果、教育效果等)难以用价值形态(货币)计量时,可以通过对各方案费用现值或费用年值的比较进行选择。

费用现值的计算式为:

$$PC = \sum_{t=0}^{n} CO_t(P/F, i_0, t) \tag{4.7}$$

费用年值的计算式为:

$$AC = PC(A/P, i_0, t) = \sum_{t=0}^{n} CO_t(P/F, i_0, t)(A/P, i_0, t) \tag{4.8}$$

式中　PC——费用现值;

　　　AC——费用年值;

　　　CO_t——第 t 年的现金流量;

　　　n——方案寿命年限;

　　　i_0——基准收益率(或基准折现率)。

费用现值和费用年值用于多个方案的比选,其判别准则是:费用现值或费用年值最小的方案为优。

【例4.3】　某项目有3个方案 A,B,C,均能满足同样的需要,但各方案的投资及年运营费用不同,见表4.2。在基准折现率 $i_0 = 15\%$ 的情况下,如何采用费用现值与费用年值选优。

表 4.2　3个方案的费用数据表达式

方案	期初投资/万元	1~5 年运营费用/万元	6~10 年运营费用/万元
A	70	13	13
B	100	10	10
C	110	5	8

【解】　各方案的费用现值计算如下:

$$PC_A = 70 \text{ 万元} + 13 \text{ 万元}(P/A, 15\%, 10) = 135.2 \text{ 万元}$$

$$PC_B = 100 \text{ 万元} + 10 \text{ 万元}(P/A, 15\%, 10) = 150.2 \text{ 万元}$$

$$PC_C = 110 \text{ 万元} + 5 \text{ 万元}(P/A, 15\%, 5) + 8 \text{ 万元}(P/A, 15\%, 5)$$
$$(P/F, 15\%, 5) = 140.1 \text{ 万元}$$

各方案的费用年值计算如下:

$$AC_A = 70 \text{ 万元}(A/P, 15\%, 10) + 13 \text{ 万元} = 26.9 \text{ 万元}$$

$$AC_B = 100 \text{ 万元}(A/P, 15\%, 10) + 10 \text{ 万元} = 29.9 \text{ 万元}$$

$$AC_C = [110 \text{ 万元} + 5 \text{ 万元}(P/A, 15\%, 5) + 8 \text{ 万元}(P/A, 15\%, 5)(P/F, 15\%, 5)]$$

$$(A/P,15\%,10)= 27.9 \text{ 万元}$$

根据费用最小的选优准则,费用现值与费用年值的计算结果都表明,方案 A 最优,C 次之,B 最差,即方案的优序为 A→C→B。

将式(4.7)与式(4.8)作一比较,在一定的基准折现率 i 和寿命期 n 下,

$$AC/PC = (A/P,i_0,n)= \text{常数} \tag{4.9}$$

因此,就项目的评价结论而言,费用现值最小的方案即为费用年值最小的方案,二者是等效评价指标。但二者毕竟指标含义不同,使用时仍是各有所长。比如费用现值适用于多个方案寿命相同的情况比较选择,则费用年值适用各个方案寿命不等时比较选择。

2)净现值与净现值率

方案的净现值 NPV 是指方案在寿命期内各年的净现金流量 $(CI-CO)_t$,按照一定的折现率 i_0 折现到初期时的现值之和,其表达式为:

$$NPV= \sum_{t=0}^{n} (CI-CO)_t (1+i_0)^{-t} \tag{4.10}$$

式中　NPV——净现值;

$(CI-CO)_t$——第 t 年的净现金流量,其中 CI 为现金流入,CO 为现金流出。

其他符号意义同上。

净现值表示在规定的折现率 i_0 的情况下,方案在不同时点发生的净现金流量折现到初期时,整个寿命期内所能得到的净收益。如果方案的净现值等于零,表示方案正好达到了规定的基准收益率水平;如果方案的净现值大于零,则表示方案除能达到规定的基准收益率之外,还能得到超额收益;如果净现值小于零,则表示方案达不到规定的基准收益率水平。

因此,用净现值指标评价单个方案的准则是:若 $NPV \geq 0$,则方案是经济合理的;若 $NPV<0$,则方案应予以否定。

【例 4.4】　某设备的购价为 40 000 元,每年的运行收入为 15 000 元,年运行费用 3 500 元,4 年后该设备可以按 5 000 元转让,如果基准折现率 $i_0=20\%$,问此项设备投资是否值得?

【解】　按净现值指标进行评价:

$$NPV_{20\%} = -40\ 000 \text{ 元}+(15\ 000 \text{ 元}-3\ 500 \text{ 元})(P/A,20\%,4)+$$
$$5\ 000 \text{ 元}(P/F,20\%,4)= -7\ 818.5 \text{ 元}$$

由于 $NPV_{20\%}<0$,此投资经济上不合理。

【例 4.5】　在例 4.4 中,若其他情况相同,如果基准折现 $i_0=5\%$,问此项投资是否值得?

【解】　计算此时的净现值:

$$NPV_{5\%} = -40\ 000 \text{ 万元}+(15\ 000 \text{ 万元}-3\ 500 \text{ 万元})(P/A,5\%,4)+$$
$$5\ 000 \text{ 万元}(P/F,5\%,4)= 4\ 892.5 \text{ 万元}>0,$$

这说明若基准收益率为 5%,此项投资是值得的。

显然,净现值的大小与基准折现率 i_0 有很大关系。当 i_0 变化时,NPV 也随之变化,呈非线性关系: $NPV_{i_0}=f(i_0)$。

一般情况下,同一净现金流量的净现值随着折现率 i 的增大而减小,如图 4.1 所示。故基准折现率 i_0 定得越高,能被接受的方案越少。

在图 4.1 中,在某一个 i^* 值上,净现值曲线与横坐标相交,表示该折现率下的净现值

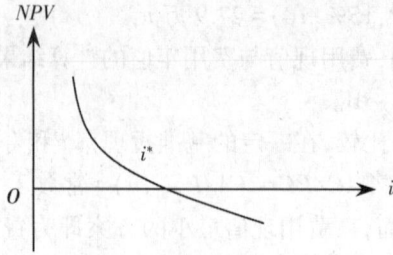

图 4.1　净现值与折现率的关系

$NPV = 0$;而当 $i_0 < i^*$ 时,$NPV_{i_0} > 0$;$i_0 > i^*$,$NPV_{i_0} < 0$ 时。i^* 是一个具有重要经济意义的折现率临界值,被称之为内部收益率,后面将作详细分析。

NPV 之所以随着 i 的增大而减小,是因为一般投资项目正现金流入(如收益)总是发生在负现金流出(如投资)之后,使得随着折现率的增加,正现金流入折现到期初的时间长,其现值减小得多;而负现金流出折现到期初的时间短,相应现值减小得少,这样现值的代数和就减小。

这里也可以看出,规定的基准收益率 i_0 对方案的评价起重要的作用。i_0 定得较高,计算的 NPV 比较小,容易小于零,使方案不容易达到评价标准;反之,i_0 定得较低,计算的 NPV 比较大,不容易小于零,使方案容易达到评价标准。因此,国家计委按照企业和行业的平均投资收益率,并考虑产业政策、资源劣化程度、技术进步和价格变动等因素,分行业确定并颁布了各项投资的基准收益率,国家正是通过制定并颁布各行业的基准收益率,作为投资调控的手段。

采用净现值法评价投资方案时,在投资受到制约的条件下,方案净现值的大小一般不能直接评定投资额不同的方案的优劣。比如方案甲投资 100 万元(现值),净现值为 50 万元,方案乙投资 10 万元(现值),按同一折现率计算的净现值为 20 万元,我们可以认为两方案都可行,因为两方案在规定的折现率下都存在超额收益。但是,在资金有限的条件下不能因为方案甲的净现值大于方案乙的净现值,就说方案甲优于方案乙。此时,还应考虑效益费用比,因为甲方案的投资现值为乙方案的 10 倍,而其净现值只达 2.5 倍。如果建设 10 个乙方案项目,则净现值可达 200 万元,与甲方案投资相同而效益却是甲方案的 4 倍。所以更应该考虑选择乙方案。

净现值指标用于多个方案比较时,没有直接反映资金的利用效率。为了考察资金的利用效率,人们通常用净现值率($NPVR$)作为净现值法的辅助指标。净现值率是项目净现值与项目投资总额现值 I_P 之比,是一种效率型指标,其经济含义是单位投资现值所能带来的净现值。其计算公式为:

$$NPVR = \frac{NPV}{I_P} = \frac{\sum_{t=0}^{n} (CI - CO)_t (1 + i_0)^{-t}}{\sum_{t=0}^{n} I_t (1 + i_0)^{-t}} \tag{4.11}$$

式中　I_t——第 t 年的投资额。

若 $NPV \geq 0$,则 $NPVR \geq 0$(因为 $I_P > 0$);若 $NPV < 0$,则 $NPVR < 0$(因为 $I_P > 0$)。故对于单一方案评价而言,净现值率与净现值是等效评价指标。

与净现值指标相类似的还有一个评价指标是净年值(NAV),它是通过资金等值计算,将项目的净现值分摊到寿命期内各年的等额年值。其表达式为:

$$NAV = NPV(A/P, i_0, n) =$$

$$\sum_{t=0}^{n}(CI-CO)_t(1+i_0)^{-t}(A/P,i_0,n) \tag{4.12}$$

由于$(A/P,i_0,n)>0$,若$NPV\geq0$,则$NAV\geq0$,方案在经济效果上可以接受;若$NPV<0$,则$NAV<0$,方案在经济效果上应予以否定。因此,净年值与净现值也是等效评价指标。

· 4.2.2 内部收益率法 ·

净现值方法虽然简单易行,但必须事先给定一个折现率,而且采用该法时只知其结论是否达到或超过基本要求的效率,并没有求得项目实际达到的效率。内部收益率法则不需要事先给定折现率,它求出的是项目实际能达到的投资效率(即内部收益率)。因此,在所有的经济评价指标中,内部收益率是最重要的评价指标之一。

内部收益率(IRR),简单地说就是净现值为零时的折现率。在图4.2中,随着折现率的不断增大,净现值不断减小;当折现率取i^*时,净现值为零。此时的折现率i^*即为内部收益率。

内部收益率也可通过解下述方程求得:

$$\sum_{t=0}^{n}(CI-CO)_t(1+IRR)^{-t}=0 \tag{4.13}$$

式中 IRR——内部收益率;

其他符号意义同上。

上式是一个高次方程,不容易直接求解,通常采用"试算内插法"求IRR的近似解,其原理如图4.2所示。

从图4.2可以看出,IRR在i_n与i_{n+1}之间,用i_{n+2}近似代替IRR,当i_{n+1}与i_n的距离控制在一定范围内,可以达到要求的精度。具体计算步骤如下:

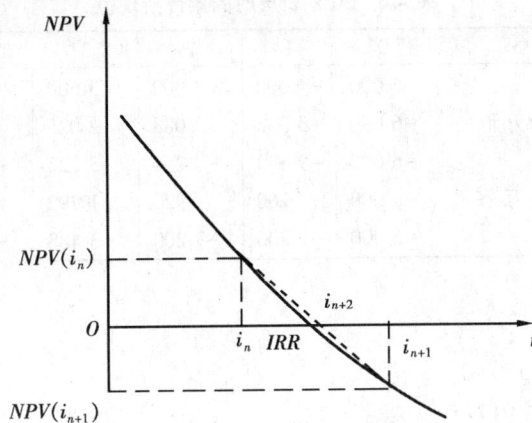

图4.2 试算内插法求 IRR 图解

①设初始折现率值i_1,一般可以先取行业的基准收益率i_0作为i_1,并计算对应的净现值NPV_{i_1};

②若$NPV_{i_1}\neq0$,则根据NPV_{i_1}是否大于零,再设i_2。若$NPV_{i_1}>0$,则设$i_2>i_1$;若$NPV_{i_1}<0$,则设$i_2<i_1$。i_2与i_1的差距取决于NPV_{i_1}绝对值的大小,较大的绝对值可以取较大的差距,反之,取较小的差距。计算对应的NPV_{i_2}。

③重复步骤②,直到出现 $NPV_{i_n}>0$,$NPV_{i_{n+1}}<0$ 或 $NPV_{i_n}<0$,$NPV_{i_{n-1}}>0$ 时,用线性内插法求得 IRR 近似值,即:

$$IRR=i_n+\frac{|NPV_{i_n}|}{|NPV_{i_{n+1}}|+|NPV_{i_n}|}(i_{n+1}-i_n) \tag{4.14}$$

④计算的误差取决于 i_n-i_{n+1} 的大小,为此,一般控制 $|i_n-i_{n+1}|<0.05$。

设基准收益率为 i_0,用内部收益率指标 IRR 评价单个方案的判别准则是:

若 $IRR \geq i_0$,则项目在经济效果上可以接受;

若 $IRR<i_0$,则项目在经济效果上应予以否定。

一般情况下,当 $IRR>i_0$ 时,会有 $NPV \geq 0$,反之,当 $IRR<i_0$ 时,则 $NPV_{i_0}<0$。因此,对于单个方案的评价,内部收益率准则与净现值准则,其评价结论是一致的。

【例4.6】 根据表4.3所列数据,计算项目的内部收益率。

表 4.3 某项目的累计净现金流量折现值

年 份	0	1	2	3	4	5	6
1.现金流入/万元			5 000	6 000	8 000	8 000	7 500
2.现金流出/万元	6 000	4 000	2 000	2 500	3 000	3 500	3 500
3.净现金流量(1-2)/万元	-6 000	-4 000	3 000	3 500	5 000	4 500	4 000
4.净现金流量折现值($i=10\%$)/万元	-6 000	-3 436	2 470	2 630	3 415	2 794	2 258
5.累计净现金流量折现值/万元	-6 000	-9 436	-6 966	-4 527	-1 112	1 682	3 940

【解】 从表4.3可知,当 $i_0=10\%$ 时,$NPV(10\%)=3\,940$ 万元,说明该项目的内部收益率(IRR)$>10\%$,为此,提高 i,如取 $i_2=20\%$ 和 $i_3=25\%$,计算对应的 NPV 值,列于表4.4。

表 4.4 20%,25%时的累计折现值

年 份	0	1	2	3	4	5	6
净现金流量/万元	-6 000	-4 000	3 000	3 500	5 000	4 500	4 000
20%时净现金流量折现值/万元	-6 000	-3 333	2 083	2 025	2 412	1 809	1 340
20%时累计折现值/万元	-6 000	-9 333	-7 250	-5 225	-2 813	-1 004	336
25%时净现金流量折现值/万元	-6 000	-3 200	1 920	1 792	2 048	1 475	1 048
25%时累计折现值/万元	-6 000	-9 200	-7 200	-3 488	-3 440	-1 965	-917

由表4.4可知

$i=20\%$ 时,$NPV_{20\%}=336>0$

$i=25\%$ 时,$NPV_{25\%}=-917<0$

根据公式(4.14),得

$$IRR=20\%+\frac{|336|}{|-917|+|336|}(25\%-20\%)=21.3\%$$

即该项目的内部收益率为21.3%。如果基准收益率为10%,则该项目在经济效果上是可以接受的。

内部收益率是项目投资的盈利率,由项目现金流量决定,反映了投资的使用效率。但是,内部收益率反映的是项目寿命期内没有回收的投资盈利率,而不是初始投资在整个寿命期内

的盈利率。因为在项目的整个寿命期内按内部收益率 IRR 折现计算,如表4.4所示,始终存在未被回收的投资。而在寿命结束时,投资恰好被全部收回。也就是说,在项目寿命期内,项目始终处于"偿付"未被收回的投资的状况,内部收益率正是反映了项目"偿付"未被收回投资的能力,它取决于项目内部。

比如,某方案初期投资 1 000 万元,IRR 为 10%,第一年净收入 350 万元,第二年净收入 300 万元。由于初期投资在第一年末的等值为 1 100 万元(即 100×1.1),所以第一年未被收回的资金为 750 万元(即 1 100 万元-350 万元)。根据 IRR 的经济含义,10%是未回收的资金的收益率,那么第一年未回收的 750 万元到第二年末的等值为 825 万元(即 750 万元×1.1),减去第二年的净收入 300 万元,到第二年末未回收的资金为 525 万元。依次类推,到寿命期结束,使得未回收的资金正好等于零。在这里假定了已回收资金用于再投资的收益率与 IRR 相等。

通常情况下,已回收的资金用于再投资的收益率低于初期投资的收益率。这是因为已回收的资金总是比初期投资少,且使用时间也短。为了反映已回收资金再投资的收益率与初期投资收益率的差别,于是就产生了外部收益率 ERR 概念。

外部收益率 ERR 是指方案在寿命期内各年支出(负的现金流量)的终值(按 ERR 折算成终值)与各年收入(正的现金流量)再投资的净收益终值(按基准收益率 i_0 折算成终值)累计相等时的折现率。其计算表达式为:

$$NFV = - \sum_{t=0}^{n} CF_t^i (1+ERR)^{n-i} + \sum_{t=0}^{n} CF_t^m (1+i_0)^{n-t} = 0 \tag{4.15}$$

式中　NFV——净终值;

　　　CF_t^i——第 t 年的负现金流量;

　　　CF_t^m——第 t 年的正现金量;

　　　ERR——外部收益率;

　　　其他符号意义同上。

从式(4.15)可以看出,ERR 与 IRR 相似,只不过 ERR 假设所回收的资金是以相当于基准收益率 i_0 进行再投资的,而 IRR 假设所回收的资金却是以 IRR 进行再投资的。IRR 的计算过程中,已回收资金再投资的收益率等于 IRR,而 ERR 计算过程中,则等于 i_0。一般情况下,$IRR \geq i_0$,因此,ERR 的值一般在 IRR 和 i_0 之间。

需要指出的是,内部收益率计算适用于常规投资方案,否则会出现 IRR 的多个解,方案评价失效。所谓常规投资方案,是在寿命期内除建设期或者投产初期的净现金流量为负值之外,其余年份均为正值,寿命期内净现金流量的正负号只从负到正变化一次,且所有负现金流量都出现在正现金流量之前。

为了讨论这个问题,把 IRR 的计算表达式(4.13)改写为:

$$CF_0 + CF_1 (1+IRR)^{-1} + \cdots + CF_n (1+IRR)^{-n} = 0 \tag{4.16}$$

式中　$CF_0, \cdots, CF_n$——各年的净现金流量。

令 $1+IRR=X$,则式(4.16)是关于 X 的 n 次方程,从理论上讲有 n 个根(可能是重根)。根据笛卡尔符号规则,方程正实数根的个数不大于净现金流量 CF_t 变号的次数。因此,对于常规方案,正实数根的数目≤1,即内部收益率 IRR 有唯一解。

对于非常规投资方案,也就是方案寿命期内净现金流量的正负号不只变化一次,此时就可能出现多解。一般情况下,非常规投资方案是否出现 IRR 的多解,要看用 IRR 作为折现率回收投资,未被回收的投资余额 $F_t(IRR)$ 是否一直保持在寿命期结束之前处于小于零的状况,即未被回收的投资的余额 $F_t(IRR)$ 满足:

① $$F_t(IRR) = \sum_{j=0}^{t} CF_j(1+IRR)^{t-j} < 0 \qquad (t = 0,1,\cdots,n-1)$$

② $$F_t(IRR) = \sum_{j=0}^{t} CF_j(1-IRR)^{t-j} = 0 \qquad (t = 0) \qquad (4.17)$$

满足上述两式的非常规方案,仍可得到 IRR 的唯一解。否则会出现 IRR 的多解,项目无内部收益率。

当内部收益率指标用于两个方案的比选时,通常采用增量内部收益率(ΔIRR)指标。所谓增量内部收益率,简单说是增量净现值等于零的折现值。增量净现值根据两个方案的增量现金流量计算。增量内部收益率的计算表达式为:

$$\Delta NPV_{IRR} = \sum_{t=0}^{t} (\Delta CI - \Delta CO)_t (1+\Delta IRR)^{-t} = 0 \qquad (4.18)$$

式中　ΔNPV——增量净现值;

　　　ΔIRR——增量内部收益率;

　　　ΔCI——方案 A 与方案 B 的增量现金流入,即 $\Delta CI = CI_A - CI_B$;

　　　ΔCO——方案 A 与方案 B 的增量现金流出,即 $\Delta CO = CO_A - CO_B$。

将式(4.18)代换,即得:

$$\sum_{t=0}^{n} (CI_A - CO_A)_t (1+\Delta IRR)^{-t} = \sum_{t=0}^{n} (CI_B - CO_B)_t (1+\Delta IRR)^{-t} \qquad (4.19)$$

或者 $$NPV_A(\Delta IRR) = NPV_B(\Delta IRR) \qquad (4.20)$$

式中　NPV_A——方案 A 的净现值;

　　　NPV_B——方案 B 的净现值。

因此,增量内部收益率计算的另一表达方式是:两个方案净现值(或净年值)相等时的折现率。利用式(4.18)和式(4.19)求解 ΔIRR 的结果是一样的。

用增量内部收益率比选两个方案的准则是:

若 $\Delta IRR \geq i_0$,则增量投资部分达到了规定的要求,增加投资有利,投资(现值)大的方案为优;$\Delta IRR < i_0$,则投资小的方案为优。如图 4.3 所示。

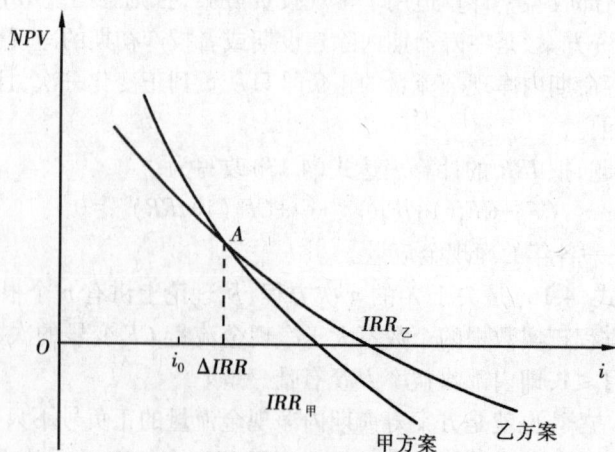

图 4.3　两方案的增量内部收益率

在图 4.3 中，A 点对应的甲、乙方案净现值相等，此时的折现率为 ΔIRR。当 $\Delta IRR > i_0$ 时，$NPV_{i_0甲} > NPV_{i_0乙}$。当 $\Delta IRR < i_0$ 时，$NPV_{i_0甲} < NPV_{i_0乙}$。因此，用 ΔIRR 与 NPV 比较选择两方案时，其评价结论是一致的。

· 4.2.3　动态投资回收期 ·

为了克服静态投资回收期未考虑资金时间价值的缺陷，可采用动态投资回收期指标对技术方案进行评价和比选。

所谓动态投资回收期是指在考虑资金时间价值条件下，按设定的利率收回全部投资所需要的时间。计算公式为：

$$\sum_{t=0}^{P'_t} (CI-CO)_t (1+i_0)^{-t} = 0 \tag{4.21}$$

式中　P'_t——动态投资回收期，年。

若标准投资回收期为 P_c，则判别准则为：

$P'_t \leqslant P_c$ 时，项目（或方案）可以接受，否则应予以拒绝。动态投资回收期同样也可根据全部投资财务现金流量表中累计净现值计算求得，表中累计净现值等于零或开始出现正值的年份，即项目投资回收的结止年份。计算公式为：

$$P'_t = \frac{累计净现值开始}{出现正值的年份数} - 1 + \frac{上年累计净现值的绝对值}{当年净现金流的折现值} \tag{4.22}$$

若方案每年净收益相等，则动态回收期的计算公式可推导如下：

设总投资 K 为分析期年初一次性投入，设定利率为 i，等额收益或年平均净收益为 M。根据动态投资回收期计算公式（4.21），有：

$$-K + M(P/A, i, P'_t) = 0$$

也即

$$-K + M\frac{(1+i)^{P'_t}-1}{i(1+i)^{P'_t}} = 0$$

展开后得到：
$$-Ki(1+i)^{P'_t} + M[(1+i)^{P'_t}-1] = 0$$

$$(1+i)^{P'_t} = \frac{M}{M-Ki} = \left(1-\frac{Ki}{M}\right)^{-1}$$

两边取对数，得：

$$P'_t = \frac{\lg M - \lg(M-Ki)}{\lg(1+i)} = \frac{-\lg\left(1-\dfrac{Ki}{M}\right)}{\lg(1+i)} \tag{4.23}$$

【例 4.7】　某工程项目期初投资为 5 亿元，每年的等额收益为 1.2 亿元，设定利率为 10%。试求动态投资回收期。

【解】　代入公式（4.23）可直接求得：

$$P'_t = \frac{-\lg(1-K_i/M)}{\lg(1+i)} = \frac{-\lg[1-(5\times0.1)/1.2]}{\lg(1+0.1)} \approx 5.6 \text{ 年}$$

即该投资项目的动态投资回收期为 5.6 年，相当于 5 年零 7.2 个月（从生产期算起）。

假如例 4.7 不考虑时间价值,则静态投资回收期为:

$$P_t = K/M = 5/1.2 \approx 4.7 \text{ 年}$$

显然,由于复利计算的结果,动态投资回收期大于静态投资回收期。但在投资回收期不长和折现率不大的情况下,两种投资回收期差别不大,不致影响项目或方案的选择。因此,只有在静态投资回收期很长的情况下,才有必要进一步计算动态投资回收期。

4.3 其他效益型指标评价法

· 4.3.1 投资收益率 ·

投资收益率是指项目在正常生产年份的净收益与投资总额的比值。其一般表达式为:

$$R = NB/I \tag{4.24}$$

式中 R ——投资收益;

NB ——正常生产年份或者年平均净收益,根据不同的分析目的,NB 可以是利润,可以是利润税金总额,也可以是年净现金流入等;

I ——投资总额,$I = \sum\limits_{t=0}^{m} I_t$,$I_t$ 为第 t 年的投资额,m 为建设期,根据分析目的的不同,I 可以是全部投资额(即固定资产、建设期借款利息和流动资金之和),也可以是投资者的权益投资额(如资本金)。

因此,由于 NB 与 I 的含义不同,投资收益 R 常用的具体形式有:

1)投资利润率

它是考察项目单位投资盈利能力的静态指标,计算公式为:

$$投资利润率 = \frac{年利润总额或年平均利润总额}{项目总投资} \times 100\% \tag{4.25}$$

其中,年利润总额 = 年销售收入 - 年销售税金及附加 - 年总成本费用。

投资利润率也称投资效果系数,此时年利润总额表示纯收入。如果年利润总额表示纯收入加折旧时,投资收益率又称投资回收率。

2)投资利税率

它是考察项目单位投资对国家积累的贡献水平,其计算公式为:

$$投资利税率 = \frac{年利税总额或年平均利税总额}{项目总投资} \times 100\% \tag{4.26}$$

其中,年利税总额 = 年销售收入 - 年总成本费用

或者,年利税总额 = 年利润总额 + 年销售税金及附加

3)资本金利润率

它反映投入项目的资本金的盈利能力,计算公式为:

$$资本金利润率 = \frac{年利润总额或年平均利税总额}{资本金} \times 100\% \tag{4.27}$$

对于投资利润率与资本金利润率来说,根据年利润的含义不同,还可以分为所得税前与所得税后的投资利润率与资本金利润率。

投资收益率指标主要反映投资项目的盈利能力,没有考虑资金的时间价值。用投资收益率评价投资方案的经济效果,需要与本行业的平均水平(行业平均投资收益率)对比,以判别项目的盈利能力是否达到本行业的平均水平。

· 4.3.2 效益-费用比 ·

如前所述,用动态投资回收期、净现值或者内部收益率等指标评价工程方案(项目)的经济效果时,都要求达到或超过其预先规定的标准。这对于以盈利为目的的营利性企业或投资者来说,是方案经济决策的基本前提。

但是,对于一些非营利性的机构或投资者,投资的目的是为公众创造福利或效果,并非一定要获得直接的超额收益。例如,不以盈利为目的的公路建设,对使用该公路的公众产生效果。这种效果可以包括:由于汽车速度的加快而节省运输时间;由于路线变得更直而缩短运输距离;由于路面的平整而节约燃料;由于路面光滑而节省汽车维修费用和燃料费用;由于达到安全标准而减少车祸等。

评价公用事业投资方案的经济效果,一般采用效益-费用比($B\text{-}C$ 比),其计算表达式为:

$$B\text{-}C \ 比 = \frac{净效益(现值或年值)}{净费用(现值或年值)} \tag{4.28}$$

计算 $B\text{-}C$ 比时,需要分别计算净效益和净费用。净效益包括投资方案对承办者和社会带来的收益,并减去方案实施给公众带来的损失;净费用包括方案投资者的所有费用支出,并扣除方案实施对投资者带来的所有节约。实际上,净效益是指公众得益的净累积值,净费用是指公用事业部门净支出的累积值,因此,$B\text{-}C$ 比是针对公众而言的。

净效益和净费用的计算,常采用现值或年值,计算采用的折现率应该是公用事业资金的基准收益率或基金的利率。若方案净效益大于净费用,即 $B\text{-}C$ 比大于1,则这个方案在经济上认为是可以接受的,反之,则是不可取的。因此,效益-费用比的评价标准是:

$$B\text{-}C \ 比 > 1$$

$B\text{-}C$ 比是一种效率型指标,用于两个方案的比选时,一般不能简单地根据两方案 $B\text{-}C$ 比的大小选择最优方案,而应采用增量指标的比较法,即比较两方案增加的净效益与增加的净费用之比(增量 $B\text{-}C$ 比),若此比值(增量 $B\text{-}C$ 比)大于1,则说明增加的净费用是有利的。

【例4.8】 建设一条高速公路,正在考虑两条备选路线:沿河路线与越山路线,两条路线的平均车速都提高了 50 km/h,日平均流量都是 5 000 辆,寿命均为 30 年,且无残值,基准收益率7%,其他数据见表4.5,试用增量效益-费用比来比较两条路线的优劣。

表 4.5　两条路线的效益与费用

方　案	沿河路线	越山路线
全长/km	20	15
初期投资/万元	475	687.5
年维护及运行费/万元·(km·年)$^{-1}$	0.2	0.25
大修费每10年一次/万元·(10年)$^{-1}$	85	65
运输费用节约/元·(km·辆)$^{-1}$	0.098	0.112 7
时间费用节约/元·(h·辆)$^{-1}$	2.6	2.6

【解】　从公路建设的目的来看,方案的净效益表现为运输费用的节约和公众节约时间的效益,方案的净费用包括初期投资费用、大修费用以及维护运行费用。因此,用年值分别计算两方案的净效益与净费用。

方案 1:沿河路线

时间费用节约 $= 5\,000$ 辆/d×365 d×(20÷50)h×2.6 元/(h·辆)÷10 000 = 189.8 万元/年

运输费用节约 $= 5\,000$ 辆/d×365 d×20 km×0.098 元/(km·辆)÷10 000 = 357.7 万元/年

所以,方案 1 的净效益 $B_1 = (189.8+357.7)$ 万元/年 = 547.5 万元/年

投资、维护及大修等费用(年值)= 0.2×20 +[475+85(P/F,7%,10) − 85(P/F,7%,20)](A/P,7%,30)= 47.5

所以,方案 1 的净费用 $C_1 =$ 47.5 万元/年

方案 2:越山路线

时间费用节约 $= 5\,000$ 辆/d×365 d×(15÷50)h×2.6 元/(h·辆)÷10 000 = 142.4 万元/年

运输费用节约 $= 5\,000$ 辆/d×365 d×15 km×0.112 7 元/(km·辆)÷10 000 = 308.5 万元/年

所以,方案 2 的净效益 $B_2 = (142.4+308.5)$ 万元/年 = 450.9 万元/年

投资、维护及大修等费用 = 0.25×15+[637.5+65(P/F,7%,10)+ 65(P/F,7%,20)](A/P,7%,30)= 59.1

所以,方案 2 的净费用 $C_2 =$ 59.1 万元/年

因此,增量 B-C 比 $= (B_1-B_2)/(C_2-C_1) =$ (547.5−450.9)/(59.1−47.5) = 8.33>1

也就是说,越山路线(方案 2)增加的费用是值得的,应选择越山路线建设方案。

小 结 4

通过本章工程项目的静态分析和动态分析方法的学习,要求学生掌握净现值,内部收益

率,静、动态投资回收期等经济指标的计算方法。并能正确地加以运用其评价方法,为经济工程项目进行经济效果评价打下了基础。

复习思考题 4

4.1 求下例投资方案的静态和动态投资回收期。($i_0 = 10\%$)

年	0	1	2	3	4	5	6
净现金流量/万元	-60	-40	30	50	50	50	50

4.2 有 3 项投资,资料如下表所示:

现金流量/万元 时间 投资	0	1 年末	2 年末
A	-5 000		9 000
B	-5 000	4 000	4 000
C	-5 000	7 000	

请计算:①利率分别为 5%,10% 和 15% 时的投资净现值。②各项投资的内部收益率。③使用内部收益率法比较哪项投资有利?使用净现值法,利率为 10% 时,哪项投资有利?

4.3 某项目初始投资为 8 000 万元,在第一年末现金流入为 2 000 万元,第二年末现金流入 3 000 万元,第三、四年末的现金流入均为 4 000 万元,请计算该项目的净现值、净年值、净现值率、内部收益率、动态投资回收期。($i_0 = 10\%$)

4.4 在某一项目中,有两种机器可以选用,都能满足生产需要。机器 A 买价为 10 000元,在第 6 年年末的残值为 4 000 元,前 3 年的年运行费用为 5 000 元,后 3 年为 6 000元;机器 B 买价为 8 000 元,第 6 年年末的残值为 3 000 元,其运行费用前 3 年为每年 5 500 元,后 3 年为每年 6 500 元,运行费用增加的原因是,维护修理工作量及效率上的损失随着机器使用时间的延长而增加。基准收益率是 15%,试用费用现值和费用年值法选择机器。

4.5 某工业公司可能用分期付款来购买一台标价 22 000 美元的专用机器,定金为 2 500美元,余额在以后 5 年每年年末均匀地分期支付,并加上余额 8% 的利息;但现在也可以用一次支付现金 19 500 美元来购买这台机器。如果这家公司的基准收益率为 10%,试问应该选择哪个方案?(用净现值法)

4.6 某厂可以 40 000 元购置一台旧机床,年费用估计为 32 000 元,当该机床在第 4 年更新时残值为 7 000 元;该厂也可以 60 000 元购置一台新机床,其年运行费用为26 000元,当它在第 4 年更新时残值为 9 000 元。若基准收益率为 10%,问应选择哪个方案?

4.7 用增量内部收益率法比较选择以下两个方案。($i_0 = 10\%$)

投资 现金流量/元 时间	0	1	2	3
A	−100 000	40 000	40 000	50 000
B	−120 000	50 000	50 000	60 000

4.8 某市可以花费 2 950 000 元设置一种新的交通格局。这种格局每年需 50 000 元的维护费,但每年可节省支付给交警的费用 200 000 元;驾驶汽车的人每年可节约价值为 350 000元的时间,但是汽油费与运行费每年要增加 80 000 元。基准折现率取 8%,经济寿命为 20 年,残值为零。试用 $B\text{-}C$ 比法判断该市应否采用新的交通格局。

4.9 某厂拟购置机器设备一套,有 A、B 两种型号可供选择,两种型号机器的性能相同,但使用年限不同,有关资料如下表(单位:元)所示,如果该企业的资金成本为 10%,应选用哪一种型号的设备?

设备	设备售价/元	维修及操作成本/元								残值/元
		第1年	第2年	第3年	第4年	第5年	第6年	第7年	第8年	
A	20 000	4 000	4 000	4 000	4 000	4 000	4 000	4 000	4 000	3 000
B	10 000	3 000	4 000	5 000	6 000	7 000				1 000

5 工程项目的财务评价

5.1 财务评价概述

· 5.1.1 财务评价的含义 ·

工程项目的经济评价是可行性研究的重要组成部分和决策的重要依据。为把有限的资源用于经济效益和社会效益最优的工程项目,需要通过工程项目的经济评价预先估算拟建项目的经济效益,避免由于依据不足,盲目决策所导致的失误。工程项目的经济评价包括对项目的财务评价和国民经济评价。本章主要阐述项目的财务评价这一方面。

财务评价是根据国家现行财务制度和价格体系,分析计算项目直接发生的财务效益和费用,编制财务报表,计算评价指标,考察项目的盈利能力、清偿能力及外汇平衡等财务状况,据以判断项目的财务可行性。

· 5.1.2 财务评价的目的和主要内容 ·

1)财务评价的目的

(1)衡量项目的财务盈利能力

企业是一个自负盈亏的独立经济实体,企业负责人要对企业的经营状况负责。企业是国民经济的基本单位,企业要对国家作出贡献。项目盈利水平如何,能否达到国家规定的基准收益率,项目清偿能力如何,是否低于国家规定的投资回收期,能否按银行要求期限归还贷款等,不仅企业负责人关心,国家、地方各级决策部门、财政部门、贷款部门也关心。为了保证拟建项目在财务上的可行性,就要进行财务评价。

(2)为企业制定资金规划

建设项目的实施需要多少投资,这些资金的可能来源,恰当的筹资方案的选择,适宜的用款计划都是财务评价要解决的问题。为了保证项目所需资金能按时提供,项目经营者、投资者和贷款部门都需知道拟建项目的投资额,并据此安排投资计划。

(3)为协调企业和国家利益提供依据

当项目的财务效果和国民经济效果发生矛盾时,国家要用经济手段进行调节。财务分析可以通过考察价格、税收、利率等有关经济参数变动对分析结果的影响,寻找经济调节方式和幅度,使企业和国家利益趋于一致。对于非盈利或微利项目,如公益性项目和基础性项目,在项目决策中,为了权衡项目在多大程度上要由国家或地方政府给予必要的支持,如进行政策性的补贴或实行减免税等经济优惠政策。所有这些同样需要财务评价。

2)财务评价的主要内容

(1)财务效益和费用的识别和计算

效益和费用是针对特定目标而言。效益是对目标的贡献;费用是对目标的反贡献,是负效益。企业财务效益和费用都是具体体现在每一个项目上的,因此,正确识别项目的财务效益和费用应以项目为界,以是否属于项目的直接收入和支出为划定标准。项目的财务效益主要表现为生产经营的产品销售收入、各种补贴、固定资产余值和流动资金回收;财务费用主要表现为建设项目的总投资、经营成本、税金等。在计算效益和费用的价值量时,财务评价所采用的价格应以能反映项目产出物和投入物对企业财务的实际货币收支效果为原则选定。因此,所采用的价格应是项目企业财务活动中使用的实际价格,即投入物和产出物的现行价格或计划销售价格。

(2)财务报表的编制

在项目财务效益和费用的识别和计算的基础上,可进行项目财务报表的编制,包括基本报表和辅助报表的编出。基本报表有现金流量表、损益表、资金来源与运用表、资产负债表、财务外汇平衡表等。辅助报表有固定资产投资估算表、流动资金估算表、投资计划与资金筹措表、固定资产折旧费估算表、无形及递延资产摊销估算表、总成本费用估算表、产品销售收入和销售税金及附加估算表、借款还本付息表等。

(3)财务评价指标的计算和评价

由上述财务报表可计算出各种财务评价指标,如:内部收益率、投资回收期、投资利润率、资产负债率、借款偿还期、流动比率、速动比率等。通过与评价标准对比分析,即可对项目的盈利能力、清偿能力及外汇平衡等财务状作出评价,判断项目的财务可行性。

· 5.1.3　财务评价的工作步骤 ·

①收集、预测财务分析的基础数据。首先熟悉拟建项目的基本情况,如建设目的、意义、建设条件、投资环境等,在此基础上收集、预测财务分析的基础数据。这些数据包括项目投资、生产成本、利润、税金等的估算数,然后将所得数据编制成辅助财务报表。

②编制基本财务报表。在上述财务估算数据及辅助财务报表基础上,分别编制反映项目盈利能力、清偿能力及外汇平衡情况的基本财务报表。

③计算并评价各项评价指标。根据基本财务报表计算各项评价指标,并分别与对应的评价标准进行对比,作出项目的财务状况评价。

④进行不确定性分析。通过不确定性分析包括盈亏平衡分析、敏感性分析及概率分析等,分析项目可能面临的风险及在不确定情况下的抗风险能力,得出项目在不确定情况下的财务评价结论。

5.2 财务分析的基础数据预测

如前所述,建设项目的财务评价始于各种基础数据的预测,它的正确与否关系到项目的正确决策和顺利实施。财务分析的基础数据预测包括以下几个方面。

·5.2.1 项目投资预测及投资计划·

1)建设项目总投资的构成

投资是项目的一项重要现金流出,它数量大,又集中发生在前期,对项目经济评价指标的影响大。投资额的大小,投资使用计划安排,投资的资金来源及资金成本还影响到项目生产期的有关成本及费用。对工程建设项目来说,总投资包括固定资产投资和流动资金。总投资所形成的资产,根据其特性可分为固定资产、无形资产、流动资产、递延资产。

其中,固定资产是指使用期限超过一年的房屋、建筑物、机器、机械、运输工具及与生产经营有关的设备、器具、工具等;无形资产指专利权、商标权、著作权、土地使用权、非专利技术和商誉等;递延资产主要指开办费(包括筹建期间的人员工资、办公费、培训费、差旅费、印刷费和注册登记费等)、租入固定资产的改良支出、固定资产的大修理支出等。这些资产的建造或购置过程中发生的全部费用构成项目的总投资。投资者如果用现有的固定资产作为投入的,按评估确认或合同约定的价值计为投资额。融资租赁的,按融资合同确定的价款加运输费、保险费、安装调试费等计算其投资额。

此外,企业因购建固定资产而交纳的固定资产投资方向调节税,也应计入固定资产价值。

除了以上各项投资的实际支出或作价价值形成固定资产、无形资产、递延资产的原值外,为简化计算,筹建期间的借款利息全部计入固定资产原值。

流动资金是指为维持生产所占用的全部周转资金。它是流动资产与流动负债的差额。流动资产是指为维持一定规模生产所需的周转资金和存货,具体包括各种必要的现金、各种存款、应收及预付款项、存货等。流动负债主要指正常生产情况下的应付账款,不包括短期借款。

建设项目总投资的构成可用图 5.1 表示。

2)固定资产投资的估算

固定资产投资的费用构成如图 5.1 所示。其中:

建筑、安装工程费:包括直接费(直接人工、材料费、施工机械使用费)、间接费(施工管理费等)、利润和税金(包括按国家规定计入安装工程造价内的营业税、城市维护建设税、教育费附加)。

设备购置费:生产设备、辅助设备、服务性设备、备件、工具的原价加上运杂费。

其他费用:根据有关规定应在基本建设投资中支付的,并列入项目总概算或单项工程综合概算的,除建筑安装工程费、设备购置费、预备费之外的费用。如土地征用费、耕地占用费等。

```
                                              ┌── 建筑工程费
                              ┌── 工程费用 ────┤── 设备购置费
                              │                └── 安装工程费
           ┌── 固定资产投资 ──┤── 其他费用
           │                  │                ┌── 基本预备费
           │                  └── 预备费用 ────┤
           │                                   └── 涨价预备费
  项目总投资 ┤
           ├── 固定资产投资方向调节税
           │
           ├── 建设期借款利息
           │
           └── 流动资金
```

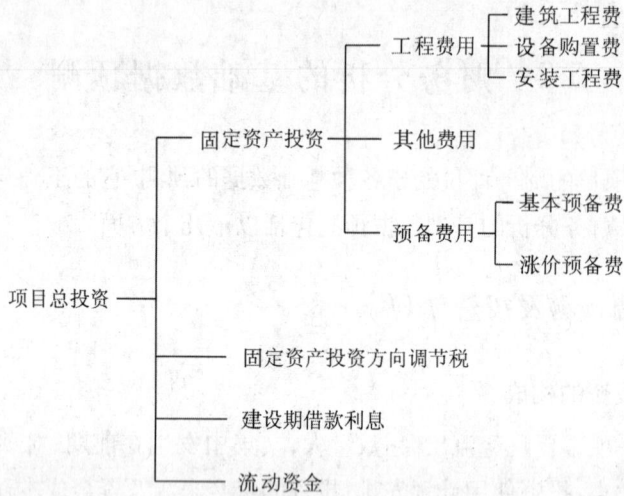

图 5.1　项目总投资构成图

预备费用:指投资估算中难以预料的费用。包括增加工程的费用、自然灾害损失费、预防灾害措施费、验收开挖及修复隐藏工程费用、设备和材料的价差预备费用(涨价预备费)。

固定资产投资估算时采用的方法有:

(1)生产能力指数法

这种方法是根据已建成的、性质类似的工程或装置的实际投资额和生产能力,按拟建项目的生产能力,推算出拟建项目的投资。公式为:

$$K_2 = K_1(Q_2/Q_1)^n P_f \tag{5.1}$$

式中　K_1——已建项目的固定资产投资;

　　　K_2——拟建项目的固定资产投资;

　　　Q_1——已建项目的生产能力;

　　　Q_2——拟建项目的生产能力;

　　　n——生产能力指数;

　　　P_f——价差系数(投资估算年份的价格水平与已建项目投资年份的价格水平之比)。

生产能力指数 n 一般不易确定。当规模的扩大是以提高主要设备的效率而达到时,n 取 0.6~0.7;当规模的扩大是以增加工程项目的机器设备数量而达到时,n 取 0.8~1.0。

【例 5.1】　某拟建涤纶纤维生产项目设计能力为 10 万 t/年。据调查已建成的一条生产能力为 6 万 t/年的涤纶纤维生产线的总固定资产投资为 33 000 万元。试估算该拟建项目的固定资产投资额。(生产能力提高以扩大生产设备数量为主,P_f 为 1)

【解】　拟建项目的固定资产投资为:

$$K_2 = 33\ 000\ \text{万元} \times (10/6)^{0.9} = 52\ 261\ \text{万元}　(\text{取}\ n = 0.9)$$

(2)设备费用推算法

这种方法是以拟建项目或装置的设备购置费为基数,根据已建成的同类项目或装置的建筑工程、安装工程及其他费用占设备购置费的百分比推算出整个工程的投资费用。公式为:

$$I_p = E_c(1 + \Phi_1 m_1 + \Phi_2 m_2 + \Phi_3 m_3) \tag{5.2}$$

式中　I_p——拟建工程的投资额；

　　　E_c——拟建工程的设备购置费；

　　　m_1, m_2, m_3——分别为建筑工程费、安装工程费及其他费用占设备购置费的百分比；

　　　Φ_1, Φ_2, Φ_3——相应的调整系数。

设备购置费包括国内设备购置费及进口设备购置费。其中国内设备购置费按以下公式计算：

$$国内设备购置费 = 设备价格 \times (1 + 设备运杂费) \tag{5.3}$$

进口设备购置费包括设备原价、海上运输及保险费、关税、增值税、银行和外贸手续费及国内运费等。

【例5.2】　某条生产线的设备全部进口，按设备清单的全部到岸价为 4 000 美元，结算汇率 1 美元 = 6.1 元人民币，平均关税税率为 20%，外贸手续费为 1.5%，增值税率为 17%，国内运杂费为 1%。根据以往资料，与设备配套的建筑工程费、安装工程费及其他费用占设备购置费的百分比分别为 45%，15%，10%。假定各种工程费用的上涨与设备费用上涨同步，即 $\Phi_1 = \Phi_2 = \Phi_3 = 1$。试估算全部工程投资。

【解】　设备购置费估算为：

$E_c = [\,4\,000\,美元 \times 6.1\,元/美元 \times (1 + 0.2) \times (1 + 0.17) + 4\,000\,美元 \times 6.1\,元/美元 \times 0.015\,] \times$

　　　$(1 + 0.01) = 34\,969.836\,万元$

全部工程的投资估算为：

$I_p = 34\,969.836\,万元 \times (1 + 0.45 + 0.15 + 0.1) = 59\,448.72\,万元$

（3）工程概算法

这是目前国内运用较广泛的一种方法。对于建筑工程费，可根据工程项目结构特征，套用概算指标或每平方米建筑面积的造价指标进行估算。此外，按设备原价与各主管部委、省、市规定的运杂费率估算出设备购置费；按各主管部委、省、市规定的取费标准或按建筑工程费的百分比估算出其他费用；按建筑工程、设备购置、其他费用之和的百分比（一般取 5%~8%）估算出预备费。最后即可汇总估算出项目的固定资产投资数。

固定资产投资估算表见表 5.1。

3）流动资金的估算

（1）扩大指标估算法

这种方法是根据同类已投产项目流动资金占销售收入、经营成本或固定资产投资的比率，或单位产量占用流动资金的比率等，来估算拟建项目所需流动资金。如：百货零售商店，流动资金可按年销售收入的 10%~15% 估算；机械制造项目可按年经营成本的 15%~20% 估算；钢铁企业可按固定资产投资 8%~10% 估算。但以这种方法估算出的结果精度不高，主要用于初步可行性研究阶段。

表 5.1　固定资产投资估算表

序号	工程或费用名称	估算价值						占固定资产投资比例/%
		建筑工程/万元	设备购置/万元	安装工程/万元	其他费用/万元	合计/万元	其中外币/万美元	
1	固定资产投资	3 466	28 864	11 452	10 003	53 786	4 926.2	100
1.1	工程费用	3 466	28 864	11 452		43 782	4 134.64	81
1.1.1	主要生产项目	1 031	23 976	10 121		35 128		
	其中:外汇		2 029	870			4 134.64	
1.1.2	辅助生产车间	383	1 052	51		1 486		
1.1.3	公用工程	449	2 488	1 017		3 954		
1.1.4	环境保护工程	185	1 100	225		1 510		
1.1.5	总图运输	52	248			300		
1.1.6	厂区服务性工程	262				262		
1.1.7	生活福利工程	1 104				1104		
1.1.8	厂外工程				38	38		
1.2	其他费用				3 818	3 818	343.72	7
	其中:土地费用				612	612		
	工程费用和其他费用合计	3 466	28 864	11 425	3 818	47 600	4 478.36	
1.3	预备费用				6 186	6 186	447.84	12
1.3.1	基本预备费				4 760	4 760	447.84	
1.3.2	涨价预备费				1 426	1 426		
2	固定资产投资方向调节税				2 689	2 689		
3	建设期利息				5 013	5 013	670.33	
	合计(1+2+3)	3 466	28 864	11 452	17 706	61 488	5 595.10	

(2)分项详细估算法

随着项目投资决策研究的深入,有必要进行分项详细估算。其步骤如下:

①按照项目各年生产运行的强度,估算出各大类流动资产的最低需要量。即在各项流动资产估算时,先确定这项流动资产对应的成本和费用,再确定这项流动资产的最低周转天数。公式如下:

$$每年的周转次数 = 365/最低周转天数 \tag{5.4}$$

$$流动资产的最低需要量 = 对应的年成本费用/每年的周转次数 \tag{5.5}$$

一般的工业企业的流动资产在估算时,可按以下对应关系考虑:

流动资产	对应的赖以周转的成本费用
应收账款	年经营成本

存货

其中:外购原材料、燃料　　年外购原材料、燃料费

在产品　　年外购原材料、燃料费及动力费+年工资及福利费+年维修费+年其他制造费用

半成品　　年经营成本

现金　　年工资及福利费+年其他费用(如差旅费、办公费、车间和管理部门的水电费、咨询费)

②把各项流动资产的最低需要量加总后,减去该年估算出的正常情况下的流动负债(应付账款),即为该年需要的流动资金。应付账款的估算按流动资产的估算方法进行,其对应的

是年外购原材料、燃料费及动力费。

③该年需要的流动资金减去上年已注入的流动资金,得到该年流动资金的增加额。当项目达到正常的生产运行水平后,流动资金可不再注入。

流动资金估算表见表5.2。

4)项目资金筹措及投资使用计划

项目投资所需资金可从多种渠道筹措。投资的资金来源可分为两大块,即自有资金和负债资金。自有资金是指投资者缴付的出资额,包括资本金即注册资金和资本溢价。负债资金包括长期负债(长期借款、长期债券发行收入和融资租赁的长期应付款)和流动负债(这里指短期借款)。为了让投资者有风险投资的意识,不搞无本经营或过度的负债经营,国家对自有资金规定最低的数额和比例,并规定资本金筹集到位的期限,并在整个生产经营期间内不得任意抽走。国家容许投资者以已有的固定资产和无形资产作为出资,但要经有资质的单位评估作价,并出具验资报告,无形资产(不包括土地使用权)的出资一般不超过注册资金的20%。

此外,在安排投资资金的使用时,固定资产投资按项目的实施进度规划安排建设期各年的投资额,并应考虑不同来源资金的不同资金成本。一般应在保证项目实施进度前提下,先使用资金成本低的资金,后使用资金成本高的资金。流动资金一般是在投产前开始筹措。为简化计算,规定项目流动资金从投产第一年起按生产负荷进行安排,其借款部分按全年计算利息。流动资金利息计入财务费用,项目计算期末回收全部流动资金。

投资计划与资金筹措见表5.3。

·5.2.2 项目计算期、折旧、摊销费的预测·

1)项目计算期的确定

一个完整的投资全过程是从第一笔投资投入到项目不再产生收益为止。为正确评价项目经济效益,在投资决策的前期,一般要事先估计出这个投资的周期,即项目计算期。它包括拟建项目的建设期(筹建期)和生产期。

建设期即项目建设过程中所耗用的时间(包括准备期、施工期、试运转期)。

生产期不是指项目建成投产后将实际存在的时间,也不是项目的技术寿命,而是从项目技术经济评价的要求出发所假定的一个期限。它一般比设备或建筑物的物理寿命要短。具体又分为投产期(从项目正式投产到产量达到设计能力的时期)和达产期(产量达到设计生产能力后的时期)。

总之,计算期的长短取决于项目的性质或可能的实际寿命,或技术水平、技术进步趋势,或合资合作期限等,一般取上述考虑中较短者,最长不宜超过20年。

2)固定资产折旧估算

项目建成时,固定资产投资、投资方向调节税和建设期利息形成固定资产、无形资产、递延资产。

表 5.2　流动资金估算表

序号	项目	最低周转天数	周转次数	投产期/万元			达到设计能力生产期/万元											
	年份			4	5	6	7	8	9	10	11	12	13	14	15	16	17	18
1	流动资产			6 170	7 933	8 814	8 814	8 814	8 814	8 814	8 814	8 814	8 814	8 814	8 814	8 814	8 814	8 814
1.1	应收账款	30	12	1 278	1 643	1 826	1 826	1 826	1 826	1 826	1 826	1 826	1 826	1 826	1 826	1 826	1 826	1 826
1.2	存货	15	24	4 851	6 237	6 930	6 930	6 930	6 930	6 930	6 930	6 930	6 930	6 930	6 930	6 930	6 930	6 930
1.3	现金			41	52	58	58	58	58	58	58	58	58	58	58	58	58	58
2	流动负债			1 084	1 393	1 548	1 548	1 548	1 548	1 548	1 548	1 548	1 548	1 548	1 548	1 548	1 548	1 548
2.1	应付账款	30	12	1 084	1 393	1 548	1 548	1 548	1 548	1 548	1 548	1 548	1 548	1 548	1 548	1 548	1 548	1 548
3	流动资金（1-2）			5 086	6 539	7 266	7 266	7 266	7 266	7 266	7 266	7 266	7 266	7 266	7 266	7 266	7 266	7 266
4	流动资金本年增加额			5 086	1 453	727	0	0	0	0	0	0	0	0	0	0	0	0

表 5.3　投资计划与资金筹措表

序号	项目	合计 人民币/万元	合计 外币/万美元	1 人民币/万元	1 小计/万元	1 外币/万美元	2 人民币/万元	2 小计/万元	2 外币/万美元	3 人民币/万元	3 小计/万元	3 外币/万美元	4 人民币/万元	4 小计/万元	4 外币/万美元	5 人民币/万元	5 小计/万元	5 外币/万美元	6 人民币/万元	6 小计/万元	6 外币/万美元
						建设期									生产期						
1	总投资	68 754	5 596.53	5 037	11 317	1 029.74	14 769	32 605	2 923.77	7 545	17 566	1 643.02	5 086	5 086		1 453	1 453		727	727	
1.1	固定资产投资	53 786	4 927.62	4 462	10 472	985.52	13 007	29 534	2 709.84	6 267	13 779	1 232.26									
1.2	投资方向调节税	2 689		524	524		1 477	1 477		689	689										
1.3	建设期利息	5 013	668.89	51	322	44.21	285	1 594	213.93	589	3 097	410.75									
1.4	流动资金	7 266											5 086	5 086		1 453	1 453		727	727	
2	资金筹措	68 754	5 596.53	5 037	11 317	1 029.74	14 769	32 605	2 923.77	7 545	17 566	1 643.02	5 086	5 086		1 453	1 453		727	727	
2.1	自有资金	22 000		3 920	3 920		10 780	10 780		4 900	4 900		2 400	2 400							
	其中:用于流动资金			3 920	3 920		10 780	10 780		4 900	4 900		2 400	2 400							
2.1.1	资本金	22 000		3 920	3 920		10 780	10 780		4 900	4 900		2 400	2 400							
2.1.2	资本溢价																				
2.2	借款	46 754	5 596.53	1 117	7 397	1 029.74	3 989	21 825	2 923.77	2 645	12 666	1 643.02	2 686	2 686		1 453	1 453		727	727	
2.2.1	长期借款	41 888	5 596.53	1 117	7 397	1 029.74	3 989	21 825	2 923.77	2 645	12 666	1 643.02									
	(包括利息)																				
2.2.2	流动资金借款	4 866											2 686	2 686		1 453	1 453		727	727	
2.2.3	其他短期借款																				
2.3	其他																				

固定资产随其在使用过程中的磨损和损耗而将其价值逐次转移到产品中,计入产品成本费用,从产品的销售收入中计提的折旧是对这种磨损和损耗的补偿。固定资产折旧一般采用平均年限法(直线折旧法);企业专业车队的客、货运汽车,大型设备等可采用工作量法;在国民经济中具有重要地位、技术进步快的电子生产企业、船舶生产企业、飞机生产企业、化工生产企业和医药生产企业及其他经财政部批准的特殊行业的企业,其机器设备可采用双倍余额递减法或年数总和法。

固定资产折旧估算见表5.4。

3)无形资产和递延资产的摊销

无形资产和递延资产均是以摊销的方式补偿和回收的。无形资产按规定期限分期平均摊入管理费用,没有规定期限的,按不少于10年分期平均摊销。递延资产包括开办费和以经营租赁方式租入的固定资产改良支出等。开办费从开始生产经营起,按不短于5年期限分期平均摊入管理费用;以经营租赁方式租入的固定资产改良支出在租赁有效期内分期平均摊销。

无形及递延资产摊销估算见表5.5。

· 5.2.3 销售收入和销售税金预测 ·

企业生产经营阶段的主要收入来源是销售收入,它是指企业销售产品或提供劳务等取得的收入。计算公式为:

$$销售收入 = 产品的销售数量 \times 销售价格 \tag{5.6}$$

销售税金及附加是指增值税、消费税、营业税、城市维护建设税、资源费和教育费附加等。按现行会计制度和新税制的规定,它们是要从销售收入中扣除的。这些税金及附加的估算可按税制规定的具体方法进行。

销售收入和销售税金及附加估算见表5.6。

· 5.2.4 产品成本费用的预测 ·

为满足财务评价需要,需计算的成本项目有生产成本、总成本费用和经营成本。

1)生产成本

生产成本是指与生产经营最直接和最密切相关的费用。计算公式为:

$$生产成本 = 外购原材料、燃料及动力费 + 生产人员工资及福利费 + 制造费用 \tag{5.7}$$

$$制造费用 = 折旧费 + 修理费 + 其他 \tag{5.8}$$

式中　外购原材料、燃料及动力按消耗定额及物料单价估算;

　　　工资按劳动定额及工资标准估算;

　　　职工福利费按对应工资总额的14%计算;

　　　修理费可按折旧的一定比率估算;

　　　制造费用也可按工资及福利费的一定比例估算。

2)总成本费用

总成本费用是一定时期生产活动所发生的全部费用总和。计算公式为:

$$总成本费用 = 生产成本 + 销售费用 + 管理费用 + 财务费用 \tag{5.9}$$

表 5.4　固定资产折旧估算表

序号	项目	合计/万元	折旧期限/年	投产期/万元		达到设计能力生产期/万元												
				4	5	6	7	8	9	10	11	12	13	14	15	16	17	18
1	固定资产合计																	
1.1	原值	58 282																
1.2	折旧费		15	3 730	3 730	3 730	3 730	3 730	3 730	3 730	3 730	3 730	3 730	3 730	3 730	3 730	3 730	3 730
	净值			54 552	50 822	47 092	43 362	39 632	35 902	32 172	28 442	24 712	20 982	17 252	13 521	9 791	6 061	2 331

表 5.5　无形及递延资产摊销估算表

序号	项目	原值/万元	摊销年限	投产期/万元		达到设计能力生产期/万元							
				4	5	6	7	8	9	10	11	12	13
1	无形资产												
1.1	摊销	2 476	10	248	248	248	248	248	248	248	248	248	248
1.2	净值			2 228	1 981	1 743	1 485	1 238	990	743	495	248	
2	递延资产（开办费）												
2.1	摊销	730	5	146	146	146	146	146					
2.2	净值			584	438	292	146						
3	无形及递延资产合计												
3.1	摊销	3 206		394	394	394	394	394	248	248	248	248	248
3.2	净值			2 812	2 419	2 025	1 631	1 238	990	743	495	248	

表 5.6　销售收入和销售税金及附加估算

序号	项目	单价/元		生产负荷 70%（第 4 年）						生产负荷 90%（第 5 年）						生产负荷 100%（第 6～18 年）					
				销售量/t			金额/万元			销售量/t			金额/万元			销售量/t			金额/万元		
		外销	内销	外销	内销	小计	外销	内销	小计	外销	内销	小计	外销	内销	小计	外销	内销	小计	外销	内销	小计
1	产品销售收入																				
	N 产品		16 800		16 100	16 100		27 048	27 048		20 700	20 700		34 776	34 776		23 000	23 000		38 640	38 640
2	销售税金及附加							2 244	2 244					2 886	2 886					3 206	3 206
2.1	产品增值税							2 040	2 040					2 623	2 623					2 915	2 915
2.2	城市维护建设税							143	143					184	184					204	204
2.3	教育费附加							61	61					79	79					87	87

式中　销售费用是指为销售产品和提供劳务而发生的各项费用,包括销售部门人员工资及福利费、折旧费、修理费及其他销售费用(广告费、办公费、差旅费等);

管理费用是指企业行政管理部门为管理、组织生产而发生的费用,包括管理人员工资、福利费、折旧费、修理费、无形资产及递延资产的摊销费、以及其他管理费用(办公费、差旅费、土地使用税等);

财务费用是指为筹集资金而发生的各项费用,主要指生产期内发生的固定资产投资借款和流动资金借款的利息支出。

在总成本费用表中,将工资及福利费、折旧费、修理费、摊销费、利息支出进行归总后分别列出。表中的"其他费用"是指在制造费用、管理费用、销售费用、财务费用中扣除了工资及福利费、折旧费、修理费、摊销费、利息支出后的费用。所以,总成本费用也可按如下公式计算:

$$总成本费用=外购原材料、燃料及动力费+工资及福利费+折旧费+修理费+摊销费+利息支出+其他费用 \tag{5.10}$$

3)经营成本

经营成本是在财务评价中专设的一个成本概念。是总成本中剔除了折旧费、摊销费、利息支出后的成本费用支出。计算公式如下:

$$经营成本=总成本费用-折旧费-摊销费-利息支出 \tag{5.11}$$

总成本费用估算见表5.7。

· 5.2.5　利润、利润分配及借款还本付息的预测 ·

1)利润、利润分配的预测

$$项目利润总额=销售收入-销售税金及附加-总成本费用 \tag{5.12}$$

税法规定,企业按实现的利润总额和一定的税率(一般为33%)计算所得税。企业发生的年度亏损,可用下一年的税前利润弥补,下一年的税前利润不足弥补的,可在5年内延续弥补,按弥补后的应纳税所得额,再计算所得税。

缴纳所得税后的利润(税后利润),若按国家规定要缴纳特种基金的(如能源、交通、重点建设基金、预算调节基金),应从税后利润扣除后方作为可供分配利润。可供分配利润分为盈余公积金、公差金应付利润、未分配利润。其中按10%提取法定盈余公积,按董事会决定的比例提取公益金,应付利润为向投资主体分配的利润,未分配利润主要用于偿还借款本金。以前年底的未分配利润可并入本年底向项目投资主体分配。综上所述,销售收入、成本、利润、税金的关系可用图5.2表示。

2)借款还本付息预测

根据我国现行的经济体制及财税制度的规定,项目借款的偿债资金来源主要包括固定资产折旧、企业的未分配利润、无形资产和递延资产摊销及其他还款资金来源。项目在建设期借入的全部固定资产投资贷款及其在建设期的借款利息(即资本化利息),构成了项目的债务总额,在项目投产后可由上述资金来源偿还。

(1)借款偿还方式

①等额利息法:每期付息额相等,期中不还本金,最后一期归还本金和当期利息。

表5.7　总成本费用估算表

序号	项目	投产期/万元					达到设计能力生产期/万元									
	年份	4	5	6	7	8	9	10	11	12	13	14	15	16	17	18
1	生产负荷/%	70	90	100	100	100	100	100	100	100	100	100	100	100	100	100
2	外购原材料	11 568	14 873	16 526	16 526	16 526	16 526	16 526	16 526	16 526	16 526	16 526	16 526	16 526	16 526	16 526
3	外购燃料、动力	1 438	1 849	2 054	2 054	2 054	2 054	2 054	2 054	2 054	2 054	2 054	2 054	2 054	2 054	2 054
4	工资及福利费	399	399	399	399	399	399	399	399	399	399	399	399	399	399	399
5	修理费	1 865	1 865	1 865	1 865	1 865	1 865	1 865	1 865	1 865	1 865	1 865	1 865	1 865	1 865	1 865
6	折旧费	3 730	3 730	3 730	3 730	3 730	3 730	3 730	3 730	3 730	3 730	3 730	3 730	3 730	3 730	3 730
7	摊销费	394	394	394	394	394	248	248	248	248	248					
7	财务费用	4 048	3 785	3 225	2 457	1 957	1 573	1 189	804	420	420	420	420	420	420	420
7.1	长期借款利息	3 816	3 427	2 804	2 037	1 536	1 152	768	384							
7.2	流动资金借款利息	232	358	420	420	420	420	420	420	420	420	420	420	420	420	420
8	其他费用	1 068	1 068	1 068	1 068	1 068	1 068	1 068	1 068	1 068	1 068	1 068	1 068	1 068	1 068	1 068
	其中:土地使用税	70	70	70	70	70	70	70	70	70	70	70	70	70	70	70
9	总成本费用 (1+2+3+4+5+6+7+8)	24 509	27 962	29 260	28 492	27 992	27 461	27 077	26 693	26 309	26 309	26 026	26 026	26 026	26 026	26 026
	其中:固定成本(3+4+5+6+7+8)	11 504	11 240	10 680	9 912	9 412	8 882	8 498	8 114	7 730	7 730	7 482	7 482	7 482	7 482	7 482
	可变成本(1+2+7)	13 006	16 772	18 580	18 580	18 580	18 580	18 580	18 580	18 580	18 580	18 580	18 580	18 580	18 580	18 580
10	经营成本 (9-5-6-7)	16 337	20 053	21 911	21 911	21 911	21 911	21 911	21 911	21 911	21 911	21 911	21 911	21 911	21 911	21 911

```
                         销售税金及附加 —— 增值税、消费税、营业税、资源费、城维税及教育附加

                                      ┌ 折旧费、摊销费
                                      ├ 利息支出
                                      ├ 外购原材料、燃料、动力费 ┐
          销售收入 →    总成本费用      ├ 工资及福利费              ├—— 经营成本
                                      ├ 修理费                    │
                                      └ 其他费用                 ┘

                                      ┌ 所得税
                         利润总额       │                  ┌ 特种基金
                                      └ 税后利润         │                  ┌ 盈余公积金
                                                        └ 可供分配利润     ├ 应付利润
                                                                          └ 未分配利润
```

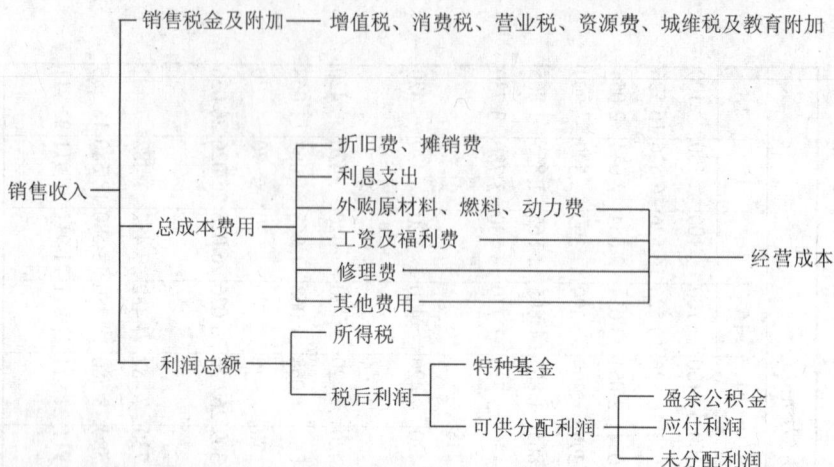

图 5.2 销售收入、成本、利润、税金的关系图

②等额本金法：每期偿还相等的本金和相应的利息。

③等额摊还法：每期偿还的本利额相同。

④"气球法"：期中任意偿还本利，到期末全部还清。

⑤一次性偿付法：到期一次偿还本利。

⑥偿债基金法：每期偿还贷款利息，同时向银行存入一笔等额现金，到期末存款正好偿付贷款本金。

（2）借款利息的计算

财务评价项目中的国内外借款，无论实际按年、季、月计息，均简化为按年计息，即将名义利率按计息时间折算成有效年利率。

①固定资产投资借款利息的计算

项目固定资产投资借款发生在建设期的利息计入固定资产原值。在项目建设期，由于项目正在建设而无偿还能力，可以将建设期所欠利息也作为贷款资金转入本金，到投产后一并偿还。即每一计息期的利息加入本金，下次一并计算。为简化计算，假定每笔借款发生均是在当年年中支用，按半年计息，其后年份按全年计息。计算公式为：

$$每年应计利息 =（年初借款本息累计+本年借款额/2）×年利率 \qquad (5.13)$$

固定资产投资借款发生在生产期各年的应付利息计入财务费用。对生产期各年的还款均按年末偿还考虑，每年应计利息公式为：

$$每年应计利息 = 年初借款本息累计×年利率 \qquad (5.14)$$

②流动资金借款利息的计算

流动资金从投产第一年开始按生产负荷用于安排生产。其借款部分按全年计算利息，即假设为年初支用。流动资金利息计入财务费用，项目计算期末回收全部流动资金，偿还流动资金借款本金。

$$流动资金利息 = 流动资金借款累计金额×年利率 \qquad (5.15)$$

借款还本付息表见表 5.8。

表 5.8 借款还本付息计算表

序号	项目	利率/%	建设期/万元			投产期/万元			达到设计能力生产期/万元				
	年份		1	2	3	4	5	6	7	8	9	10	11
1	外汇借款	9											
1.1	年初借款本息累计			6 280	24 117	34 138	29 871	25 603	21 336	17 069	12 802	8 534	4 267
1.1.1	本金		6 010	6 010	22 537	30 050	29 871	25 603	21 336	17 069	12 802	8 534	4 267
1.1.2	建设期利息		270	270	1 579	4 088							
1.2	本年借款		6 010	16 527	7 512								
1.3	本年应计利息		270	1 309	2 509	3 072	2 688	2 304	1 920	1 536	1 152	768	384
1.4	本年偿还本金					4 267	4 267	4 267	4 267	4 267	4 257	4 267	4 267
1.5	本年支付利息					3 072	2 688	2 304	1 920	1 536	1 152	768	384
2	人民币借款	9.6											
2.1	年初借款本息累计			1 117	5 105	7 750	7 697	5 208	1 215	0			
2.1.1	本金		1 066	1 066	4 769	6 825	7 697	5 208	1 215	0			
2.1.2	建设期利息		51	51	336	925							
2.2	本年借款		1 066	3 704	2 056								
2.3	本年应计利息		51	285	589	744	739	500	117	0	0	0	0
2.4	本年偿还本金					54	2 489	3 993	1 215				
2.5	本年支付利息					744	739	500	117	0	0	0	0
3	偿还借款本金的资金来源												
3.1	未分配利润					197	2 632	4 137	1 358	144		290	290
3.2	折旧费					3 730	3 730	3 730	3 730	3 730	3 730	3 730	3 730
3.3	摊销费					394	394	394	394	394	248	248	248
3.4	还本资金合计 (3.1+3.2+3.3)					4 321	6 756	8 260	5 482	4 267	4 267	4 267	4 267
3.4.1	偿还外汇本金					4 267	4 267	4 267	4 267	4 267	4 267	4 267	4 267
3.4.2	偿还人民币本金					54	2 489	3 993	1 215	0			
3.4.3	偿还本金后余额 (3.4-3.4.1-3.4.2)					0	0	0	0	0	0	0	0

人民币借款偿还期（从借款开始年起） 6.27 年

5.3 财务评价的基本报表和评价指标

在以上财务估算数据及辅助财务报表基础上,分别编制反映项目盈利能力、清偿能力及外汇平衡情况的基本财务报表并计算相应的评价指标。

· 5.3.1 财务评价的基本报表 ·

1)现金流量表

现金流量表是用以反映项目计算期内各年的现金流入和现金流出的表格,用以计算各种动态和静态的评价指标,进行项目盈利能力分析。从投资的角度出发,现金流量表分为:

(1)全部投资现金流量表

表 5.9 不分投资资金来源,以全部投资作为计算基础,用以计算全部投资所得税前及所得税后财务内部收益率、财务净现值及投资回收期等指标,考察项目全部投资的盈利能力,为各个方案(不论其资金来源及利息多少)进行比较建立共同基础。

在编制该表时,现金流入和现金流出的有关数据可依据"固定资产投资估算表""流动资金估算表""投资计划与资金筹措表""总成本费用估算表""产品销售收入和销售税金及附加估算表""损益表"等报表填列。

(2)自有资金现金流量表

表 5.10 从投资者的角度出发,以投资者的出资额作为计算基础,把贷款时得到的资金作为现金流入,把还本付息作为现金流出,用以计算自有资金财务内部收益率、财务净现值等评价指标,考察项目自有资金的盈利能力。

自有资金现金流量表与全部投资现金流量表的现金流入项目相同,现金流出项目不同。在编制该表时,现金流入和现金流出的有关数据可依据"投资计划与资金筹措表""总成本费用估算表""产品销售收入和销售税金及附加估算表""损益表"等报表填列。

2)损益表

表 5.11 反映项目计算期内各年的利润总额、所得税、税后利润及其分配情况,用以计算投资利润率、投资利税率、资本金利润率等财务盈利能力指标。

在填制该表时,产品销售收入和税金及附加依据"产品销售收入和销售税金及附加估算表"填列,总成本费用依据"总成本费用估算表"填列,所得税按利润总额的一定比例计算,税后利润的分配按上一节所讲国家有关法规进行。

3)资金来源与运用表

表 5.12 通过"累计盈余资金"项反映项目计算期内各年的资金是否充裕,是否有足够的能力清偿债务。若累计盈余资金大于零,表明当年有资金盈余;若累计盈余资金小于零,表明当年出现资金短缺,需要筹措资金或调整借款及还款计划。因此,该表用于选择资金的筹措方案,制订适宜的借款及还款计划,并为编制资产负债表提供依据。

在编制该表时,利润总额、所得税和应付利润依据"损益表"填列,折旧费、摊销费依据"总

表 5.9 现金流量表（全部投资）

序号	项目	建设期			投产期			达到设计能力生产期										
	年份	1	2	3	4	5	6	7	8	9	10	11	12	13	14	15	16	17
	生产负荷/%				70	90	100	100	100	100	100	100	100	100	100	100	100	100
1	现金流入/万元				27 048	34 776	38 640	38 640	38 640	38 640	38 640	38 640	38 640	38 640	38 640	38 640	38 640	38 640
1.1	产品销售收入/万元				27 048	34 776	38 640	38 640	38 640	38 640	38 640	38 640	38 640	38 640	38 640	38 640	38 640	38 640
1.2	回收固定资产余值/万元																	
1.3	回收流动资金/万元																	
2	现金流出/万元	10 996	31 011	14 468	23 765	25 689	27 882	37 408	27 573	27 748	27 875	28 002	28 129	28 210	28 210	28 210	28 210	28 210
2.1	固定资产投资（含投资方向调节税）/万元	10 996	31 011	14 468														
2.2	流动资金/万元				5 086	1 453	727											
2.3	经营成本/万元				16 337	20 053	21 911	21 911	21 911	21 911	21 911	21 911	21 911	21 911	21 911	21 911	21 911	21 911
2.4	销售税金及附加/万元				2 244	2 886	3 206	3 206	3 206	3 206	3 206	3 206	3 206	3 206	3 206	3 206	3 206	3 206
2.5	所得税/万元				97	1 296	2 037	2 631	2 631	2 758	2 884	3 011	3 011	3 093	3 093	3 093	3 093	3 093
2.6	特种税金/万元																	
3	净现金流量/万元	-10 996	-31 011	-14 468	-3 283	9 087	10 758	11 232	11 067	10 892	10 765	10 638	10 511	10 511	10 430	10 430	10 430	10 430
4	累计净现金流量/万元	-10 996	-42 007	-56 475	-53 192	-44 104	-33 346	-22 114	-11 048	-156	10 609	21 247	31 759	42 270	52 700	63 129	73 559	83 989
5	所得税前净现金流量/万元（3+2.5+2.6）	-10 996	-31 011	-14 468	3 380	10 384	12 796	13 522	13 522	13 522	13 522	13 522	13 522	13 522	13 522	13 522	13 522	13 522
6	所得税前累计净现金流量/万元	-10 996	-42 007	-56 475	-53 095	-42 711	-29 915	-16 392	-2 870	10 653	24 175	37 698	51 220	64 743	78 265	91 788	1E+05	1E+05

计算指标：

	所得税后	所得税前
财务内部收益率（FIRR）：	12.90%	15.92%
0	2 829 万元	13 371 万元
投资回收期（从建设期算起）：	9.01 年	8.21 年

表 5.10　现金流量表（自有资金）

序号	项目	1	2	3	4	5	6	7	8	9	10	11	12	13	14	15	16	17	18
	年份	建设期			投产期			达到设计能力生产期											
	生产负荷/%				70	90	100	100	100	100	100	100	100	100	100	100	100	100	100
1	现金流入/万元				27 048	34 776	38 640	38 640	38 640	38 640	38 640	38 640	38 640	38 640	38 640	38 640	38 640	38 640	48 237
1.1	产品销售收入/万元				27 048	34 776	38 640	38 640	38 640	38 640	38 640	38 640	38 640	38 640	38 640	38 640	38 640	38 640	38 640
1.2	回收固定资产余值/万元																		2 331
1.3	回收流动资金/万元																		7 266
2	现金流出/万元	3 920	10 780	4 900	29 448	34 776	38 640	35 348	33 797	33 588	33 331	33 074	28 549	28 549	28 631	28 631	28 631	28 631	33 496
2.1	自有资金/万元	3 920	10 780	4 900	2 400														
2.2	借款本金偿还/万元				4 321	6 756	8 260	5 482	4 267	4 267	4 267	4 267							4 866
2.3	借款利息支付/万元				4 048	3 785	3 225	2 457	1 957	1 573	1 189	804							
2.4	经营成本/万元				16 337	20 053	21 911	21 911	21 911	21 911	21 911	21 911	21 911	21 911	21 911	21 911	21 911	21 911	21 911
2.5	销售税金及附加/万元				2 244	2 886	3 206	3 206	3 206	3 206	3 206	3 206	3 206	3 206	3 206	3 206	3 206	3 206	3 206
2.6	所得税/万元				74	1 296	2 037	2 291	2 456	2 631	2 758	2 884	3 011	3 011	3 093	3 093	3 093	3 093	3 093
2.7	特种基金/万元												420	420	420	420	420	420	420
3	净现金流量/万元	-3 920	-10 780	-4 900	-2 400	0	0	3 292	4 843	5 052	5 309	5 566	10 091	10 091	10 009	10 009	10 009	10 009	14 741

计算指标：

财务内部收益率：14.98%

财务净现值（$i_c=12\%$）：5 257 万元

表 5.11 损益表

序号	项目	投产期		达到设计能力生产期											
	年份	4	5	6	7	8	9	10	11	12	13	14	15	16	17	18
	生产负荷/%	70	90	100	100	100	100	100	100	100	100	100	100	100	100	100
1	产品销售收入/万元	27 048	34 776	38 640	38 640	38 640	38 640	38 640	38 640	38 640	38 640	38 640	38 640	38 640	38 640	38 640
2	销售税金及附加/万元	2 244	2 886	3 206	3 206	3 206	3 206	3 206	3 206	3 206	3 206	3 206	3 206	3 206	3 206	3 206
3	总成本费用/万元	24 509	27 962	29 260	28 492	27 992	27 461	27 077	26 693	26 309	26 309	26 062	26 062	26 062	26 062	26 062
4	利润总额(1-2-3)/万元	294	3 929	6 174	6 942	7 442	7 972	8 356	8 740	9 124	9 124	9 372	9 372	9 372	9 372	9 372
5	所得税(33%)/万元	97	1 296	2 037	2 291	2 456	2 631	2 758	2 884	3 011	3 011	3 093	3 093	3 093	3 093	3 093
6	税后利润(4-5)/万元	197	2 632	4 137	4 651	4 986	5 341	5 599	5 856	6 113	6 113	6 279	6 279	6 279	6 279	6 279
7	特种基金/万元															
8	可供分配利润(6-7)/万元	197	2 632	4 137	4 651	4 986	5 341	5 599	5 856	6 113	6 113	6 279	6 279	6 279	6 279	6 279
8.1	盈余公积金				465	499	534	560	586	611	611	628	628	628	628	628
8.2	应付利润/万元				2 827	4 344	4 518	4 749	4 981	5 502	5 502	5 651	5 651	5 651	5 651	5 651
8.3	未分配利润/万元	197	2 632	4 137	1 358	144	290	290	291							
	累计未分配利润/万元	197	2 829	6 966	8 324	8 468	8 758	9 047	9 337	9 337	9 337	9 337	9 337	9 337	9 337	9 337

表 5.12　资金来源与运用表

序号	项目	建设期			投产期		达到设计能力生产期												
	年份	1	2	3	4	5	6	7	8	9	10	11	12	13	14	15	16	17	18
	生产负荷/%				70	90	100	100	100	100	100	100	100	100	100	100	100	100	100
1	资金来源/万元	11 317	32 605	17 566	9 504	9 505	11 024	11 065	11 566	11 950	12 334	12 718	13 102	22 699	13 102	13 102	13 102	13 102	13 102
1.1	利润总额/万元				294	3 929	6 174	6 942	7 442	7 972	8 356	8 740	9 124	9 124	9 372	9 372	9 372	9 372	9 372
1.2	折旧费/万元				3 730	3 730	3 730	3 730	3 730	3 730	3 730	3 730	3 730	3 730	3 730	3 730	3 730	3 730	3 730
1.3	摊销费/万元				394	394	394	394	394	248	248	248	248	248					
1.4	长期借款/万元	7 397	21 825	12 666															
1.5	流动资金借款/万元				2 686	1 453	727												
1.6	其他短期借款/万元																		
1.7	自有资金/万元	3 920	10 780	4 900	2 400														
1.8	其他/万元																		
1.9	回收固定资产余值/万元																		2 331
1.10	回收流动资金/万元																		7 266
2	资金运用/万元	11 317	32 605	17 566	9 504	9 505	11 024	10 600	11 067	11 416	11 774	12 132	8 513	8 513	8 744	8 744	8 744	8 744	13 610
2.1	固定资产投资(含投资方向调节税)/万元	10 996	31 011	14 468															
2.2	建设期利息/万元	322	1 594	3 097															
2.3	流动资金/万元				5 086	1 453	727												
2.4	所得税/万元				97	1 296	2 037	2 291	2 456	2 631	2 758	2 884	3 011	3 011	3 093	3 093	3 093	3 093	3 093
2.5	特种基金/万元																		
2.6	应付利润/万元							2 827	4 344	4 518	4 749	4 981	5 502	5 502	5 651	5 651	5 651	5 651	5 651
2.7	长期借款本金偿还/万元				4 321	6 756	8 260	5 482	4 267	4 267	4 267	4 267							
2.8	流动资金借款本金偿还/万元																		4 866
3	盈余资金/万元							465	499	534	560	586	4 589	4 589	4 358	4 358	4 358	4 358	9 089
4	累计盈余资金/万元							465	964	1 498	2 058	2 644	7 233	11 822	16 180	20 538	24 896	29 254	38 343

成本费用估算表"填列,各种借款、自有资金、建设期利息和流动资金等依据"投资计划与资金筹措表"填列,各种借款本金偿还依据"借款还本付息表"填列,回收固定资产余值、回收流动资金依据"全部投资现金流量表"填列。

4)资产负债表

表 5.13 综合反映项目计算期内各年年末资产、负债和所有者权益的增减变化及对应关系,以考察项目资产、负债和所有者权益的结构是否合理,用以计算资产负债率、流动比率、速动比率,进行清偿能力的分析。

资产负债表中的项目,有些可依据财务数据估算表中的金额直接填列,有些则要经过分析整理综合后才能填列。可直接填列的有:应收账款、存货和现金可依据"流动资金估算表"填列,累计盈余资金可依据"资金来源与运用表"填列,各项借款可依据"投资计划与资筹措表"填列,盈余公积金和累计未分配利润可依据"损益表"填列,固定资产净值、无形资产及递延资产净值可依据"固定资产折旧费估算表""无形及递延资产摊销估算表"填列。经过分析整理综合填列的有:在建工程和资本金可依据"投资计划与资金筹措表"分析整理综合后填列(其中,在建工程为固定资产投资、固定资产投资方向调节税和建设期利息的年累计额),资本公积金要经过分析整理综合填列,它包括资本溢价和赠款两大项,具体有 4 个来源,即投资者实际缴付的出资额超过资本金的差额、法定财产重估增值(重估价值与账面净值的差额)、资本汇率折算差额(资本账户与实收资本账户采用的折合汇率不同而产生的折合计账本位币差额)、接受捐赠的财产。

5)外汇平衡表

该表适用于有外汇收支的项目,用以反映项目计算期内各年外汇余缺程度,进行外汇平衡分析,本书不讨论。

· 5.3.2 财务评价的经济指标 ·

1)盈利能力分析的经济指标

(1)盈利能力分析的静态指标

①全部投资回收期:项目的全部投资包括自有资金出资部分和债务资金的投资。对应的投资收益是税后利润、折旧与摊销及利息。其中利息可看作是债务资金的盈利。在研究全部投资的盈利能力时,按全部投资现金流量表计算投资回收期,根据基准投资回收期作出可行与否的判断。

②投资利润率:投资利润率可根据损益表的有关数据求得,与行业平均投资利润率对比,以判断项目的单位投资盈利能力是否达到本行业的平均水平。

③投资利税率:可由损益表中有关数据求得,与行业平均投资利税率对比,以判断项目的单位投资对国家积累的贡献水平是否达到本行业的平均水平。

④资本金利润率:是项目的利润总额与资本金总额的比率,资本金是项目吸收投资者投入企业经营活动的各种财产物资的货币表现。

$$资本金利润率 = \frac{利润总额}{资本金总额} \times 100\% \tag{5.16}$$

表 5.13　资产负债表

序号	项目	建设期			投产期			达到设计能力生产期										
	年份	1	2	3	4	5	6	7	8	9	10	11	12	13	14	15	16	17	18
1	资产/万元	11 317	43 922	61 488	63 534	61 173	57 931	54 273	50 648	47 204	43 786	40 394	41 006	41 617	42 245	42 873	43 501	44 129	44 757
1.1	流动资产总额/万元				6 170	7 933	8 814	9 279	9 778	10 312	10 872	11 457	16 046	20 635	24 993	29 351	33 709	38 067	42 425
1.1.1	应收账款/万元				1 278	1 535	1 643	1 826	1 826	1 826	1 826	1 826	1 826	1 826	1 826	1 826	1 826	1 826	1 826
1.1.2	存货/万元				4 851	6 237	6 930	6 930	6 930	6 930	6 930	6 930	6 930	6 930	6 930	6 930	6 930	6 930	6 930
1.1.3	现金/万元				41	52	58	58	58	58	58	58	58	58	58	58	58	58	58
1.1.4	累计盈余资金/万元				0	0	0	465	964	1 498	2 058	2 643	7 232	11 821	16 179	20 537	24 895	29 253	33 611
1.2	在建工程/万元	11 317	43 922	61 488															
1.3	固定资产净值/万元				54 552	50 822	47 092	43 362	39 632	35 902	32 172	28 442	24 712	20 982	17 252	13 521	9 791	6 061	2 331
1.4	无形及递延资产净值/万元				2 812	2 419	2 025	1 631	1 238	990	743	495	248	0	0	0	0	0	0
2	负债及所有者权益/万元	11 317	43 922	61 488	63 534	61 173	57 931	54 273	50 648	47 204	43 786	40 394	41 006	41 617	42 245	42 873	43 501	44 129	44 757
2.1	流动负债总额/万元				3 770	5 533	6 414	6 414	6 414	6 414	6 414	6 414	6 414	6 414	6 414	6 414	6 414	6 414	6 414
2.1.1	应付账款/万元				1 084	1 393	1 548	1 548	1 548	1 548	1 548	1 548	1 548	1 548	1 548	1 548	1 548	1 548	1 548
2.1.2	流动资金借款/万元				2 686	4 139	4 866	4 866	4 866	4 866	4 866	4 866	4 866	4 866	4 866	4 866	4 866	4 866	4 866
2.1.3	其他短期借款/万元																		
2.2	长期借款/万元	7 397	29 222	41 888	37 567	30 811	22 551	17 069	12 802	8 534	4 267	0	0	0	0	0	0	0	0
	负债小计(2.1+2.2)/万元	7 397	29 222	41 888	41 337	36 344	28 965	23 482	19 216	14 949	10 681	6 414	6 414	6 414	6 414	6 414	6 414	6 414	6 414
2.3	所有者权益/万元	3 920	14 700	19 600	22 197	24 829	28 966	30 790	31 432	32 255	33 105	33 980	34 592	35 203	35 831	36 459	37 087	37 715	38 342
2.3.1	资本金/万元	3 920	14 700	19 600	22 000	22 000	22 000	22 000	22 000	22 000	22 000	22 000	22 000	22 000	22 000	22 000	22 000	22 000	22 000
2.3.2	资本公积金/万元																		
2.3.3	累计盈余公积金/万元				197			465	964	1 498	2 068	2 643	3 255	3 866	4 494	5 122	5 750	6 378	7 006
2.3.4	累计未分配利润/万元					2 829	6 966	8 324	8 468	8 758	9 047	9 337	9 337	9 337	9 337	9 337	9 337	9 337	9 337
	计算指标:																		
	资产负债率/%	65	67	68	65	59	50	43	38	32	24	16	16	15	15	15	15	15	14
	流动比率/%				164	143	137	145	152	161	169	179	250	322	390	458	526	593	661
	速动比率/%				35	31	29	37	44	53	61	71	142	214	282	350	418	485	553

该指标越高,反映投资者投入项目资本金的获利能力越大。

(2)盈利能力分析的动态指标

①财务内部收益率

财务内部收益率 *FIRR*(全部投资内部收益率和自有资金内部收益率)是指项目在整个计算期内各年净现金流量现值累计等于零时的折现率,它反映项目所占用资金的盈利率。可根据现金流量表中的净现金流量数据,用线性插值法求得,与行业的基准收益率或设定的折现率 i_0 比较,当 $FIRR \geq i_0$ 时,其盈利能力达到最低要求,财务上可接受。

②财务净现值

财务净现值 *FNPV* 是按行业的基准收益率或设定的折现率,将项目计算期内各年净现金流量折现到建设期初的现值之和。可根据现金流量表中的数据求得,若 $FNPV \geq 0$,项目可接受。

2)清偿能力分析的经济指标

①借款偿还期 有些项目的资金筹措方案并没有具体规定偿还贷款的时间和方式,贷款部门很希望了解项目偿还贷款的最短时间,这就有必要计算投资借款的偿还期,特别是固定资产投资国内借款偿还。借款偿还期指标是指在国家财政规定及项目具体财务条件下,以项目投产后可用于还款的资金偿还固定资产投资国内借款本金和建设期利息(不包括已用自有资金支付的建设期利息)所需要的时间。公式为:

$$I = \sum_{i=1}^{P_t} R_i \tag{5.17}$$

式中 I——固定资产投资国内借款本金和建设期利息之和;

P_t——固定资产投资国内借款偿还期,从借款开始年计算;

R_i——第 t 年可用于还款的资金,包括税后利润、折旧费、摊销费及其他还款资金。

借款偿还期可由资金来源与运用表及国内借款还本付息表的数据同时直接推算,通常用"年"表示,从开始借款年份计算起的偿还期的详细公式为:

借款偿还期=借款偿还后首次出现盈余的年份-开始借款年份+当年偿还借款额/当年可用于还款的资金额

$$\tag{5.18}$$

当借款偿还期满足贷款机构的要求期限时,即认为项目有清偿能力。

②资产负债率 资产负债率是负债与资产之比,它衡量企业利用债权人提供的资金进行经营活动的能力,反映项目各年所面临的财务风险程度及债务清偿能力,也反映债权人发放贷款的安全程度。公式为:

$$资产负债率 = \frac{负债合计}{资产合计} \times 100\% \tag{5.19}$$

资产负债率一般为 0.5~0.7 是合适的。由于财务杠杆效应,权益的所有者从盈利出发,希望保持较高的债务比,赋予资本金较高的杠杆力,用较少的资本来控制整个项目。但资产负债率越高,项目风险越大,当资产负债率太高,可通过增加自有资金出资和减少利润分配来调节。

③流动比率 流动比率是反映项目各年偿付流动负债能力的指标,它衡量项目流动资产在短期债务到期前可变为资金用于偿付流动负债的能力,公式为:

$$流动比率 = \frac{流动资产总额}{流动负债总额} \times 100\% \tag{5.20}$$

流动比率应为 1.2～2.0。

④速动比率　速动比率是反映快速偿付流动负债能力的指标。公式为：

$$速动比率 = \frac{流动资产总额 - 存货}{流动负债总额} \times 100\% \tag{5.21}$$

速动比率应为 1.0～1.2。

财务分析和评价指标与基本财务报表的对应关系见表 5.14。

表 5.14　财务分析和评价指标与基本账务报表的对应关系

财务分析	基本报表	静态指标	动态指标
盈利能力分析	全部投资现金流量表	全部投资回收期	财务内部收益率 财务净现值 动态投资回收期
	自有资金现金流量表		财务内部收益率 财务净现值
	损益表	投资利润率 投资利税率 资本金利润率	
清偿能力分析	资金来源与运用表	借款偿还期	
	资产负债表	资产负债率 流动比率 速动比率	
外汇平衡分析	财务外汇平衡表		

5.4　项目财务评价案例

· 5.4.1　项目概况 ·

某化学纤维厂是新建项目。该项目是在对市场需求、生产规模、工艺技术方案、原材料、燃料及动力的供应、建厂条件和厂址方案、公用工程和辅助设施、环境保护、工厂组织和劳动定员及项目实施规划各方面进行研究论证后，通过经济评价从多方案中选定的最佳方案。

该项目生产国内外市场均较紧俏的某种化纤 N 产品。这种产品是纺织品不可缺少的原料，国内市场供不应求，每年需要一定数量的进口。项目投产后可以产顶进。主要技术和设备从国外引进。

厂址位于城市郊区，占用一般农田 66 700 m²，靠近铁路、公路、码头，交通运输方便。靠近主要原料和燃料产地，供应有保证。水、电供应可靠。

该项目主要设施包括生产主车间、与工艺生产相适应的辅助生产设施、公用工程及相关的生产管理、生活福利等设施。

·5.4.2 基础数据·

（1）生产规模和产品方案

生产规模为年产 2.3 万 t N 产品。产品方案为 A 型及 B 型两种，以 A 型为主。

（2）建设与生产进度

项目拟 3 年建成，第 4 年投产，当年生产负荷达到设计能力的 70%，第 5 年达到 90%，第 6 年达到 100%。生产期按 15 年计算，计算期为 18 年。

（3）固定资产投资估算

固定资产投资估算额为 53 786 万元，其中外币为 4 926.2 万美元，外汇按 1 美元＝6.1 元人民币计算。基本预备费按工程费用和其他费用合计的 10%计算；涨价预备费的计算仅考虑国内配套投资的涨价因素，建设期内平均涨价率取 6%。

投资方向调节税税率为 5%，投资方向调节税估算值为 2 689 万元；建设期利息估算为 5 013 万元，其中外汇为 670.33 万美元。

固定资产投资估算见表 5.1。

（4）流动资金估算

流动资金估算是按分项详细估算法进行的，估算总额为 7 266 万元。

流动资金估算见表 5.2。

（5）资金来源

该项目总投资＝固定资产投资＋固定资产投资方向调节税＋建设期利息＋流动资金＝

53 786 万元＋2 689 万元＋5 013 万元＋7 266 万元＝68 754 万元

其中外汇为 3 924 万美元。

项目自有资金（资本金）为 22 000 万元，其余为借款。外汇全部通过中国银行向国外借款，年利率为 9%；人民币固定资产投资部分由中国建设银行贷款，年利率为 9.6%；流动资金由中国工商银行贷款，年利率为 8.64%。

投资分年使用计划按第 1 年 20%，第 2 年 55%，第 3 年 25%的比例分配。流动资金从投产第一年起按生产负荷安排使用。

投资使用计划与资金筹措见表 5.3。

（6）年销售收入和年销售税金及附加估算

产品售价按预测到生产期初的市场价格，确定每 t 出厂价格（含税价）为 16 800 元，年销售收入估算值在正常年份为 38 640 万元（含税销售收入）。

销售税金及附加按国家规定计取，产品缴纳增值税，增值税率为 17%，城市维护建设税按增值税的 7%计取，教育费附加按增值税的 3%计取。年销售税金及附加估算值在正常年份为 3 206 万元。

年销售收入和年销售税金及附加估算见表 5.6。

（7）产品成本估算

产品成本估算说明如下：

①所有的原材料、燃料、动力价格均为以近几年国内市场已实现的价格为基础，预测到生产期初的价格（到厂含税价）。

②工资及福利按全厂定员为 800 人,工资及福利费每人每月 365 元估算,全年工资及福利费为 399 万元(其中福利费按工资总额的 14% 计取)。

③本项目计入固定资产原值的费用有固定资产投资中的工程费用、建设期利息、固定资产投资方向调节税、预备费及其他费用中的土地费用。固定资产原值为 58 282 万元,按平均年限法计算折旧,折旧年限为 15 年,年折旧额为 3 730 万元。固定资产折旧估算见表 5.4。

④本项目固定资产投资中第二部分费用除土地费进入固定资产原值外,其余费用均作为无形及递延资产。其值为 3 206 万元。其中无形资产为 2 476 万元,按 10 年摊销,年摊销费为 248 万元;递延资产为 730 万元,按 5 年摊销,年摊销费为 146 万元。无形资产及递延资产摊销计算见表 5.5。

⑤修理费按年折旧额的 50% 计取,每年为 1 865 万元。

⑥财务费用包括长期借款利息和流动资金借款利息。长期借款利息计算见表 5.8。流动资金借款利息按当年及以前年份流动资金借款合计乘以流动资金借款年利率计算,正常年应计利息为 420 万元。

⑦其他费用包括在制造费用、销售费用、管理费用中扣除工资及福利费、折旧费、摊销费、修理费后的费用和土地使用税。前者为简化计算按工资及福利费总额的 2.5 倍估算,每年为 998 万元,土地使用税每年为 70 万元。其他费用共计 1 068 万元。

总成本费用估算表见表 5.7。

⑧利润、利润分配估算

利润、利润分配估算见表 5.11。其中:所得税按利润总额的 33% 计取,不计特种基金。在用可供分配利润支付长期借款还本后无余额的年份,可供分配利润全部计入未分配利润用于支付长期借款还本,不计提盈余公积金。其余年份先按可供分配利润的 10% 计提盈余公积金,然后视需要留出用于支付长期借款还本的金额计入未分配利润,最后将剩余部分作为应付利润分配给项目投资主体。

• 5.4.3 财务评价 •

1) 财务盈利能力分析

①全部投资现金流量表见表 5.9,根据该表计算得以下财务评价指标:

所得税后财务内部收益率($FIRR$) 为 12.90%,财务净现值($i_0 = 12\%$) 为 2 829 万元,所得税前财务内部收益率($FIRR$) 为 15.92%,财务净现值($i_0 = 12\%$) 为 13 371 万元。财务内部收益率均大于行业基准收益率,说明盈利能力满足了行业最低要求;财务净现值均大于零,该项目在财务上是可以考虑接受的。

所得税后的投资回收期为 9.01 年(含建设期),所得税前的投资回收期为 8.21 年(含建设期),均小于行业基准投资回收期 10.3 年,表明项目投资能按时收回。

②自有资金现金流量表见表 5.10,根据该表计算得以下指标:

自有资金现金财务内部收益率为 14.98%,自有资金现金财务净现值($i_0 = 12\%$) 为 5 257 万元。表明该项目在财务上是可以考虑接受的。

③根据损益表和固定资产投资估算表计算以下指标:

$$投资利润率 = (年利润总额 / 总投资) \times 100\% =$$

$$7\ 664/68\ 754\times100\%=11.15\%$$

投资利税率＝（年利税总额/总投资）×100%＝
$$10\ 784/68\ 754\times100\%=15.68\%$$

资本金利润率＝（年利润总额/资本金总额）×100%＝
$$7\ 664/22\ 000\times100\%=38.84\%$$

该项目投资利润率和投资利税率均大于行业平均利润率和平均利税率,说明项目单位投资盈利能力超过行业平均水平,并且单位投资对国家积累的贡献水平达到了本行业的平均水平。

2)清偿能力分析

清偿能力分析是通过对"借款还本付息表""资金来源与运用表""资产负债表"的计算,考察项目计算期各年的财务状况及偿债能力,并计算资产负债率、流动比率、速动比率和固定资产投资国内借款偿还期。

资金来源与运用计算见表5.12,资产负债表及资产负债率、流动比率、速动比率等指标见表5.13。

固定资产投资国内借款偿还期(从借款开始年算起)为6.27年(见表5.8),能满足贷款机构要求的期限。项目具有偿债能力。

总之,从上述财务评价的主要指标看,财务评价效益均可行,而且生产的产品是国家急需的,所以项目是可以接受的。

小　结　5

本章讲述了财务评价的含义、目的、内容及工作步骤,财务评价的基础数据预测,财务评价的基本财务报表和相应评价指标。

财务评价的基础数据预测包括:项目投资估算及投资计划,项目计算期、折旧、摊销费的估算,销售收入和销售税金的估算,产品成本费用的估算,利润、利润分配及借款还本付息的估算。通过这些估算编制有关辅助财务报表。

项目财务评价是在以上预测数据及辅助财务报表基础上进行的,分别编制反映项目盈利能力、清偿能力的基本财务报表并计算相应评价指标。其中基本财务报表包括:现金流量表、损益表、资金来源与运用表、资产负债表。反映盈利能力的指标有:投资回收期、投资利润率、投资利税率、资本金利润率、财务内部收益率、财务净现值等。反映清偿能力的指标有:借款偿还期、资产负债率、流动比率、速动比率等。

通过学习,应了解财务评价的目的,熟悉财务评价的内容及工作步骤,掌握财务评价的基础数据预测方法及辅助财务报表的编制,掌握评价项目盈利能力、清偿能力的基本财务报表的编制及相应评价指标的计算。

复习思考题 5

5.1 已知 3 年前建成的,年生产能力为 15 万 t 的化工装置,固定资产投资为 3 750 万元,拟建装置与其生产流程相似,年设计生产能力为 20 万 t,投资生产能力指数为 0.72,价差系数为 1.2。试用生产能力指数法估算该拟建项目的固定资产投资费用。

5.2 某项目的总成本费用估算及流动资金和应付账款的最低周转次数见下表,用分项详细估算法估算本项目的各年流动资金及流动资金本年增加额。

总成本费用估算表

序号	项目	4	5	6	7	…
1	生产负荷/%	70	90	100	100	
2	外购原材料费用/万元	4 760	6 120	6 800	6 800	
3	外购燃料、动力费用/万元	98	126	140	140	
4	工资及福利费/万元	370	370	370	370	
5	修理费/万元	55	55	110	110	
6	折旧费/万元	360	360	360	360	
7	摊销费/万元	112	112	112	112	
8	利息支出/万元	379	318	245	210	
9	其他费用/万元	525	714	821	821	
10	总成本费用/万元	6 659	8 175	8 958	8 923	
11	经营成本/万元	5 808	7 385	8 241	8 241	

流动资金和应付账款的最低周转时间表

序号	项目	最低周转时间/天
1	应收账款	40
2	存货	—
2.1	原材料	50
2.2	燃料	60
2.3	在产品	20
2.4	产成品	10
3	现金	15
4	应付账款	40

5.3 某新建工业项目计算期为 15 年,建设期为 3 年,第 4 年投产,第 5 年开始达到生产能力。

(1)固定资产投资 8 000 万元,其中自有资金 4 000 万元,分年投资情况如下:

年 份 项 目	1	2	3	合计
固定资产投资/万元	2 500	3 500	2 000	8 000
其中:自有资金投资/万元	1 500	1 500	1 000	4 000

不足部分向银行借款。银行贷款条件是年利率 10%,建设期间只计息不还款,第四年投产后开始还款,每年付清利息并分 10 年等额偿还建设期利息资本化后的全部借款本金。

(2)流动资金投资约为 2 490 万元,全部用银行贷款,年利率为 10%。

(3)销售收入、销售税金及附加和经营成本的预测值如下表,其他支出忽略不计。

年 份 项 目	4	5	6	…	15
销售收入/万元	5 600	8 000	8 000	…	8 000
销售税金及附加/万元	320	480	480	…	480
经营成本/万元	3 500	5 000	5 000	…	5 000

(4)固定资产平均折旧年限为 15 年,残值率为 5%。

(5)假定所得税率为 33%。

要求编制全部投资现金流量表和自有资金现金流量表,并计算全部投资和自有资金的内部收益率和投资回收期。

6 工程项目的国民经济评价

6.1 国民经济评价的意义与特点

项目的国民经济评价又称作项目的经济分析,它是从国家整体利益出发,考察项目的效益与费用,分析和计算项目给国民经济带来的净效益,从而评价投资项目在经济上的合理性,为投资决策提供宏观上的决策依据。实际上,项目的国民经济评价问题就是研究资源利用的整体优化性问题。

· 6.1.1 国民经济评价的效益与费用 ·

由于国民经济评价是从国家整体角度评价项目的经济合理性,因此不能只简单地计算项目自身产出物和投入物的效益和费用,而是还要从社会角度考虑项目的效益和费用。

1)项目的效益

项目的效益是指项目对国民经济所作的贡献,是由于项目的实施给国民经济带来的可能收益。项目的效益可以分为直接效益和间接效益两部分。

直接效益是用产出物影子价格计算的项目产出物(产品或劳务)的经济价值。它可能是增加该产出物的数量来满足国内需求产生的效益;也可能是替代其他同类或类似企业产出物,使被替代企业减产,从而减少国家有用资源耗费的效益;也可能是增加出口(或减少进口)所增收(或节支)的国家外汇等。间接效益是指项目为国民经济和社会作出了贡献,但项目本身并未直接收益的那部分效益。如建设水电站,发电效益为项目的直接收益,而防洪、航运、灌溉、旅游等效益为项目的间接效益。

2)项目的费用

项目的费用是指国民经济为项目所付出的代价,分为直接费用和间接费用。

直接费用是用影子价格计算的项目投入物(固定资产投资和流动资金等一次性投入和经常性投入)的经济价值。一般表现为:其他部门为供应本项目投入物而扩大生产规模所耗用的资源费用,或减少对其他项目(或最终消费者)投入物的供应而放弃的效益,或增加进口(或减少出口)所耗用(或减收)的外汇等。间接费用亦称外部费用,是指社会为项目付出了代价,项目本身并不需要支付的那部分费用。如火力发电项目,煤的投入属于项目的直接费用,发电

站的污染属于项目的间接费用。

总之,项目的效益、费用的划分是以项目实施后给国民经济整体带来的实际损益为原则,而与项目直接有关的税金、国内借款利息、补贴等属于国民经济内部的转移支付,不计为项目的费用或收益。

· 6.1.2 国民经济评价的特点 ·

国民经济评价与财务评价是互相联系的,它们之间既有共同之处,又有区别。

国民经济评价与财务评价的共同之处在于:首先它们都是经济效果评价,使用基本的经济评价理论和方法,寻求以最小的投入获取最大的产出,都要考虑资金的时间价值,采用内部收益率、净现值等经济盈利性指标进行经济效果分析;其次,两种分析都要在完成产品需求预测、工艺技术选择、投资估算、资金筹措方案选择基础上进行。

国民经济评价与财务评价的区别在于:

①两种评价的角度和基本出发点不同。企业财务评价是站在企业自身的角度上,从项目的经营者、投资者、未来的债权人的角度,分析项目在财务上能够生存的可能性,分析各方的实际收益或损失,分析投资或贷款的风险及收益;而国民经济评价是站在国家整体的角度上,分析和计算投资项目为国民经济所创造的效益和所作出的贡献。前者主要为企业的投资决策提供依据,后者则是为政府宏观上对投资的决策提供依据。

②两者计算费用和效益的范围不同。企业财务评价根据项目直接发生的财务收支,计算项目的费用和效益;国民经济评价则从全社会的角度考察项目的费用和效益,项目的有些收入和支出属国民经济内部的转移支付,因此不作为社会费用或收益。

③两者评价中使用的价格不同。在企业财务评价中,由于要求评价结果反映投资项目的实际发生情况,故其计算使用的价格应是对市场进行调查和预测后,确定出未来市场上可能发生的价格;而国民经济评价采用根据机会成本和供求关系确定的影子价格。

④两者评价中使用的参数不同。所谓评价参数主要是指汇率、贸易费用率、工资数及现值计算的贴现率。上述各参数在进行财务评价时需根据不同行业的不同企业,以及企业条件、企业环境自行选定;而进行国民经济评价时,同样为了达到横向投资项目可比的目的,上述各项均采用统一的通用参数,如影子汇率、影子工资等。

⑤两者评价中核心指标不同。企业财务评价,核心指标是利润与折旧。这两项收益也是回收投资的主要内容。如在财务评价中,投资回收期、净现值、内部收益率都是以上述两项内容计算的。在国民经济评价中,国民收入,也即净产值是主要的考核指标,而国民收入包括利润与工资,却不包括折旧。对于企业而言,尽管工资部分的大小与职工的切身利益相关,但却是当年消耗掉的费用,企业无权对其进行支配,无法用来进行再投资或投资回收。而从国家宏观角度上分析,工资是新创造价值部分,关系到社会总产品价值的增加和社会就业水平,因此是十分重要的。

国民经济评价与财务评价的主要区别如表 6.1 所示。

表 6.1　国民经济评价与财务评价的区别

评价方法 区别内容	财务评价	国民经济评价
目的	提高企业的收益水平	提高全社会投资经济效果
出发点	经营项目的企业	国家
价格	市场价格	影子价格
折现率	设定的基准折现率	社会折现率
汇率	实际汇率或官方汇率	影子汇率
税收	考虑	不考虑
补贴	考虑	不考虑
贷款和归还	考虑	不考虑

• 6.1.3　国民经济评价的意义 •

按照我国目前制定的对建设项目进行经济评价的标准,既要做企业财务评价,又要做国民经济评价。在某些项目中,国民经济评价的结论作为主要的决策依据,而企业财务评价只起辅助作用。这说明国民经济评价是十分重要的。概括地说,对投资项目进行国民经济评价有下面 3 个重要意义。

首先,国民经济评价能够客观地估算出投资项目为社会作出的贡献和社会为其付出的代价。这是因为,在国民经济评价中,其效益、费用,无论最终归谁支配,也无论由谁负担,只要发生了,就按其项目真正的投资产出值加以计算。不仅仅计算其盈利大小,资金回收多少,对其他行业和部门的影响,就业能力,环境保护与生态平衡,资源充分利用与合理分配等都应作为考虑的因素和内容。上述考核的方法和内容,相对财务评价而言,无疑更客观,层次更高。

其次,运用国民经济评价方法对投资项目进行评价能够对资源和投资的合理流动起到导向的作用,在国民经济评价中采用了影子价格和社会贴现率。影子价格不仅能起市场信息反馈的作用,而且是在资源最优分配状态下的边际产出的价值,因此能够对资源合理分配加以引导,达到宏观调控的目的。采用统一的社会贴现率,可以使投资最终流向投资效率高、资金回收比率大的行业,从而促进资源高效利用,提高社会整体效益。

最后,国民经济评价可以达到统一标准的目的。由于国民经济评价不仅统一采用影子价格,而且采用统一的评价参数(社会贴现率、影子汇率、影子工资、贸易费用率等),这样就能使不同地区、不同行业的投资项目具有可比性,而这种横向可比对于宏观上选择最优投资方向是非常重要的。

总之,正确运用国民经济评价方法,在项目决策中可以有效地察觉盲目建设、重复建设,可以有效地将企业利益、地区利益与国家整体利益有机地结合起来。

6.2 国民经济评价的主要参数

·6.2.1 外贸货物、非外贸货物和特殊投入物·

1)外贸货物

外贸货物一般指只在国际市场上进行贸易的货物。在项目评价中,外贸货物是指它们的生产和使用将直接或间接地影响国家进、出口的货物。包括项目产出物中直接出口(增加出口)、间接出口(替代其他企业产品使其增加出口)或替代进口,以及项目投入物中直接进口(增加进口)、间接进口(占用其他企业的投入物使其增加进口)或者占用原可用于出口的国内产品(减少出口)。

2)非外贸货物

非外贸货物一般是指其生产或使用将不影响国家进口或出口的货物。除了所谓"天然"的非贸易货物如电力、建筑、国内运输和商业等基础设施的产品和服务外,还有由于运输费用过高或受国内外贸政策和其他条件的限制不能进行外贸的货物。

3)特殊投入物

特殊投入物是指劳动力和土地。

·6.2.2 影子价格·

在财务评价中采用的市场价格,由于种种原因往往不能反映商品的真实价值,通常不能直接用来进行国民经济评价。国民经济评价时应采用对市场价格经过修正的理论价格,即影子价格(Shadow Price)。

谈到影子价格,通常是指一种资源的影子价格,因此影子价格可以定义为:某种资源处于最佳分配状态时的边际产出价值。

影子价格这一术语最早来源于数学规划,它是 20 世纪 30 年代末 40 年代初,由荷兰数理经济学家、计量经济学创造人丁伯根和苏联经济学家康特诺维奇提出的,也被称之为计算价格。实际上,影子价格在社会经济运行中并不发生,他仅是一种虚拟的价格,并且难以用数学模型来计算,而需采用某些实用方法来确定。目前国际上常用由利特尔和米尔里斯提出,并被经济合作与发展组织(OECD)和世界银行采用的利特尔-米尔里斯法(简称 L-M 法),以及联合国工业发展组织推荐的 UNIDO 法来确定影子价格。用 L-M 法和 UNIDO 法确定影子价格时,都是首先将投入物和产出物区分为外贸货物、非外贸货物和特殊投入物、然后根据项目的各种投入和产出对国民经济的影响分别处理。

1)外贸货物的影子价格

由于项目的投入物或产出物为外贸货物,因而应以耗用或赚取外汇的多少反映项目的外汇效果,而外汇效果的确定将以实际要发生的口岸价格为基础。

（1）产出物（项目产出物的出厂价格）的影子价格

①直接出口产品（外销产品），其影子价格等于离岸价格减去国内运输费用和贸易费用。

②间接出口产品（内销产品，替代其他货物，使其他货物增加出口），其影子价格等于离岸价格减去原供应厂到港口的运输费用及贸易费用，加上原供应厂到用户的运输费用及贸易费用，再减去拟建项目到用户的运输费用及贸易费用。当原供应厂和用户难以确定时，可按直接出口考虑。

③替代进口产品（内销产品，以产顶进，减少进口），其影子价格等于到岸价格加港口到用户的运输费用及贸易费用，再减去拟建项目到用户的运输费用及贸易费用。当缺少资料难以计算时，可按直接进口计算。

（2）投入物（项目投入物的到厂价格）的影子价格

①直接进口产品（国外产品），其影子价格等于到岸价格加国内运输费用和贸易费用。

②间接进口产品（国内产品，如木材、钢材、铁矿等，以前进口过，现在也大量进口），其影子价格等于到岸价格加港口到原用户的运输费用及贸易费用，减去供应厂到原用户的运输费用及贸易费用，再加上供应厂到拟建项目的运输费用及贸易费用。当原供应厂和用户难以确定时，可按直接进口考虑。

③减少出口产品（国内产品，如石油，可出口的煤炭和有色金属等，以前出口过，现在也能出口），其影子价格等于离岸价格减去供应厂到港口的运输费用及贸易费用，再加上供应厂到拟建项目的运输费用及贸易费用。供应厂难以确定时，可按离岸价格计算。

2）非外贸货物的影子价格

（1）产出物的影子价格

①增加供应数量满足国内消费的产出物，其影子价格分3种情况确定：国内供求均衡时，按市场价格定价；供不应求时，参照国内市场并考虑价格变化的趋势定价，但不应高于相同质量产品的进口价格；无法判定供求情况的，取上述价格中较低者（目的在于防止高估项目收益）。

②不增加供应数量，只是替代其他相同或类似企业的产出物，致使被替代企业停产或减产的，质量与被替代产品相同的，应按被替代企业相应的产品可变成本分解定价；提高产品质量的，原则上应按被替代产品的可变成本加提高产品质量带来的效益，并近似地按国际市场价格与被替代产品的价格之差确定。

（2）投入物的影子价格

①能通过原有企业挖潜（不增加投资）增加供应的，按可变成本分解定价。

②在拟建项目计算期内需通过增加投资扩大生产规模来满足拟建项目需要的，按全部成本（包括可变成本和固定成本）分解定价。当难以获得分解成本所需要的资料时，可参照国内市场价格定价。

③项目计算期内无法通过扩大生产规模增加供应的（减少原用户的供应量），参照国内市场价格和国家统一价格加补贴中较高者定价。

3）特殊投入物的影子价格

（1）影子工资

所谓影子工资是指某一建设项目使用劳动力，国家和社会为此而付出的代价，通常由两部分组成:一是由于该项目使用劳动力而导致这些劳动力放弃了原来的工作,从而导致原有净效益全部损失掉,这些损失掉的净效益即为影子工资的一部分;二是因劳动力就业转移而增加了的社会资源的消耗,如交通费用的增加、城市管理费用的增加等。

在国民经济评价中,影子工资作为劳务费用计入经营成本。为方便起见,可将财务评价中的工资及提取的职工福利基金(合称名义工资)乘以工资换算系数,求得影子工资。影子工资的大小与国家的经济状况、劳动力充裕程度以及采用的评价方法等因素密切相关。

对于一般的建设项目,工资换算系数定为1,即影子工资的量值等于财务评价中的名义工资。某些特殊项目,在有充分依据的前提下,可根据当地劳动力的充裕程度以及项目所用劳动力的技术熟练程度,适当提高或降低影子工资。如在就业压力很大的地区,占用大量非熟练劳动力的项目,可以取小于1的工资换算系数。对于中外合资企业建设项目,由于国内外工资水平存在差距,同时这些企业如果以国内劳动力为主,工资水平高对中方企业和国家有利,工资系数应相对高些,如取系数为1.5。

(2)土地的影子价格

土地与劳动力一样,属于特殊投入物,如果进行建设项目的财务评价,只要计入土地的财务费用就可以了,但是在国民经济评价中,则需要寻找土地的影子价格。所谓土地的影子价格,是指该土地不是用于此项目,而是用于别的用途所能创造的净效益及社会为此而增加的资源消耗。这正是机会成本的概念。若项目所占用的土地是没有用处的荒山野岭,其机会成本可视为0;若项目所占用的是农村用地,其机会成本为原来的农业净效益;若占用的是城市用地,可以用其财务费用替代影子价格。

·6.2.3 社会贴现率·

社会贴现率是建设项目经济评价的通用参数,由政府部门统一规定,主要用来作现值计算的基准贴现率。在国民经济评价中,用社会贴现率计算经济净现值和国民经济角度的内部收益率。

社会贴现率表示社会对资金时间价值的估算。它是根据某一国家或地区在一定时期内的投资收益水平、资金机会成本、资金供需情况等因素来确定的。并且一旦上述情况发生变化,社会贴现率需进行相应的调整。

适当的社会贴现率的选用,有助于合理分配建设资金,引导资金投向对国民经济贡献大的项目,调节资金供需关系,促进资金在长期和短期项目间的合理配置。它不仅用来计算经济净现值和经济内部收益率,还可将其作为标准,对项目是否可行进行评价,是建设项目经济评价的主要判别依据之一。

我国曾经将社会贴现率确定为10%,进入20世纪90年代后,根据实际情况调整为12%,这一基准值在各类建设项目评价中被统一采用。

·6.2.4 影子汇率·

影子汇率是一个单位外汇折合成国内价格的实际经济价值,也称之为外汇的影子价格。它在国民经济评价中,用来进行外汇与人民币之间的换算。它不同于官方汇率,官方汇率是由中国人民银行定期公布的人民币对外汇的比价,是在币种兑换中实际发生的比价,而影子汇率仅用于国民经济评价,并不产生实际交换。

影子汇率的确定主要依据一个国家或地区一段时间内进出口结构和水平、外汇的机会成本及发展趋势,外汇供需情况等因素的变化。一旦上述因素发生较大变化后,影子汇率值需作相应的调整。如 20 世纪 80 年代末确定的影子汇率为 1 美元 = 4.0 元人民币。到 20 世纪 90 年代初,我国的进出口的结构和外汇需求发生了较大变化,曾将影子价格调整到 1 美元 = 5.2 元人民币。

用影子汇率对建设项目进行评价决策时,其取值的高低,会直接影响项目决策中对进出口的抉择,影响到设备选择是采用进口还是采用国产,同时还会影响产品进口替代型项目和产品出口型项目的决策。对于发展中国家而言,影子汇率通常高于官方汇率,这是由于发展中国家的进口关税高、出口补贴多以及各种贸易上的限制造成的。

·6.2.5 贸易费用率·

贸易费用是指各物资部门、商贸部门在生产资料流通领域中,为实现其贸易流通所花费的各种支出,通常包括货物的经手、储存、再包装、保险、检验、装卸以及短距离倒运等各种费用支出,但不包括长途运输费用。

贸易费用率即是贸易费用与货物的出厂价或到岸价之比率。即:

$$贸易费用率 = \frac{贸易费用}{货物出厂价(或到岸价)} \tag{6.1}$$

贸易费用率的高低取决于物资流通的效率、生产资料价格总水平、人民币与外汇的比价等因素。在没有特殊要求的情况下,贸易费用率取 6%,少数价值高而体积、质量都比较小的货物,可适当降低贸易费用率。

不由商贸部门经手而由生产厂家直接提供的投入物,不必计算贸易费用。只有进入流通领域的投入物或产出物,才发生贸易费用。

6.3 国民经济评价的方法、指标和报表

·6.3.1 国民经济评价的方法·

国民经济评价的方法是:

①将项目中所占比例较大的效益和费用,或国内价格明显不合理的投入物和产出物,用影子价格代替财务评价中所用的现行价格,计算项目的效益和费用。

②列出现金流量表,计算经济净现值、经济内部收益率等经济评价指标。若涉及产品出口创汇及替代进口节汇的项目,还应编制经济外汇流量表,计算经济外汇净现值指标。

③分析项目在国民经济上的盈利性。经济净现值反映计算期内项目的投资对国民经济的净贡献,大于零表明项目不仅达到社会折现率的水平,还带来与净现值等值的超额净贡献。因此,净现值大于等于零时项目可接受。经济内部收益率大于或等于社会折现率,表明项目投资对国民经济的净贡献能力达到了要求水平。评价独立方案时,这两个指标的结论是一致的。多方案选择时,以经济净现值或经济净现值率大者为优。

·6.3.2 国民经济评价指标·

国民经济评价指标包括国民经济盈利能力分析和外汇效果分析两部分指标,以经济内部收益率作为主要评价指标。根据项目特点和实际需要,也可采用投资净效益率作为主要评价指标。

1)经济盈利能力分析

经济盈利能力分析一般包括全部投资经济效益费用分析和国内投资经济效益费用分析。全部投资经济效益费用分析不考虑投资来源国别,以全部投资作为计算基础,评价全部投资的经济效果;国内投资经济效益费用分析则考虑了投资来源国别,以国内投资作为计算基础,将国外借款的本息偿还作为费用支出,计算国内投资的经济效果。

经济盈利能力分析的主要评价指标是经济内部收益率、经济净现值、经济净现值率以及投资净效益率等,可借助国民经济效益费用表进行计算。

①经济内部收益率(*EIRR*) 该指标是反映项目对国民经济贡献的相对指标,是计算期内经济净现值累计等于零时的折现率。其表达式为:

$$\sum_{t=1}^{n}(CI-CO)_t(1+EIRR)^{-t}=0 \tag{6.2}$$

式中 *CI*——现金流入量;

CO——现金流出量;

$(CI-CO)_t$——第 *t* 年的净现金流量;

n——计算期。

一般情况下,经济内部收益率大于或等于社会折现率的项目应认为是可以接受的。

②经济净现值(*ENPV*) 经济净现值是反映项目对国民经济所做贡献的绝对指标。它是用社会折现率将项目计算期内各年的净效益折算到建设起点(建设期初)的现值之和。该值大于或等于零时可考虑接受。其表达式为:

$$ENPV=\sum_{t=1}^{n}(CI-CO)_t(1+i_s)^{-t} \tag{6.3}$$

式中 i_s——社会折现率。

在多方案选择时,如果各方案的投资不同,且资金不受限制时,应选择经济净现值最大的方案作为最优方案。

③经济净现值率(*ENPVR*) 经济净现值率是反映项目单位投资为国民经济所作净贡献的相对指标,它是经济净现值与投资现值之比。其表达式为:

$$ENPVR=\frac{ENPV}{I_p} \tag{6.4}$$

式中 I_p——投资(包括固定资产投资和流动资金)的现值。

当互比方案的投资额不同,且受到资金的约束时,应采用这个指标衡量。

④投资净效益率 该指标是指项目达到设计生产能力后的一个正常生产年份内,其年净效益与项目全部投资的比率,是反映项目投产后单位投资对国民经济所作的年净贡献的静态指标。对在生产期内各年的净效益发生变化幅度较大的项目,应计算生产期年平均净效益与

全部投资的比率。其表达式为：

$$投资净效益率 = \frac{年净效益或年平均净效益}{全部投资} \times 100\% \qquad (6.5)$$

式中　年净效益=年产品销售收入+年外部效益-年经营成本-年折旧费-年技术转让费-年外部费用

　　一般情况下,投资净效益率大于社会折现率的项目,应认为是可以考虑接受的。

2)经济外汇效果分析

　　涉及产品出口创汇及替代进口节汇的项目要进行外汇效果分析,分析项目计算期内外汇流入和外汇流出,并计算经济外汇净现值、经济换汇成本和经济节汇成本等指标。

　　①经济外汇净现值($ENPV_F$)　经济外汇净现值是按国民经济评价中效益、费用的划分原则,采用影子价格、影子工资和社会折现率计算、分析、评价项目实施后对国家外汇收支影响的重要指标。通过经济外汇流量表可以直接求得经济外汇净现值,用以衡量项目对国家外汇真正的净贡献(创汇)或净消耗(用汇)。其表达式为:

$$ENPV_F = \sum_{t=1}^{n} (FI-FO)_t (1+i_s)^{-t} \qquad (6.6)$$

式中　FI——外汇流入量;

　　　FO——外汇流出量;

　　　$(FI-FO)_t$——第 t 年的净外汇流量;

　　　n——计算期。

　　当项目产品替代进口时,可按净外汇效果计算经济外汇净现值。在方案比较或项目排队中,经济外汇净现值大的方案或项目应优先考虑。

　　②经济换汇成本　经济换汇成本是分析、评价项目实施后在国际上的竞争力,进而判断其产品能否出口的指标。它是指用影子价格、影子工资和社会折现率计算的为生产出口产品投入的国内资源现值(以人民币表示)与生产出口产品经济外汇净现值(外币单位,通常为美元)之比,亦即换取 1 美元外汇所需要的人民币金额。其表达式为:

$$经济换汇成本 = \frac{\sum_{t=1}^{n} DR_t (1 + i_s)^{-t}}{\sum (FI - FO)_t (1 + i_s)^{-t}} \qquad (6.7)$$

式中　DR_t——项目在第 t 年为出口产品投入的国内资源(包括投资、原材料、工资及其他投入)。

　　当项目产品替代进口而节汇时,要计算经济节汇成本,即节约 1 美元外汇所需要的人民币金额。它等于项目计算期内生产替代进口产品投入的国内资源的现值与生产替代进口产品的经济外汇净现值之比。

　　经济换汇成本或经济节汇成本(元/美元)小于或等于影子汇率,表明该项目国际竞争力强或具有国际竞争力。

　　目前,在我国普遍对建设项目开展国民经济评价还有不少方法上和资料方面的困难。但对以下项目,还是有必要进行国民经济评价,以便作出正确的决策。这些项目是:涉及国民经济许多重大部门、重大工业项目及重大技术改造项目;严重影响国计民生的重大项目;有关稀缺资源开发和利用的项目;涉及产品或原料、燃料进出口或代替进出口的项目;中外合资经营重大项目;产品和原料价格明显不合理的项目。

· 6.3.3 国民经济评价的基本报表 ·

国民经济评价的基本报表分为国民经济效益费用表(全部投资)和国民经济效益费用表(国内投资)。前者以全部投资作为计算的基础,用以计算全部投资经济内部收益率、经济净现值、经济净现值率等评价指标;后者以国内投资作为计算的基础,将国外贷款利息和本金的偿还作为现金流出,用以计算国内投资的经济内部收益率、经济净现值、经济净现值率等指标。这两种表的格式见表6.2、表6.3,表中内容可根据实际情况增减。

涉及产品出口创汇及替代进口节汇的项目,还应编制经济外汇流量表,见表6.4。

表 6.2 国民经济效益费用流量表(全部投资)

序号	项目　　　　年份	建设期 1　2	投产期 3　4	达产期 5　6…n	合计
	生产负荷/%				
1	效益流量				
1.1	产中销售收入				
1.2	回收固定资产余值				
1.3	回收流动资金				
1.4	项目间接效益				
2	费用流量				
2.1	固定资产投资				
2.2	流动资金				
2.3	经营费用				
2.4	项目间接费用				
3	净效益流量(1-2)				

计算指标:经济内部收益率 $EIRR$

　　　　　经济净现值　　　$ENPV$ ($i_0 =$ 　　)

表 6.3 国民经济效益费用流量表(国内投资)

序号	项目　　　　年份	建设期 1　2	投产期 3　4	达产期 5　6…n	合计
	生产负荷/%				
1	效益流量				
1.1	产品销售收入				
1.2	回收固定资产余值				
1.3	回收流动资金				
1.4	项目间接效益				
2	费用流量				
2.1	固定资产投资中国内资金				
2.2	流动资金中国内资金				
2.3	经营费用				

续表

序号	年份 项目	建设期 1 2	投产期 3 4	达产期 5 6 … n	合计
2.4	流至国外的资金				
2.4.1	国外借款本金偿还				
2.4.2	国外借款利息支付				
2.4.3	其他				
2.5	项目间接费用				
3	净效益流量(1-2)				
计算指标:经济内部收益率 EIRR					
经济净现值 ENPV ($i_0=$)					

表6.4 经济外汇流量表

序号	年份 项目	建设期 1 2	投产期 3 4	达产期 5 6 … n	合计
	生产负荷/%				
1	外汇流入				
1.1	产品销售外汇收入				
1.2	外汇借款				
1.3	其他外汇收入				
2	外汇流出				
2.1	固定资产投资中外汇支出				
2.2	进口原材料				
2.3	进口零部件				
2.4	技术转让费				
2.5	偿付外汇借款本息				
2.6	其他外汇支出				
3	净外汇流量(1-2)				
4	产品替代进口收入				
5	净外汇效果(3+4)				
计算指标:经济外汇净现值 ($i_s=$)					
经济换汇成本或经济节汇成本					

　　上述报表中所列流入和流出项均按影子价格、影子工资、影子汇率计算,并应剔除属于国民经济内部转移支付部分,如税金、补贴、国内借款利息等。

　　总之,国民经济评价的基本报表和评价指标与上一章所讲的企业财务评价不同。表6.5

列出了两种评价的上述内容的具体要求。该表所列的各项指标中,财务内部收益率、全部投资回收期、固定资产投资借款偿还期、资产负债率和经济内部收益率为主要的必做指标,其他指标为辅助性指标,可根据具体情况决定取舍。

表 6.5 两种评价的基本报表及指标

评价内容	基本报表	财务评价指标		国民经济评价指标	
		静态指标	动态指标	静态指标	动态指标
盈利能力分析	全部投资现金流量表	全部投资回收期	财务内部收益率 财务净现值 财务净现值率		
	自有资金现金流量表		财务内部收益率 财务净现值		
	全部投资国民经济效益费用流量表			投资净效益率	经济内部收益率 经济净现值 经济净现值率
	国内投资国民经济效益费用流量表				经济内部收益率 经济净现值
	损益表	投资利润率 投资利税率 资本金利润率			
清偿能力分析	资金来源与运用表	借款偿还期			
	资产负债表	资产负债率 流动比率 速动比率			
外汇平衡分析 或效果分析	财务外汇平衡表		财务外汇净现值		
	经济外汇流量表				经济外汇净现值 经济换汇成本 经济节汇成本
其他分析		价值指标或实物指标		价值指标或实物指标	

小 结 6

本章由国民经济评价的意义与特点,国民经济评价的主要参数,国民经济评价的方法、指标和报表这 3 节内容组成。主要介绍了国民经济评价与企业财务评价的区别以及影子价格、影子工资、影子汇率、社会贴现率、贸易费用率等参数的含义和计算方法。通过对本章的学习,学生应了解国民经济评价的意义和常用的评价指标、报表,熟练掌握影子价格、影子工资、影子汇率、社会贴现率、贸易费用率等参数。本章重点是影子价格,难点在于如何确定影子价格。

复习思考题 6

6.1 为什么要进行国民经济评价?

6.2 国民经济评价与企业财务评价有什么区别?

6.3 什么是影子价格? 如何确定外贸货物、非外贸货物和特殊投入物的影子价格?

6.4 什么是转移支付? 他包括哪些内容? 在国民经济评价中为什么不把它们看成是费用或效益?

6.5 某一出口产品,其影子价格为 900 元/t,国内现行价格为 600 元/t,求其价格换算系数。

6.6 某进口产品,其国内现行价格为 216 元/t,价格系数为 2.36,国内运费及贸易费为 38 元/t,影子汇率为 6.0,求该进口产品的到岸价格。

6.7 某投资项目,固定资产投资为 100 万元,于第 1 年初投入;流动资金投资 20 万元,于第 2 年初投入,全部为贷款,年利率为 10%。项目于第 2 年投产,当年销售额为 50 万元,经营成本为 25 万元,第 3 年至第 8 年销售收入为 80 万元,经营成本为 35 万元。销售税金及附加如下表所示。第 2 年至第 8 年年折旧费为 8 万元,第 8 年末固定资产残值为 9 万元。试问下表是否正确? 若有错,请改正。

全部投资现金流量表

项　目 　　　　　　　年　份	1	2	3—7	8
1　现金流入/万元				
1.1　销售收入/万元		50	80	80
1.2　折旧/万元		8	8	8
1.3　固定资产残值回收/万元				9
2　现金流出/万元				
2.1　销售成本/万元		33	43	43
2.2　固定资产投资/万元	100			
2.3　流动资金投资/万元		20		
2.4　销售税金及附加/万元		2.5	4	4
2.5　流动资金利息/万元		2	2	2
3　净现金流量/万元	-100	-0.5	48	39

7 价值工程

7.1 价值工程概述

价值工程(Value Engineering)简称 VE,是 1947 年由美国通用电器公司工程师迈尔斯首先研究提出的。在第二次世界大战期间,美国的军事工业迅速发展,但同时出现了原材料供应紧张问题。当时迈尔斯的工作是负责物资采购,但他不像其他采购人员那样为采购短缺物资四处奔波,而是对短缺物资的功能进行认真分析研究,努力寻找与短缺物资的功能具有相同或相近功能,且货源充足,价格较低的材料作为"代用品",以取代短缺物资。这样既满足了生产的需要,又降低了生产成本,使企业获得很好的经济效益。当时有一个典型的例子:公司需要大量石棉板。因为美国《消防法》规定该类企业车间地面上需铺一层石棉板,而石棉板供应紧张、价格昂贵。迈尔斯想:"为什么需要石棉板?它的功能是什么?"他了解到购置石棉板铺在车间地面上,是防止喷刷油漆玷污地面而引起火灾,所以石棉板的功能是"防污"和"防火"。迈尔斯又思考:"有没有与石棉板具有同样功能的其他材料呢?"经过调查,结果找到了具有同样功能的一种不燃烧的纸,不仅货源充足,且价格只要石棉板的 1/4。经过消防部门认可,成功地用这种不燃烧的纸替代了石棉板,解决了石棉板供不应求的问题。迈尔斯等人通过实践,总结出一套在保证同样功能前提下降低成本的比较完整的方法,当时称为价值分析(Value Analysis,即 VA)。以后其内容逐步丰富发展与完善,形成目前所称的价值工程。

迈尔斯从分析功能、满足功能入手,找出不必要的费用,努力降低成本,取得很好的效果。通用电器公司在开发价值工程技术上投入 80 多万美元,而在应用价值工程后的前 17 年中就节约了 2 亿美元。1954 年美国海军舰船局采用了 VE,1956 年签订合同,一年节约 3 500 万美元。1955 年,VE 传到日本,并与 QC(质量管理)、IE(工业管理工程)结合应用。总之,价值工程从材料代用开始发展到产品设计、工艺改进等领域,它的成功已在世界各地广泛应用,成为一种有效降低成本的方法。

·7.1.1 价值工程的基本概念·

用户购买产品并非为了占有产品本身,而是为了得到该产品所具有的功能。因此,企业生产的目的不在于提供产品给用户,而是通过产品向用户提供他们所需的功能。同样,企业作为用户需要各种原材料、零部件等资源,其目的也是需要各种资源所具有的功能。不考虑具体的企业和产品,整个社会可以抽象为功能的供方和需方。价值工程则是着重功能分析,力求以最低的寿命周期成本进行实现对象(产品、工作、劳务)的必要功能的有组织的创造性活动。价值工程涉及以下几个基本概念。

1)价值

VE中的"价值"是指产品(或劳务等)的功能同获得该功能所花费的全部费用之比。表达式为:

$$V = F/C \tag{7.1}$$

式中　V——产品(或劳务等)的价值(价值系数);

　　　F——产品(或劳务等)所实现的功能;

　　　C——用户取得该产品(或劳务等)所具有的功能所花的费用(成本)。

VE中"价值"的含义较接近人们通常口语中"价值"的含义。比如,我们在日常生活中购买商品,特别是消费品,首先要看商品有什么用,它们的质量如何,再看花多少钱,然后两者比较一下,看是否值得买。如果质量很好,价格还可以,或质量一般,价格便宜,就认为值得买。这就是说,用户在买东西时,一般同时考虑商品的质量和价格,来评定该商品的价值。

如果从企业的角度来评价一种产品时,通常把 C 看成是制造该产品所投入的人力、物力资源等,即"输入",把 F 看成产品能满足用户的效用,即"输出",则"价值"就是从产品中所获得的经济效益。

由此可见,VE是根据功能或成本的比值来判断产品的经济效益,其目的是提高对象(产品等)的价值,这既是消费者利益的要求,也是企业和国家利益的要求。

根据 $V = F/C$,价值的提高可以通过以下途径来实现:

①双向型——在提高产品功能的同时,又降低产品成本,这是提高价值最为理想的途径。

②改进型——在产品成本不变的条件下,通过改进设计、提高产品的功能,提高利用资源的成果或效用,增加某些用户希望的功能,达到提高产品价值的目的。

③节约型——在保持产品功能不变的前提下,通过降低成本达到提高价值的目的。

④投资型——产品功能有较大幅度提高,产品成本有较少提高,即成本虽然增加了一些,但功能的提高超过了成本的提高,因此价值还是提高。

⑤牺牲型——在产品功能略有下降、产品成本大幅度降低的情况下,也可达到提高产品价值的目的。

至于每个企业究竟采用哪种途径,要从本企业的实际条件出发,加强市场调查,分析消费者心理及对产品的特殊要求,才能作出正确的决策。

【例7.1】　根据价值工程的原理,提高产品价值最理想的途径是(　　　)。

A.产品功能有较大幅度提高,产品成本有较少提高

B.在产品成本不变的条件下,提高产品功能

C.在提高产品功能的同时,降低产品成本

D.在保持产品功能不变的前提下,降低成本

【答案】C　　本题考核的是提高产品价值最理想的途径。在提高产品功能的同时,又能降低产品成本,这是提高价值最为理想的途径。但对生产者要求较高,往往要借助科学技术才能实现。

2)产品的功能

价值工程中的功能是指产品(或劳务等)能够满足用户某种需求的一种属性。具体地说,

功能就是功用和作用。任何产品和劳务都有功能,比如住宅的功能就是提供居住空间。

以产品为例,正是因为产品具有了功能才得以使用和生存下去,功能是产品最本质的东西,没有功能的产品毫无意义。企业生产销售产品实质上是生产销售功能。用户购买、使用产品也是购买、使用这个产品所具有的功能。价值工程的特点之一就是研究并切实保护用户要求的功能。

3)寿命周期成本

价值工程中的寿命周期成本是从产品(或劳务等)的研究、形成到退出使用这一过程所需的全部成本。就建筑产品而言,是指从规划、勘测、设计、施工建设、使用、维修、直至报废为止的全部成本,它包括建设费用和使用费用两部分。建设费用是指建筑产品从筹建直到竣工验收为止的全部费用,包括勘察设计费、施工建造费等。使用费用是指用户在使用过程中发生的各种费用,包括维修费用、能源消耗费用、管理费用等。建筑产品寿命周期成本 C 为建设费用 C_1 与使用费用 C_2 之和,即:

$$C = C_1 + C_2 \tag{7.2}$$

一般情况下,建设费用随产品功能水平的提高而上升,使用费用随产品功能水平的提高而下降,如图 7.1 所示,建筑产品寿命周期成本就随产品功能水平变化呈开口向上的抛物线变化。显然,寿命周期成本有一个最小值 C_{min}。在这点上,产品达到恰当的功能水平 F_0,而使寿命周期成本最小。价值工程的目的就是通过科学的分析研究使产品具有一个适当的功能水平,从而确保产品寿命周期成本最低。

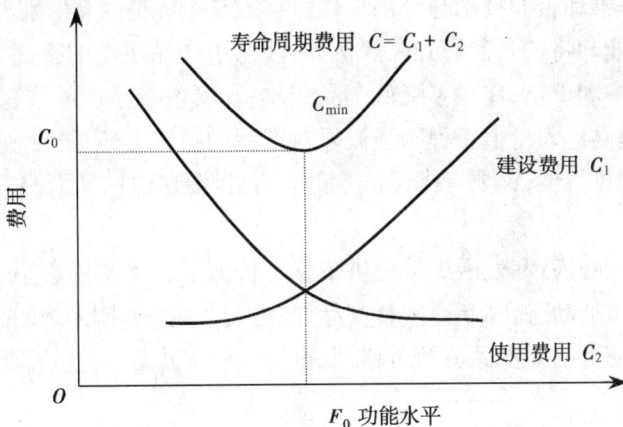

图 7.1 寿命周期费用与功能水平的关系

· 7.1.2 价值工程的特点 ·

①价值工程的目标是以最低的寿命周期成本,使某产品或劳务具有它所必须具有的功能,使用户和企业都得到最大的经济效益。价值工程不是单纯强调提高功能,也不是片面要求降低成本,而是追求功能与成本的合理结合。

②价值工程的核心是对产品或劳务进行功能分析,即对功能与成本之间的关系进行定性和定量分析,搞清产品的基本功能和辅助功能,弄清哪些是用户需要的,哪些是不需要的,分析各功能之间的关系,找出新的解决方法。

③价值工程是一种有组织的创造性活动,具有群众性和广泛性。它不是由个别人或个别科室进行的独立活动,而是要把企业有关各方面人员组织起来,密切配合、协同努力,发挥集体智慧和创造力,打破原有产品结构的束缚,提出更多的改进方案,并按一定的工作程序有组织、有计划地进行活动。据日本资料显示,日本工人提出的改进方案一般能降低成本的 5%,经过培训的技术人员的提案,一般能降低成本的 10%~15%,而有组织的 VE 活动可降低成本的30%,甚至更高。

· 7.1.3 应用价值工程的意义 ·

价值工程是既能提高产品功能,又能降低产品成本的一种管理技术,对于涉及产品和费用的领域,价值工程的应用都有着重要的意义。

①应用价值工程提高经济效益,促进企业管理。我国的大多数企业在其原来的生产技术与管理水平的基础上,要不断提高经济效益的难度很大,运用价值工程则是改变企业技术落后和经营管理落后的一种重要手段。因为价值工程能够帮助我们进行产品定位,在保证产品必要功能的基础上,摈弃产品的不必要功能,使产品的成本降到最低。另外,结合 IE 和 QC 方法,使企业的管理进一步加强,在保证和提高产品质量的过程中,降低企业各环节的成本,人尽其才,物尽其用。在加强全面质量管理和全面经济核算的同时,搞好综和管理,带动各方面的管理水平的提高。

②运用价值工程推动企业技术与经济工作。技术与经济是既有区别、又有联系的统一体,但在实际中,许多企业却将二者割裂开来。例如,注意了产品质量的提高,追求技术上的先进性,却忽视了产品成本和价格;注意了降低产品成本,却又忽视了产品质量。这些片面的做法影响了经济效益的提高。而价值工程则强调要对产品的技术方案进行经济效益的评价,既考虑技术上的先进性和可行性,又要考虑经济上的合理性和现实性,从而避免由片面性带来的不良后果。

③价值工程为企业经营和发展决策提供依据。价值工程坚持用户第一的指导思想,通过市场调查,随时掌握市场动态,不断开发新产品,改进老产品,寻求以最低的总成本来满足用户对产品功能的需求,使自己的产品适销对路,取得最佳经济效益。这些都将为企业作出正确的经营决策打下基础。

· 7.1.4 价值工程的工作程序 ·

开展价值工程的过程实际上是一个发现问题、分析问题、解决问题的过程,一般习惯于采用提问法,即针对价值工程的对象,逐步深入地提出合乎逻辑的一些问题(见表 7.1),并通过回答问题寻找答案,使问题得以解决。

价值工程的工作程序一般划分为分析问题、综合研究、方案评价 3 个阶段,以及选择对象、收集情报、功能分析、方案创造、方案评价与选择、方案实施与成果评价 6 个具体步骤。如表7.1所示。

表 7.1　VE 的实施阶段与具体步骤

工作阶段	设计程序	工作步骤		对应问题
		基本步骤	详细步骤	
准备阶段	制订工作计划	确定目标	1.工作对象的选择	1.价值工程的研究对象是什么
			2.信息资料的搜集	
分析阶段	功能评价	功能分析	3.功能定义	2.这是干什么用的
			4.功能整理	
			5.功能成本分析	3.成本是什么
			6.功能评价	4.价值是什么
			7.确定改进范围	
创新阶段	初步设计	制订创新方案	8.方案创造	5.有无其他方法实现同样的功能
	评价各设计方案,改进优化方案		9.概略评价	6.新方案的成本是多少
			10.调整方案	
			11.详细评价	
	方案书面化		12.提出方案	7.新方案能否满足功能要求
实施阶段	检查实施情况并评价活动成果	方案实施与成果评价	13.方案审批	8.偏离目标了吗
			14.方案实施与检查	
			15.成果评价	

　　分析问题是将研究对象进行分析,弄清是否有问题,是什么问题。价值工程以功能为中心来分析问题,采用的功能分析方法包括功能定义、功能整理、功能评价等,对价值工程对象的功能、成本、价值进行定量、定性分析,为价值工程对象的改进提供科学依据。

　　综合研究是综合各方面情况制订解决问题的方案。

　　方案评价是对提出的各种设想和方案进行评价、筛选、择优,以确定最优方案。最后方案付诸实施,以达到改进价值工程对象、满足用户要求的目的。

　　这仅仅是价值工程的一般工作程序。由于价值工程应用范围广泛,其活动形式也不尽相同,因此在实际应用中,可参照这个工作程序,根据对象的具体情况,应用价值工程的基本原理和方法,确定具体的实施措施和方法步骤。但作为这个工作程序的核心和关键,功能分析与评价、方案创造是不可缺少的。

　　【例 7.2】　价值工程分析阶段的工作步骤是(　　　)。

　　A.功能整理—功能定义—功能成本分析—功能评价—确定改进范围

　　B.功能定义—功能评价—功能整理—功能成本分析—确定改进范围

　　C.功能整理—功能定义—功能评价—功能成本分析—确定改进范围

　　D.功能定义—功能整理—功能成本分析—功能评价—确定改进范围

　　【答案】D　　本题考核的是价值工程分析阶段的工作步骤。价值工程的工作程序见表 7.1。

　　【例 7.3】　在价值工程活动中,计算功能评价值前应完成的工作有(　　　)。

A.功能现实成本计算　　　　B.方案创造　　　　C.方案评价

D.功能整理　　　　　　　　E.功能定义

【答案】ADE　　　本题考核的是价值工程的工作程序。价值工程的工作程序见表7.1。

7.2　VE对象的选择与情报收集

·7.2.1　选择VE对象·

开展价值工程首先要确定对象。VE的对象就是生产中存在的问题,它可以是一个系统、一种产品、一台设备或一项工程,也可以是它们中的某些组成部分。能否正确选择VE对象是VE活动成效大小,甚至成败的关键。就建筑产品而言,其种类繁多,质量、成本、施工工艺和方法不尽相同,不可能把所有建筑产品作为VE对象。即使在一座建筑物的建设过程中,也不可能把所有环节作为VE对象。到底选择哪个作为VE对象呢? 这需要我们运用一定原则和方法加以选定。

1)选择VE对象的一般原则

(1)与企业经营目标一致的原则

价值工程活动本身也是一种企业经营活动,因而它不可避免地与企业的经营目标发生联系。选择对企业经营目标最有利的产品、零部件、工序、作业、工程项目作为VE对象,才对企业发展有深远影响。一般地说企业经营目标有三类,企业可根据一定时期的主要经营目标,有针对地选择VE对象。

①与社会目标相适应,若考虑与社会目标相适应时,选择VE对象应优先考虑:国家急需的重点产品,社会需要大量的产品,国家重点工程建设急需的短缺产品,公害、污染严重的产品等。

②与发展目标相适应,若考虑与发展目标相适应时,选择VE对象应优先考虑:研制中的产品,需更新改造的设备,拟改革的工艺流程,竞争激烈的产品,用户意见大的产品,开辟新市场的产品和出口产品。

③与利益目标相适应,若考虑与利益目标相适应时,选择VE对象应优先考虑:成本高、利润低的产品,材料贵、耗用大的产品,能耗高、性能差、技术水平低的产品,生产周期长、占用资金多的产品,笨重、结构复杂的产品等。

(2)价值提高的可能性原则

在实际工作中,与企业经营目标相一致的产品的改善并不一定都会获得较大成果,大幅度地提高价值的可能性取决于产品本身的价值改善潜力大小和难易程度,也取决于企业在分析研究时的人力、物力、财力等一系列的客观条件。只有价值工程工作小组在一定时间内,通过运用新材料、新结构、新工艺、新技术,能够改进见效的,具有较大改善潜力的产品才值得选为价值工程对象,也只有对它们进行改进,才有利于实现企业的经营目标。

2)选择VE对象的一般方法

(1)经验分析法

经验分析法是一种对象选择的定性分析方法,是目前企业较为普遍使用的、简单易行的方法。它实际上是利用一些有丰富实践经验的人员对所存在问题的直接感受,经过主观判断确定 VE 对象的一种方法。运用该方法时要对各种影响因素进行综合分析,区分主次轻重,既考虑需要,也考虑可能,以保证对象选择的合理性。所以它有时也称为因素分析法。

该方法优点是简便易行,考虑问题全面。缺点是缺乏定量分析,在分析人员经验不足时会导致准确性差。在目标单一、产品不多或问题简单的情况下,使用该方法在正确性和节约时间方面具有显著优越性。

(2)ABC 分析法

ABC 分析法是根据"关键的少数,次要的多数"的思想,对复杂事物的分析提供一种抓主要矛盾的简明有效的定量方法。它是意大利经济学家帕莱特在研究人口收入规律时总结出来的。他发现占人口百分比不大的少数人的收入占总收入的极大部分,而占人口百分比大的多数人的收入却占总收入的极小部分。类似这种现象在社会生活中也屡见不鲜。比如在进行成本分析时发现,数量占零部件总数的 10% 左右的零部件,其成本却占总成本的 70% 左右;另有占数量 20% 左右的零部件,其成本占总成本的 20% 左右;而有 70% 左右的零部件的成本仅占总成本 10% 左右。我们将占总成本 70% 的那部分零部件划为 A 类,将占 20% 的划为 B 类,将占 10% 的划为 C 类。此即为 ABC 分析法。

一般地,应用 ABC 分析法选择 VE 对象的步骤为:

第 1 步:将全部产品或一种产品的零部件按成本大小依次排队;

第 2 步:按排队的累计件数求占总产品或零部件总数的百分比;

第 3 步:根据产品或零部件的累计成本求出所占总成本的百分比;

第 4 步:按 ABC 分析法将全部产品或零部件分为 A,B,C 三类,首选 A 类为 VE 对象。

【例 7.4】 某产品由 42 种共 100 件零件组成。根据零件成本大小顺序排列,经计算,即可得 A,B,C 3 类,见表 7.2。

表 7.2 产品 ABC 分类计算表

| 零件序号 (1) | 件数 (2) | 累计 | | 成本/元 (5) | 累计 | |备 注 |
		件 数 (3)	占零件总数的百分比/% (4)		金额/元 (6)	占全部成本的百分比/% (7)	
001	1	1	1	40	40	20	
002	2	3	3	38	78	39	
003	1	4	4	16	94	47	
004	2	6	6	15	109	54.5	A
005	2	8	8	14	123	61.5	
006	3	11	11	12	135	67.5	
007	2	13	13	9	144	72	
008	4	17	17	8	152	76	
009	4	21	21	8	160	80	
010	2	23	23	7	167	83.5	B
011	1	24	24	6	173	86.5	
012	4	28	28	4	177	88.5	
013	3	31	31	3	180	90	
⋮	⋮	⋮	⋮	⋮	⋮	⋮	
041	1	98	98	1	199	99	C
042	2	100	100	1	200	100	
合计	100			200			

为了更直观地表示分类情况,还可将分类结果以 ABC 分类图的形式展示出来,如图 7.2 所示。

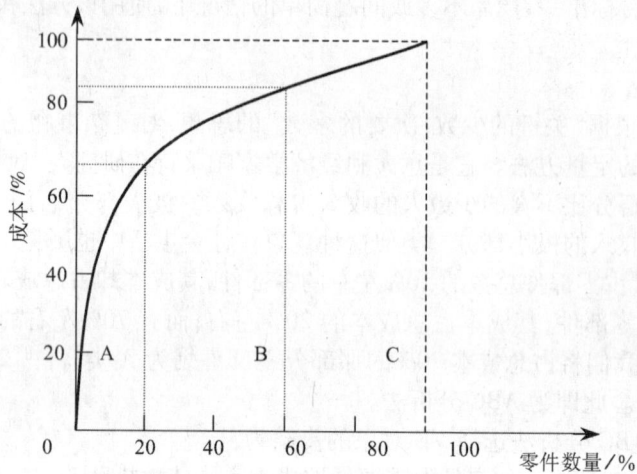

图 7.2　ABC 分类图

从中可直观看出 A 类是"关键的少数",是重点分析对象。

ABC 分析法的优点是抓住重点,突出主要矛盾,在对复杂产品的零部件作对象选择时,常用它作主次分类。据此,价值工程工作小组可结合自身的人力、财力、时间要求,略去"次要的多数";抓住"关键的少数",卓有成效地开展工作。

(3)价值系数法

价值系数法是根据价值系数大小判断各零件的价值,将价值低者作为 VE 对象。价值系数 V 的表达式为:

$$价值系数 = \frac{某零件的功能重要系数}{某零件的成本系数}$$

这种方法除用于选择对象外,还可用于进行功能评价和方案评价。现以如下例子来说明其具体步骤。

【例 7.5】　假设某产品由 A,B,C,D,E 5 个零件组成,其成本费用分别为 1.8 万元,0.8 万元,0.8 万元,1.1 万元,2.5 万元。总成本 7 万元。试确定其 VE 对象及分析顺序。

【解】　确定 VE 对象的步骤如下:

第 1 步:求出零件的功能重要性系数。

首先,对每个零件的功能重要性进行评价打分。打分方法很多,例如强制确定法(FD 法)中的"01"评分法、"04"评分法。这里仅以"01"评分法为例。

评分规则:请 5~15 个对产品熟悉的人员参加,各自评分,然后取平均值;所有零件两两对比,分别评价功能的相对重要性,功能重要者打 1 分,相对不重要者打 0 分;两零件比较,不允许认为两者同样重要都打 1 分,也不允许认为同样不重要都打 0 分。

评分过程:首先将 5 个零件按任意顺序填入表 7.3 中,然后根据用户要求评价零件的功能重要性;A 与 A 相比较没有意义,用×表示,A 比 B 重要打 1 分,B 打 0 分,以此类推。

然后,按下式计算功能重要性系数:

$$功能重要性系数 = \frac{某零件得分数}{全部零件得分数之和} \tag{7.3}$$

表 7.3 功能重要性系数表

零件名称	一对一比较结果					得分	功能重要性系数
	A	B	C	D	E		
A	×	1	0	1	1	3	0.3
B	0	×	0	1	1	2	0.2
C	1	1	×	1	1	4	0.4
D	0	0	0	×	0	0	0
E	0	0	0	1	×	1	0.1
合计						10	1.0

第 2 步:求零件的成本系数。

成本系数是指每个零件的实际成本占产品实际总成本的比例,其计算式如下:

$$成本系数 = \frac{某零件实际成本}{产品实际总成本} \tag{7.4}$$

各零件的成本系数见表 7.4。

第 3 步:求出价值系数。见表 7.4。

表 7.4 价值系数计算表

零件名称	功能重要性系数	现实成本	成本系数	价值系数	对象选择顺序
	(1)	(2)	(3)=(2)/7	(4)=(1)/(3)	
A	0.3	1.8	0.26	1.154	4
B	0.2	0.8	0.11	1.818	3
C	0.4	0.8	0.11	3.636	1
D	0	1.1	0.16	0	—
E	0.1	2.5	0.36	0.278	2
合计	1.00	7 万	1.00	—	

第 4 步:判断与确定 VE 对象。

价值系数 $V<1$,说明零件的功能重要性较差而相应花费的成本较大。若选为 VE 对象,则可提高其价值。

价值系数 $V>1$,说明零件的功能重要性较高而成本较小,这些零件也可列为 VE 对象,进一步增大其价值。

价值系数 $V\approx1$,说明其功能重要性和成本比重相当,可不作为 VE 对象。

价值系数 $V=0$,表示零件不重要。

根据表 7.4 中所列的价值系数 V 偏离 1 的程度,可以确定 VE 活动对象的顺序为 C,E,B,A。

FD 法简单易行,比较实用。当零部件数目不多,零部件功能重要程度差异较均衡时,该法较有效。

选择 VE 对象的方法除以上方法外,还有比重分析法、倍比确定法、最或是区域法等,在此不一一列举。

【例 7.6】 某项目的建筑工程可划分为甲、乙、丙、丁 4 个功能区域,各功能区域现实成本和目标成本见表 7.5,根据功能价值,应作为价值工程活动首选对象的是( )。

表 7.5 功能现实成本和目标成本

功能区域	甲	乙	丙	丁
现实成本/元	1 100	2 350	9 000	3 040
目标成本/元	1 000	2 000	9 800	2 800
功能价值	0.909	0.851	1.089	0.921

A.丙 B.丁 C.甲 D.乙

【答案】D 本题考核的是价值工程理论的运用。确定价值工程改进的对象是:
① F_i/C_i 值低的功能;② $\Delta C_i = (C_i - F_i)$ 值大的功能;③复杂的功能;④问题多的功能。乙功能区域的 F_i/C_i 值最小, $\Delta C_i = (C_i - F_i)$ 值最大,因此,乙应作为价值工程活动的首选对象。

· 7.2.2 情报收集 ·

价值工程的目标是提高价值,为实现目标所采取的任何决策,都与其对欲改进产品的了解程度,即掌握的情报多少有关。通过情报可对产品进行分析对比,从而发现问题,找出差距,确定解决问题的方向。另外,掌握相当数量的情报,还往往可使人受到启发,拓展思路。对于价值工程来讲,情报是资源,价值工程的成果很大程度上取决于所收集情报的质量、数量和适宜的时间。

1)情报收集的原则

应将产品从研制、生产、流通、交换到消费全过程的情报收集起来加以归纳、整理、分析,使情报得到充分利用。在收集过程中,应注意情报的广泛性、目的性、可靠性、时间性、经济性,实际应用中应统筹兼顾,力求以较短的时间、较快的速度、较低的成本、较高的质量完成情报收集工作。

2)情报收集的内容

(1)用户要求方面的情报

①用户使用产品的目的,使用环境和使用条件。

②用户对产品性能方面的要求:

　　a.产品使用功能方面的要求,如电机的功率,汽车的载重量,手表的走时精度等。

　　b.对产品可靠性、安全性、操作性、保养维修性及寿命的要求,如产品过去使用中的故障、事故情况与问题。

    c.对产品外观方面的要求,如造型、体积、色彩等。

③用户对产品价格、交货期限、配件供应、技术服务等方面的要求。

(2)销售方面的情报

①产品产销数量的演变,目前产销情况与市场需求量的预测。

②产品竞争的情况,如目前有哪些竞争的厂家和竞争的产品,其产量、质量、销售、成本、利润情况;同类企业和同类产品的发展计划,拟增加的投资额、重新布点、扩建改建或合并调整的情况。

(3)科学技术方面的情报

①现产品的研制设计历史和演变。

②本企业产品和国内外同类产品的有关技术资料,如图纸、说明书、技术标准、质量调查等。

③有关新结构、新工艺、新材料、新技术、标准化和三废处理方面的科技资料。

(4)制造和供应方面的情报

①产品加工方面的情报,如生产批量、生产能力、加工方法、工艺装备、生产节拍、检验方法、废次品率、厂内运输方式、包装方法等情况。

②原材料及外购件,外购件种类、质量、数量、价格、材料利用率等情况。

③供应与协作单位的布局、生产经营情况、技术水平与成本、利润、价格情况。

④厂外运输方式及运输经营情况。

(5)成本方面的情报

成本方面的情报包括产品及零部件的定额成本、工时定额、材料消耗定额、各种费用定额、材料、配件、自制半成品、厂内劳务的厂内计划价格等。

(6)政府和社会有关部门法规、条例等方面的情报

需要搜集的情报很难——列举,但搜集情报时要注意目的性、可靠性、适时性。搜集情报要事先明确目的,避免无的放矢。要力争无遗漏又无浪费地搜集必要的情报。情报是行动和决策的依据,错用了就会导致决策失误,不准确的情报也会达不到预期的效果。情报只有在需要时提出才有价值,准确的情报才能帮助作出正确的决策。

7.3 功能分析与评价

功能分析是价值过程的核心内容,对 VE 对象进行的功能分析,不仅使生产成本评价有了客观依据,还可发现哪些功能是不必要的,哪些功能是过剩的,哪些功能是不足的,从而在改进方案中去掉不必要的功能,减低过剩功能,补充、提高不足功能,使产品有一个合理、平衡的功能结构,以达到降低成本,提高价值的目的。功能分析包括功能分类、功能定义、功能整理和功能评价 4 部分内容。

·7.3.1 功能分类·

任何产品(或零件、工序、作业)都具有相应的功能,假如产品不具备功能,则产品将失去

存在的价值。不同的产品有不同的功能,即使同一产品也常常可能有几种功能。产品的功能可以划分为基本功能、辅助功能、使用功能、外观功能4个方面。

基本功能是要达到这种产品的使用目的所不可缺少的功能,既是产品得以存在的条件,也是用户购买该产品的原因。

辅助功能是对实现基本功能起辅助作用的功能。如夜光表的基本功能是指示时间,夜光在晚上使用,只是辅助功能。通常对基本功能所花的成本总要大于辅助功能的成本。

使用功能是每个产品都具有的使用价值。它包括产品的可靠性、有效性、保养性、安全性等,它通过产品的基本功能和辅助功能表现出来。

外观功能也称美学功能,有的产品除了在性能上满足要求外,还应按用户的需要在造型、图案、色泽、式样等方面加以美化。

一般来说,产品应着重满足基本功能和使用功能的要求,但也不能完全忽视辅助功能和美学功能,这取决于社会消费水平以及产品的性质等。

· 7.3.2 功能定义 ·

功能定义就是把 VE 对象及其组成部分所具有的功能给出明确的表述。这一表述应能明确功能的本质,限定功能的内容,并能与其他功能概念相区别。

功能定义应做到准确、简洁、明了,通常用一个动词和一个名词来表述。例如电线的功能是用动词"传导"和名词"电流"组合成"传导电流",钟表的功能是"指示时间"。

在定义功能时应力求概括一些,尽可能抽象化,以便有可能打开思路,广泛探求实现这种功能的新方案。要提高功能定义抽象化程度就要使用限定性较少的动词。例如吸尘器的功能定义为"弄掉灰尘",而不宜为"吸掉灰尘",因为实现"弄掉灰尘"这一功能有多种方法,如冲洗、气吹、静电吸附等。

在功能定义时,还必须了解那些可靠地实现功能所需要的条件,这些条件可归纳为"5W2H",即:功能承受对象是什么(What)?为什么要实现(Why)?由谁来实现(Who)?在何时实现(When)?在何地实现(Where)?功能实现程度是多少(How much)?实现功能的手段是什么(How to)?尽管在功能定义时省略了这"5W2H"的条件,但在具体活动中却不能忽视这些制约条件,否则就不能准确地把握实现功能的最本质的内容。

功能定义可使 VE 小组人员明确产品设计的依据,开阔设计思路,有利于功能评价。

· 7.3.3 功能整理 ·

一个产品往往具有几个功能,而这些功能又是由组成该产品的不同的零部件来完成的,所以一个产品除具有结构体系外,客观上同时存在一个功能体系。功能整理就是按一定的逻辑关系,将 VE 对象各个组成部分的功能相互连接起来,形成一个有机整体——功能系统图,以便从局部功能与整体功能的相互关系中分析问题。简言之,功能整理的过程就是建立功能系统图的过程。

在一个功能系统中,功能之间存在着上下逻辑关系和并列逻辑关系两种。上下逻辑关系是指在一个功能系统中,功能之间存在着"目的"和"手段"的关系。我们把目的功能称为"上位功能",把手段功能称为"下位功能"。例如,暖水瓶的功能系统中,"保持水温"是"防止容器散热"的目的,"防止容器散热"是"保持水温"的手段,它们之间就是上下逻辑关系。而"防止容器散热"又是"减少热传导""减少热辐射""减少热对流"的目的,而后三项又是"防止容器散热"的手段,它们之间也是上下逻辑关系。并列逻辑关系是指在一个上位功能之后,几个手段功能之间并列、独立存在。如前述的"减少热传导""减少热辐射""减少热对流"这三者属于并列关系。

将 VE 对象功能系统中的各功能,按上位功能在左,下位功能在右的原则,顺序排列,即组成功能系统图,其一般形式如图 7.3 所示。其中 F2 对 F0 来讲是手段,对下位功能 F22 来讲则是目的。图 7.4 为保温瓶的功能系统图。

总之,通过功能整理,能够审查功能定义的正确性,从而确认用户真正需求的功能;发现不必要的功能,即找不到上位功能或目的不明确的功能,或重复的功能;正确掌握和区分功能区域,并以之为对象提出改进措施,大幅度改善功能与成本的比值;明确功能级别,可以有目的地选取级位高的功能作为改善方向。

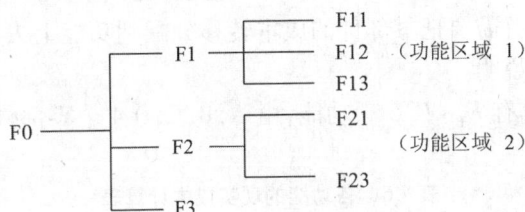

图 7.3　功能系统图模式

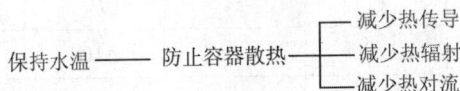

图 7.4　保温瓶的功能系统图

由于一个产品按其构成所定义的功能是很多的,如果单凭记忆难以准确完成功能整理的目的,所以,在功能整理时可借助功能卡片。其步骤如下:

①制作功能卡片　一张卡片只录一项功能,包括功能名称、构成要素、功能成本等。

②检查提问　确定上位功能和下位功能。可以问:为什么需要这个功能? 以找出该功能的上位功能。通过问:用什么手段来实现这个功能? 以找出该功能的下位功能。

③补充、完善功能卡片　在寻找上位功能时,对表达不准确的功能要加以修改,对遗漏的功能要补充新卡片。通过反复寻找功能的目的,移动卡片至适当的位置,最后可连接为功能系统图。

④检查功能系统图　检查作为目的的上位功能和作为手段的下位功能之间的关系,如果功能的相互关系同"目的—手段"逻辑不矛盾时,功能系统图就告完成。

·7.3.4　功能评价·

功能评价就是对功能的价值进行测定和评定,是对功能的定量分析。它是在完成功能系统图基础上,进一步寻找出实现某种功能的最低成本,并以此作为标准(亦称为功能评价值),同实现功能的现实成本(目前成本)相比较的过程。两者的比值为功能价值,两者的差值为成

本改善期望值,计算公式为:

$$V = F/C \tag{7.5}$$

式中　V——功能价值(价值系数);

　　　F——功能评价值;

　　　C——功能的现实成本(目前成本)。

$$功能成本改善期望值 = C - F \tag{7.6}$$

通常,功能评价值 F 是功能的最低成本,常用作功能成本的降低目标,称为目标成本。

从功能评价评出的数据中,将那些功能价值低、改善期望值大的功能作为开展 VE 的重点对象。

综上所述,功能评价可按以下步骤进行:

1)计算功能的现实成本(目前成本)

在产品中一个零件往往有几种功能,而一种功能也往往通过几个零部件才能实现。因此,要计算功能的现实成本,就需要把零部件的成本转移分配到功能上去。计算功能的现实成本可通过填表进行,现举例说明。

【例 7.7】　某产品具有 $F_1 \sim F_5$ 5 项功能,由 A,B,C,D 4 个零部件实现,功能现实成本计算见表 7.6。

表 7.6　各功能的现实成本计算表

零部件			功能或功能区域				
序号	名称	成本/元	F_1	F_2	F_3	F_4	F_5
1	A	500	Δ200		Δ100		Δ200
2	B	300		Δ100		Δ100	Δ100
3	C	150	Δ50		Δ100		
4	D	80	Δ30			Δ50	
合计		1 030(C)	280(C1)	100(C2)	200(C3)	150(C4)	300(C5)

首先根据功能系统图,确定每个零部件对实现哪些功能有贡献。例如:如 A 零件用来实现 F_1,F_3 和 F_5,就在相应的格子中作出记号"Δ"。

然后确定每个零件对各功能所起作用的比例,并按比例将零部件的成本分配到各功能上。例如:如 A 零件对 F_1,F_3 和 F_5 所作用的比例为 2∶1∶2,则将其成本 500 元分配给 F_1 为 200 元,F_3 为 100 元,F_5 为 200 元。

再将各功能从各零件分配到的成本合计起来,即为各功能的现实成本。例如,F_1 的成本为 280 元。

2)计算功能评价值

求功能评价值的方法很多,下面只列举一些常用的方法。

(1)经验估算法

这种方法是邀请有经验的人,根据收集到的有关信息资料,构思出几个实现各功能的方案,然后每个人对构思来的方案进行成本估算,取其平均值即为各方案成本,最后从各方案中取成本最低者。

（2）反推法

这种方法是根据对市场和用户的调查确定产品的价格，这种价格必须是用户承认并能接受的，并且具有较强的竞争能力。再考虑企业的目标利润和纳税额制定目标成本。

$$产品目标成本 = 产品价格 - 单位利税额$$

【例 7.8】 某产品根据市场情况确定售价为 12 000 元，若税率为售价的 5%，目标利润为售价的 15%。

$$目标成本 = 12\ 000\ 元 \times (1 - 5\% - 15\%) = 9\ 600\ 元$$

（3）实际调查法

这种方法是通过广泛的调查，收集与本企业产品具有同样功能产品的成本，从中选择功能水平相同而成本最低的产品，以这个产品的成本作为目标成本。

（4）理论计算法

这种方法是利用工程上的一些计算公式和某些费用标准（如材料价格等），找出功能与成本之间的关系，从而确定功能目标成本。

（5）功能重要性系数评分法

这种方法是将产品功能划分为几个功能区域，并根据各功能区的重要和复杂程度，确定各功能区在总功能中所占比重，即功能重要性系数，然后将新的目标成本按各功能重要性系数分配给功能区，作为该功能区的目标成本，即功能评价值。其步骤如下：

第 1 步：确定功能重要性系数

在确定功能重要性系数时，除有"01 评分法"（该法见前面），另有"04 评分法"和"倍数确定法"。

• "04 评分法" 它与"01 评分法"基本相同，不同的是打分标准有所改进。当评价对象一一对比时：

①非常重要的功能得 4 分，很不重要的得 0 分。

②比较重要的功能得 3 分，不太重要的得 1 分。

③两个功能同样重要的，则各得 2 分。

④自身对比不得分，用×表示。见表 7.7。

表 7.7 功能重要性系数计算表

评价对象	F_1	F_2	F_3	F_4	得分	功能重要性系数
F_1	×	3	4	2	9	0.375
F_2	1	×	3	1	5	0.208
F_3	0	1	×	0	1	0.042
F_4	2	3	4	×	9	0.375
合计					24	1

• 倍数确定法（DARE 法） 这种方法利用评价因素之间的相关性进行比较而定出重要性系数，用以选择方案。其步骤如下：

①根据各评价对象的功能重要程度（或实现难度），按上高下低的原则排序。

②从上到下对相邻的两个评价对象的功能重要程度(或实现难度)进行比较,见表7.8。

③令最后一个评价对象得分为1,按上述各对象之间的相对比值计算其他对象的得分。

④将总分分别除去各评价对象的得分,计算出各评价对象的功能重要性系数。

表7.8　DARE 法确定功能重要性系数计算表

评价对象	相对比值	得分	功能重要性系数
F_1	$F_1/F_2=1.5$	9.0	9/19=0.47
F_2	$F_2/F_3=2.0$	6.0	6/19=0.32
F_3	$F_3/F_4=3.0$	3.0	3/19=0.16
F_4	—	1.0	1/19=0.05
合计		19	1

第2步:确定功能评价值(以下分两种情况):

第1种:新产品设计

一般在产品设计前,根据国家计划、价格政策、市场预测情况等已大致确定了产品的目标成本。所以,当功能重要性系数确定后,就可将产品的目标成本按功能重要性系数加以分配。假设预计总目标成本为800元,则根据 DARE 法确定的功能重要性系数,求出各功能的评价值见表7.9。

表7.9　功能评价值计算表

功能区域	功能重要性系数	功能评价值
F_1	0.47	0.48×800=376
F_2	0.32	0.32×800=256
F_3	0.16	0.16×800=128
F_4	0.05	0.05×800=40
合计	1	800

第2种:老产品改进设计

老产品改进设计前已有了目前成本(假设为300元),可以将已知的现实成本分摊到各功能上,再根据功能评价值求价值系数及成本降低值,具体计算见表7.10。

表7.10　功能评价计算表

功能区域(1)	功能重要性系数(2)	现实成本(3)	重新分配的功能区域成本(4)=(2)×300	功能评价值(5)	价值系数(6)=(5)/(3)	成本改善期望值(7)=(3)-(5)
F_1	0.47	80	141	80	1	—
F_2	0.32	130	96	96	0.74	34
F_3	0.16	48	48	48	1	—
F_4	0.05	42	15	15	0.36	27
合计	1	300	300	239	—	61

在确定功能评价值时,有 3 种情况:

①如功能区新分配的成本大于现实成本,以现实成本作为功能评价值,如 F1。

②如功能区新分配成本等于现实成本,则以现实成本作为功能评价值,如 F3。

③如功能区新分配成本小于现实成本,则以新分配的成本作为功能评价值,如 F2,F4。

第 3 步:计算出价值系数和成本改善期望值,如表 7.10 所示。

第 4 步:确定 VE 改进对象。

选择改进对象时,主要考虑价值系数大小和成本改善期望值的大小。原则如下:

①价值系数值低的功能区域。计算出来的价值系数值小于 1 的功能区域,基本上都应作为改进对象,特别是价值系数值比 1 小得较多的功能区域,力求通过改进使价值系数值等于 1。

②成本改进期望值大的功能区域。当几个功能区域的价值系数同样低时,要优先选择成本改善期望值大的功能区域作为重点对象。

7.4　VE 方案创造与评价实施

功能评价明确了 VE 对象及其目标成本,回答了"它的成本是多少?""它的价值是多少?"等问题,方案创造与评价实施则主要是回答"有无其他方法来实现原有功能?""新方案的成本是多少?""新方案能满足要求吗?"等问题。

·7.4.1　方案的创造·

方案创造是针对应改进的具体目标,依据已建立的功能系统图、功能特性和功能目前成本,通过创造性的思维活动,提出各种不同的实现功能的方案。为了实现产品的基本功能、辅助功能、使用功能、外观功能,任何设想都可以提出。提出各种设想时,不要受任何时间空间的限制,不要受任何权威意见的限制,只要是符合这些功能的设想,都可放开思想,自由提出。方案创造的方法很多,主要包括:

1)头脑风暴法

邀请 5~15 个熟悉产品的人员参加,会议的主持者头脑清楚,思想敏捷,技术作风民主,态度和气,既善于活跃会议气氛又善于启发引导,使到会者感到无拘无束,思路宽广,思想敞开。参加提方案的人员各自提案,互不批评,相互启发产生联想。会议应有记录人员,会后参加提案整理。会议中所发表的设想一般较粗糙,因此,会议应及时把建议汇成册,邀请另一些人进行初步评价,保留有价值的建议,然后再交参加者审阅,加以补充和完善。这样做一般可以提出几十个甚至上百个设想,从中可以精选出一些优秀的设想作为进一步研究的方案。

2)哥顿法

这是美国人哥顿(Gordon)在 1964 年提出的方法。这种方法的指导思想是把要研究的问题适当抽象,以利于开拓思路。在研究改进的会议开始时,会议主持者并不把要解决的问题全部摊开,只提出一个抽象的功能概念,要求海阔天空地提出各种设想。因为抽象,思考的范围大,解决问题的办法多,方案就可以提得更多。会议主持人要善于引导,用各种类比的方法提出问题,等到合适的时候,才把要解决的问题揭开。例如要研究改进剪草机的方案,开始只是提出"用什么办法可以把一种东西断开?"当会议提出可以用剪切、刀切、扯断等不同方式之后,再宣布具体研究剪草机的改进方案。这样就可能提出用理发推子形式的刀片,或镰刀形式的旋转刀片,或圆盘形式的刀片等各种设想方案,便于对比选择。

3)德尔菲法

这是美国著名咨询机构兰德公司率先采用的方法。德尔菲是古希腊阿波罗殿所在地,传说阿波罗经常派遣使者到各地去搜集聪明人的意见,用以预卜未来,故以德尔菲名之。这种方法是将所要提的方案分解为若干内容,并将这些内容邮给提案专家,经专家邮回后整理出各种建议,并归纳成若干较合适的方案再邮给专家分析,专家邮回后集中各位分析意见,再选出较少实用的方案又邮给各专家分析。如此经过三次反复,最后可以提出方案。由于这种方法具有匿名性,提案人员互不见面,可以避免不必要的顾虑而尽量提出自己的意见;方案是通过反复修改,逐步集中而成的,因此最后的结果具有统计的特性。

· 7.4.2 方案的评价与选择 ·

方案评价是从许多创造的方案中筛选出一个可行的最佳方案,一般分为概略评价和详细评价。概略评价是从大量可供选择的设想方案中进行粗略筛选,以减少详细评价的工作量。详细评价是对经过筛选后留下来的少数方案再进行进一步的调查、研究、分析,最后选出令人满意的方案。

方案的概略评价和详细评价都包括技术性评价、经济评价和社会评价。方案评价框图如图 7.5 所示。

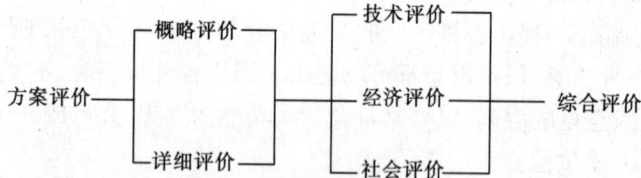

图 7.5 方案评价框图

技术评价主要评价方案能否实现所要求的功能以及方案本身在技术上能否实现。包括:功能实现程度(性质、质量、寿命等)、可靠性、可维修性、安全性、整个系统的协调、与环境条件的协调性能等。技术评价可通过现场试验、模型试验、理论试验等方法进行。

经济评价就是从经济效益上评价改进方案经济上的合理性。包括:成本、利润、企业经营需要、适用期限和数量、实施改进方案所需的费用等。经济评价的方法包括前面有关章节已介绍过的总额法、差额法、盈亏平衡分析法、现金流量法等。

社会评价是考核改进方案实施后对社会产生的影响及企业利益与社会利益能否一致。包括:方案的功能条件与国家的技术改善和科学发展规划是否一致;方案的实施与社会环境、公害污染、能源耗费等以及国家的法律、法规、条例等是否一致。

综合评价是指在技术评价、经济评价和社会评价基础上进行的整体评价。它旨在找出一个在技术、经济、社会3方面彼此协调的最优方案。方案综合评价可采用评分法。具体有：

1)加法评分法

这种方法是按照评价的项目规定若干等级,并按项目的重要程度规定不同的评分标准。重要程度高的评分值标准定得高些,反之定得低些。然后,根据各方案对各评价项目的实现程度按规定标准打分。最后汇总各方案的得分总数,按总分多少评定方案的优劣,见表7.11。

表 7.11 某新产品开发的综合评价表

评价项目	评价等级	评分标准	A	B	C	D
功能	很好地满足用户所需功能	30	30			
	基本满足用户所需功能	20		20		20
	尚能满足用户所需功能	10			10	
销路	销路大,范围大	15	15			
	销路中等,范围一般	10		10	10	
	销路小,范围小	5				5
生命期	导入期	15	15			
	成长期	10			10	10
	成熟期	7		7		
盈利能力	30%以上	20	20			
	25%以上	15		15	15	
	20%以上	10				10
生产可能性	利用现有条件可成批生产	10				10
	增加若干设备	8		8	8	
	需大量投资	4	4			
合计		90~36	84	60	53	55

2)连乘评分法

这种方法是把各评价项目所得分数相乘,按乘积的大小来评价方案的优劣。由于总分是由连乘而得,故不同方案的总分差距很大,比较醒目,便于选择。

3)加权评分法

加权评分法的步骤是：

①确定评价项目,并利用 FD 法(或 DARE)法确定各评价项目的加权系数 W_j,见表7.12。

表 7.12　利用 FD 法确定加权系数

j	评价因素	灵敏度	可靠性	耐冲击	尺寸	外观	成本	评分值	加权系数 W_j
1	灵敏度	×	0	0	1	1	1	3	0.200
2	可靠性	1	×	1	1	1	1	5	0.333
3	耐冲击	1	0	×	1	1	1	4	0.266
4	尺寸	0	0	0	×	1	0	1	0.066
5	外观	0	0	0	0	×	0	0	0.000
6	成本	0	0	0	1	1	×	2	0.133
	合计							15	1.000

②分别就每个评价项目,利用 FD 法确定出每个方案 i 对项目 j 的满足系数 S_{ij},见表 7.13。

表 7.13　方案综合评价表

评价因素		方案 1		方案 2		方案 3		方案 4		方案 5	
项目	W_j	S_{1j}	$W_j S_{1j}$	S_{2j}	$W_j S_{2j}$	S_{3j}	$W_j S_{3j}$	S_{4j}	$W_j S_{4j}$	S_{5j}	$W_j S_{5j}$
灵敏度	0.200	0.0	0.000	0.3	0.06	0.1	0.020	0.4	0.080	0.2	0.040
可靠性	0.333	0.0	0.000	0.4	0.133	0.3	0.100	0.1	0.033	0.2	0.066
耐冲击	0.266	0.2	0.053	0.4	0.106 7	0.3	0.080	0.1	0.026	0.0	0.000
尺寸	0.067	0.1	0.006 7	0.2	0.013 2	0.3	0.020	0.4	0.026	0.0	0.000
外观	0.000	0.1	0.000	0.4	0.000	0.3	0.000	0.2	0.000	0.0	0.000
成本	0.133	0.2	0.026	0.1	0.013	0.4	0.053	0.3	0.039	0.0	0.000
$T_i = \sum_{j=1}^{n} W_j S_{ij}$			0.086		0.326		0.273		0.204		0.106

③按以下公式计算方案 i 的加权评分总值 T_i,见表 7.13。

$$T_i = \sum_{j=1}^{n} W_j S_{ij} \tag{7.7}$$

④选取加权评分总值 T_i 为最大的方案。表 7.13 中选方案 2 为最佳方案。

· 7.4.3　方案实施与成果评价 ·

1)提案

经过评价后而选定的最佳方案,在尚未实施前须对其进行某些必要的试验和验证,试验通过后方可以正式提案上报审批。方案试验和验证内容包括产品结构、零部件、新材料、新工艺、新方法、样机或样品的性能、使用等。

为使提案能被接受,要将产品的技术经济指标、友好要求、存在的主要问题、提高价值的必要性、预计达到的目标等作出具体说明,并附上功能分析、改进依据、试验数据、图纸、预计效果等资料,报主管部门审批。

2)提案实施

在实施过程中,VE 小组要跟踪检查,并对提案负责。若发现提案内容有不合适的地方,VE 小组应再次进行研究,进行修改。

3)成果评价

提案实施后,要对 VE 活动成果进行评价。

①技术评定 技术评定可通过价值改进系数来进行。改进后的产品价值 V_2 和改进前的产品价值 V_1 之差与改进前的产品价值 V_1 之比称为价值改进系数 ΔV,即

$$\Delta V = \frac{V_2 - V_1}{V_1} \tag{7.8}$$

当 $\Delta V > 0$,说明价值工程活动的技术性良好,ΔV 越大,效果越好。

当 $\Delta V < 0$,说明价值工程活动的技术性不好。

②经济评定 经济评定的指标如下:

$$成本节约率 = \frac{改进前成本 - 改进后成本}{改进前成本} \times 100\% \tag{7.9}$$

$$全年净节约额 = (改进前成本 - 改进后成本) \times 全年产量 - 价值工程活动费用 \tag{7.10}$$

$$投资效率 = \frac{全年净节约额}{价值工程活动费用} \tag{7.11}$$

$$达到目标比率 = \frac{改进后成本}{节约目标额} \times 100\% \tag{7.12}$$

③社会效益评定 通过价值工程活动,产品满足了用户的需求,企业取得了效益,并且填补了国内外科学技术空白,或满足了国家经济或国防建设的需要,或降低了能耗、减少了污染,或增加了就业或外汇效果等,说明社会效益良好,反之则说明社会效益不佳。

7.5 应用价值工程进行建筑产品设计方案优选的案例

同一建设项目,同一单项、单位过程可以有不同的设计方案,方案不同,造价也就会有差异,这时,设计人员可通过价值工程活动进行方案的优选。根据功能系统图分析,对上位功能进行分析和改善比对下位功能效果好;对功能领域进行分析和改善比对单个功能效果好。因此,价值工程既可用于工程项目设计方案的分析选择,也可用于单位工程设计方案的分析选择。我们以某建筑设计院在建筑设计中应用价值工程,进行住宅设计方案选优,说明价值工程在工程设计中的应用。

·7.5.1 对象选择·

对建筑设计单位来说,承担的工程设计的种类繁多,必须运用一定方法选择价值工程的重

点研究对象。到底选择哪些项目作为价值工程的分析对象呢？该建筑设计院依据近几年承担的设计项目建筑面积的统计数据,运用百分比法来选择价值工程的研究对象。通过分析,价值工程人员决定把该建筑设计院设计项目比例最大的住宅工程作为价值工程的研究对象。该建筑设计院近几年各类设计项目所占比例见表7.14。

表7.14　某建筑设计院设计项目情况

工程类别	比例/%	工程类别	比例/%
住宅	38	图书馆	1
综合楼	10	商业建筑	2
办公楼	9	体育建筑	2
教学楼	5	影剧院	3
车间	5	医院	5
宾馆	3	其他	17

·7.5.2　信息资料·

在选择好价值工程分析对象之后,价值工程人员围绕以下几个方面进行资料收集:

①通过工程回访,收集广大用户对住宅的使用意见;

②通过对不同地质情况和基础形式的住宅进行定期的沉降观察,获取地基方面的第一手材料;

③了解有关住宅施工方面的情况;

④收集大量有关住宅建设的新工艺及新材料的性能、价格和使用效果等方面资料;

⑤分地区按不同地质、基础形式和设计标准,统计分析近年来住宅建筑的各种技术经济指标。

·7.5.3　功能分析·

功能分析是价值工程人员组织设计、施工及建设单位的有关人员共同讨论,对住宅的各种功能进行定义、整理和评价分析的活动。参与分析人员应适用、安全、美观和其他几方面对住宅功能进行分析研究。就适用功能而言,可以具体分为平面布局、采光通风和层高层数等功能;就安全功能而言,可以具体分为牢固耐用、"三防"设施等功能;就美观功能而言,可以具体分为建筑造型、室外装修、室内装修等功能。在功能分析中,价值工程人员应坚持把用户的意见放在第一位,结合设计、施工单位的意见进行综合评分,把用户、设计及施工单位三者意见的权数分别定义为70%,20%和10%。具体情况见表7.15。

表 7.15 住宅功能重要系数

功能		用户评分		设计人员评分		施工人员评分		功能重要系数 $\dfrac{0.7Fa+0.2Fb+0.1Fc}{100}$
		得分 Fa	0.7Fa	得分 Fb	0.2Fb	得分 Fc	0.1Fc	
适用	平面布置 F_1	41	28.7	38	7.6	43	4.3	0.406
	采光通风 F_2	16	11.2	17	3.4	15	1.5	0.161
	层高层数 F_3	4	2.8	5	1	4	0.4	0.042
安全	牢固耐用 F_4	20	14	21	4.2	19	1.9	0.201
	(三防)设施 F_5	4	2.8	3	0.6	3	0.3	0.037
美观	建筑造型 F_6	3	2.1	5	1	3	0.3	0.034
	室外装修 F_7	2	1.4	3	0.6	2	0.2	0.022
	室内装修 F_8	7	4.9	6	1.2	5	0.5	0.066
其他	环境、便于施工等 F_9	3	2.1	2	0.4	6	0.6	0.031
合计		100	70	100	20	100	10	1.0

• 7.5.4 方案设计与评价 •

以某单位一郊区住宅为例来说明价值工程人员如何进行方案设计与评价。

根据收集的信息资料及上述功能重要程度的分析结果,设计人员集思广益,大胆创新,设计了十几个不同的方案。价值工程人员对创新设计的十几个方案,先采用优缺点列举法进行分析筛选,从而保留下 5 个较优方案供进一步筛选。5 个备选方案的主要特征及单方造价见表 7.16。

表 7.16 住宅备选方案

方案名称	主要特征	造价/(元·m^{-2})
A 方案	7 层混合,层高 3 m,240 内外砖墙,钢筋混凝土预制桩基础,半地下室作储藏间,外装修一般,内装修好,室内设备较好	784
B 方案	7 层混合,层高 2.9 m,240 内外砖墙(120 砖非承重内墙),钢筋混凝土条形桩基础(地基经过真空预压处理)装修一般,室内设备中等标准	596
C 方案	7 层混合,层高 3 m,240 内外砖墙,沉管灌注基础,外装修一般,内装修好,半地下室作杂放间,室内设备中等水平	740
D 方案	5 层混合,层高 3 m,空心砖内外墙,钢筋混凝土满堂基础,装修及室内设备一般,屋顶无水箱	604
E 方案	层高 3 m,其他特征同 B 方案	624

为了从备选的 5 个方案中选出最佳方案,价值工程人员从技术与经济二者综合的角度来确定最合理的方案。为此,价值工程人员按照下述步骤进行综合评价。

①计算各方案的功能评价系数,其结果见表 7.17。

②计算各方案的成本功能系数,其结果见表 7.18。

③计算各方案的价值系数,其结果见表 7.19。

最后,根据价值系数大小选择最优方案。例中 B 方案价值系数最高为 1.112,故 B 方案最优。

表 7.17 功能评价系数计算

评价因素		方案名称				
功能因素	重要系数	A	B	C	D	E
F_1	0.406	10	10	9	9	10
F_2	0.161	10	9	10	10	9
F_3	0.042	9	8	9	10	9
F_4	0.201	9	9	9	8	9
F_5	0.037	7	6	7	6	6
F_6	0.034	9	7	8	6	7
F_7	0.022	7	7	7	7	7
F_8	0.066	9	6	8	7	7
F_9	0.031	9	7	8	7	7
方案加权综合得分		9.449	8.881	8.912	8.553	8.990
功能评价系数		0.211	0.198	0.199	0.191	0.201

（评价因素与方案名称之间列标注：方案满足分数 S）

表 7.18 各方案成本评价系数计算

方案名称	A	B	C	D	E
单位造价/元	784	596	740	604	624
成本评价系数	0.234 2	0.178 0	0.221 0	0.180 4	0.186 4

表 7.19 价值系数计算

方案名称	A	B	C	D	E
功能评价系数	0.211	0.198	0.199	0.191	0.201
成本评价系数	0.234 2	0.178 0	0.221 0	0.180 4	0.186 4
价值系数	0.901	1.112	0.900	1.059	1.078

小 结 7

本章介绍了价值工程的产生和发展,价值、功能、成本等基本概念,价值工程的特点,应用价值工程的意义,价值工程的工作步骤及其在各步骤中常应用的具体方法。

按照价值工程的工作步骤,首先进行价值工程对象的选择和情报搜集。其中选择价值工程对象的方法包括:经验分析法、ABC 分析法、价值系数法等。其次进行功能分析与评价,这是价值工程的核心内容,它包括功能分类、功能定义、功能整理、功能评价四部分内容。其中在功能评价时,求功能评价值有许多方法,如经验估算法、实际调查法、功能重要性系数评分法(包括01 评分法、04 评分法、倍数确定法)等。最后进行价值工程方案创造与评价实施。方案创造的方法有头脑风暴法、哥顿法、德尔菲法等。方案评价与选择的方法有加分评分法、连乘评分法、加权评分法等。在优选的方案实施后,再从技术、经济、社会效益等方面进行成果评价。

通过学习,应了解价值工程的意义、特点,熟悉价值工程的工作步骤,掌握价值工程对象的选择、功能分析与评价、方案创造与评价实施的具体方法。

复习思考题 7

7.1 某产品有 13 种零件组成,各种零件的个数和每个零件的成本如下表所示,用 ABC 分析法选择 VE 目标。并画出 ABC 分析图。

零件名称	a	b	c	d	e	f	g	h	i	j	k	l	m
零件个数	1	1	2	2	18	1	1	1	1	1	1	2	1
每个零件成本/元	3.42	2.61	1.03	0.80	0.10	0.73	0.67	0.33	0.32	0.19	0.11	0.05	0.08

7.2 利用01 评分法对习题 1 的产品进行功能评价,评价后各零件的平均得分如下表,利用价值系数法,如取价值系数最小的作为 VE 目标,应选哪一种零件?

零件名称	a	b	c	d	e	f	g	h	i	j	k	l	m
平均得分	8	8	3	4	5	11	10	8	6	11	1	3	1

7.3 根据下表数据,求各功能区域的功能价值和成本改善期望值,并确定各功能区域改进的先后顺序。

功能区域	功能现实成本(C)	功能评价值(F)	功能价值 $V = F/C$	成本改善期望值 ($C-F$)	功能改进顺序
F_1	45	30			
F_2	60	28			
F_3	120	90			
F_4	75	75			
F_5	20	12			
合计					

7.4 为某类型的手表提出 3 种改进的方案,评价人员确定的各个方案对各功能的满足系数和,所确定的各功能的加权系数见下表,利用加权评分法选择方案。

各功能满足系数表

方案名称	走时准确	防震	防水	防磁	夜光	式样新颖	价格低廉
A	0.9	0.9	0.9	0.95	0	0.9	0.8
B	0.8	0.85	0.8	0.8	0.9	0.85	0.9
C	0.7	0.75	0.7	0.7	0	0.9	1.0

各功能加权系数表

功能名称	走时准确	防震	防水	防磁	夜光	式样新颖	价格低廉
功能加权系数	0.3	0.09	0.1	0.04	0.04	0.27	0.16

8 不确定性分析

我们对未来技术方案经济效果的计算、分析和评价,所采用的基础数据如投资、产量、成本、利润、收益率、寿命期等,都来自预测和估算。而预测和估算的信息与未来的实际情况一般不可能完全吻合和一致,这就使得我们所分析和评价的技术方法的经济效果存在一定程度的不确定性,使得我们对技术方案的决策带有一定程度的风险性。为了分析不确定因素对经济评价指标的影响和影响程度,需要进行不确定性分析,以估计技术方案可能承担的风险,确定技术方案在经济上的可靠性。

不确定性分析包括盈亏平衡分析、敏感性分析和概率分析。

8.1 盈亏平衡分析

盈亏平衡分析是通过盈亏平衡点(Break Even Point,简称 BEP)分析项目成本与收益的平衡关系的一种方法。它主要是通过确定项目的产量盈亏平衡点,分析、预测产品产量(或生产能力利用率)对项目盈亏的影响。

所谓盈亏平衡点,是指项目的盈利和亏损的分界点,即当项目达到一定产量(销售量)时,项目收入等于总成本,项目不盈不亏,利润等于零的那一点。

企业通过盈亏平衡分析,一般希望达到以下目的:求出企业不亏损的最低年产量,即平衡点产量;确定企业的最佳年产量;控制企业的盈亏平衡形势,以便针对企业出现的不同情况采取相应的对策,从而保证企业获得较好的经济效益。

盈亏平衡分析一般可通过损益表和盈亏平衡图进行。

根据生产成本、销售收入与产量(或销售量)之间是否呈线性关系,盈亏平衡分析可分为线性盈亏平衡分析或非线性盈亏平衡分析。因此,盈亏平衡图一般也分为线性盈亏平衡图和非线性盈亏平衡图。

· 8.1.1 线性盈亏平衡分析 ·

线性盈亏平衡分析是用于分析生产成本及销售收入与产量之间呈线性关系的项目。进行线性盈亏平衡分析要求如下 4 个前提条件。

①产量等于销售量;

②产量变化,单位可变成本不变,从而总成本是产量的线性函数;

③产量变化,销售单价不变,从而销售收入是销售量的线性函数;

④只生产单一产品,或者生产多种产品,但可以换算为单一产品计算。

1)不考虑销售税金时盈亏平衡点的确定

设企业生产某产品,产销量为 Q,产品的单位售价为 P,则销售收入为 PQ。因此,销售收入 S 随 Q 的增加而线性增加。

分析成本的时候,可以把成本分为固定成本和可变成本两部分。可变成本如生产工人的计件工资、原材料成本等与产量成正比。设单位产品可变成本为 V,则总可变成本为 VQ。

固定成本指在一定的生产规模限度内不随产量的变动而变动的费用,如企业管理费、固定资产折旧费等。固定成本以 C_0 表示,则总成本为:

$$C = C_0 + VQ$$

销售收入线和成本线如图 8.1 所示。

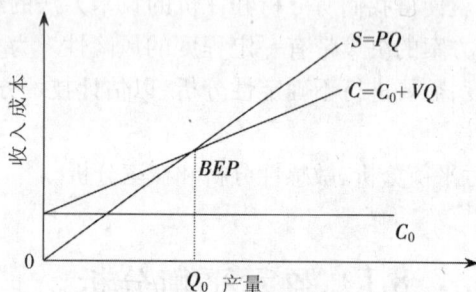

图 8.1 线性盈亏平衡图

图中,销售收入线 S 与总成本线 C 的交点称为盈亏平衡点(BEP),或称为保本经营点,Q_0 为盈亏平衡点的产量。

①平衡点的产量 根据盈亏平衡的条件,即收入与成本相等,利润为零,则有:

$$PQ_0 = C_0 + VQ_0$$

$$Q_0 = \frac{C_0}{P-V} \tag{8.1}$$

②平衡点的生产能力利用率 设项目设计生产能力为 R,则盈亏平衡点的生产能力利用率为:

$$E_0 = \frac{Q_0}{R} \times 100\% = \frac{C_0}{(P-V)R} \times 100\% \tag{8.2}$$

③盈亏平衡点的销售单价 若按设计能力进行生产和销售,则盈亏平衡点的销售单价为:

$$P_0 = \frac{S}{R} = \frac{C}{R} = \frac{C_0}{R} + V \tag{8.3}$$

④平衡点的单位产品变动成本 若按设计能力进行生产和销售,且销售价格已定,则盈亏平衡点的单位产品变动成本为:

$$V_0 = P - \frac{C_0}{R} \tag{8.4}$$

2)考虑销售税金时盈亏平衡点的确定

上述各个式子中是从国家角度计算的,因此成本中未计入税收。若从企业角度考虑,则应

考虑税收问题,设建设项目的销售税率为 e,则(8.1)~(8.4)可表示如下:

①平衡点产量

$$Q_0' = \frac{C_0}{P(1-e)-V} \tag{8.5}$$

②平衡点生产能力利用率

$$E_0' = \frac{C_0}{P(1-e)-V} \cdot \frac{1}{R} \times 100\% \tag{8.6}$$

③平衡点的销售单价

$$P_0' = \frac{C_0+VR}{(1-e)R} \tag{8.7}$$

④平衡点的单位产品变动成本

$$V_0' = P(1-e) - \frac{C_0}{R} \tag{8.8}$$

3)线性盈亏平衡分析的应用

盈亏平衡分析的概念和方法在生产经营决策中有着广泛的应用。

(1)合理确定生产销售目标

【例8.1】 某预制构件厂生产某种型号的预制板,设计生产能力为每年2万件。生产每件产品的可变成本为50元,工厂固定成本每年为20万元,据预测每件产品的售价为100元,销售税率为10%。试计算该厂盈亏平衡点的年产量和生产能力利用率。又如果该厂希望获得10万元的利润,问应生产销售多少产品?

【解】 已知 $P=100$ 元/件,$C_0=20$ 万元,$V=50$ 元/件,$R=2$ 万件/件,$e=10\%$。根据上述公式,得出:

$$Q_0' = \frac{200\ 000\ 元/年}{100\ 元/件(1-0.1)-50\ 元/件} = 5\ 000\ 件/年$$

$$E_0' = \frac{5\ 000\ 件/年}{20\ 000\ 件/年} \times 100\% = 25\%$$

又根据利润 $=P(1-e)Q-C_0-VQ$,得:

$$Q = \frac{100\ 000\ 元/年+200\ 000\ 元/年}{100\ 元/件(1-0.1)-50\ 元/件} = 7\ 500\ 件/年$$

(2)多方案选择

技术经济所研究的问题常常是多方案的分析、比较和选择。若某些互斥方案的费用是一个单变量函数,则盈亏平衡分析可以有助于作出正确的决策。

设多个方案的总成本受一个变量 x 的影响,且每个方案的总成本都能表示为该变量的函数,如:

$$C_1 = f_1(x)$$
$$C_2 = f_2(x)$$
$$C_3 = f_3(x)$$
$$\cdots$$

在求解平衡点时,应先将方案两两进行分析,分别求出每两个方案的平衡点,然后再进行比较,从而选择其中最经济的方案。

【例 8.2】 某建筑公司中标了一段高速公路,为满足施工期的要求,拟引进一套现代化的开挖设备,现有 3 种设备可供选择,其初始投资和挖方单价如表 8.1 所示。设折现率为 10%,使用年限为 10 年,试分析应选购哪种设备?

表 8.1　开挖设备资料表

设备	初始投资/万元	开挖单价/(元·m^{-3})
甲	20	12
乙	40	8
丙	60	6

【解】 设年开挖量为 x,则 3 种设备的年成本为:

$$AC_甲 = 20(A/P,\ 10\%,\ 10) + 12x$$

$$AC_乙 = 40(A/P,\ 10\%,\ 10) + 8x$$

$$AC_丙 = 60(A/P,\ 10\%,\ 10) + 6x$$

查复利系数表,得到:

$$AC_甲 = 3.255 + 12x$$

$$AC_乙 = 6.510 + 8x$$

$$AC_丙 = 9.765 + 6x$$

将甲、乙、丙 3 种设备的年成本与开挖量的关系用图 8.2 表示。

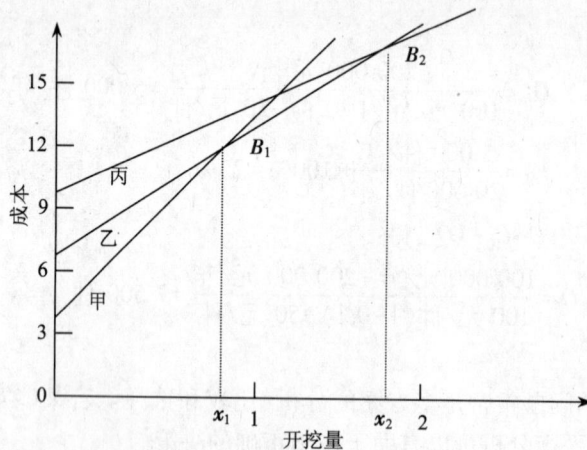

图 8.2　3 种设备的年成本线

由图 8.2 可见,交点 B_1 和 B_2 把对应的开挖量划分为 3 个范围:

当 $0 < x < x_1$,以甲设备的年成本最低;

当 $x_1 < x < x_2$,以乙设备的年成本最低;

当 $x > x_2$,以丙设备的年成本最低。

在 B_1 点,$AC_甲 = AC_乙$,有:

$$3.255 + 12x = 6.510 + 8x$$

$$x_1 = 81\ 375\ \text{m}^3$$

在 B_2 点，$AC_乙 = AC_丙$，有：

$$6.510 + 8x = 9.765 + 6x$$

$$x_2 = 162\ 500\ \text{m}^3$$

（3）判断企业经营的安全状况

根据盈亏平衡模型，产销量达到盈亏平衡点则可避免亏损。产销量超过盈亏平衡点越多利润越大，经营状况越好，即使有不利因素影响导致产销量有所下降，也不至发生亏损。

一般以经营安全率表示企业经营状况：

$$经营安全率 = \frac{R - Q_0}{R} \tag{8.9}$$

经营安全率的数值越大，说明企业经营活动越安全。相反，如果经营安全率的数值是负数或很小的正数，说明企业已发生亏损或已接近亏损。

实践中，可以参考表 8.2 的数值判断企业的经营情况。

表 8.2 经营安全率

经营状况	安全	较安全	不太好	要警惕	危险
经营安全率	≥30%	25%~30%	15%~25%	10%~15%	<10%

· 8.1.2 非线性盈亏平衡分析 ·

上述基本公式是根据收入或成本与产量（销售量）的线性关系推导出来的，但实际生产中它们之间不一定都呈线性关系。如产品生产的可变成本可能由于批量不同而有所变动，销售价格也可能因供应数量的变化而有所浮动。

为分析方便起见，设单位可变成本随着产量的增加而略有下降，下降率为 b，则单位可变成本为产量 Q 的函数，即为 $V - bQ$；设销售单价也随销售量的增加而略有下降，下降率为 d，则销售单价可表示为 $P - dQ$。

这样，收入方程为：

$$S = (P - dQ)Q = PQ - dQ^2 \tag{8.10}$$

总成本方程为：

$$C = C_0 + (V - bQ)Q = C_0 + VQ - bQ^2 \tag{8.11}$$

由 $S = C$ 可得盈亏平衡点的产量：

$$(b - d)Q^2 + (P - V)Q - C_0 = 0$$

$$Q_{1,2} = \frac{-(P - V) \pm \sqrt{(P - V)^2 + 4(b - d)C_0}}{2(b - d)} \tag{8.12}$$

此外，利润 M 可表示为：

$$M = S - C = (b - d)Q^2 + (P - V)Q - C_0 \tag{8.13}$$

欲求最大利润 $M_{\max}$，对式 (8.13) 求一阶导数，并令其等于零。即：

$$\frac{dM}{dQ} = 2(b-d)Q + P - V = 0$$

$$Q = \frac{V-P}{2(b-d)} \tag{8.14}$$

由此求得的产量 Q 是否是最大利润 M_{max} 对应的产量,可通过对 M 的二阶导数进行检验,若

$$\frac{d^2M}{dQ^2} = 2(b-d) < 0$$

则所求 Q 为 M_{max} 时的产量 Q_{max}。

当考虑销售税率 e 时,盈亏平衡点的产量和最大利润时的产量可仿照上述求出。

上述表达式的曲线可用图 8.3 表示。

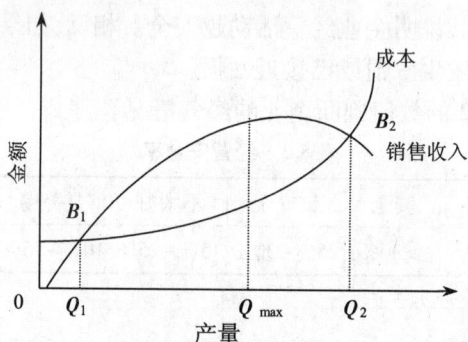

图 8.3 非线性盈亏平衡分析图

【例 8.3】 某项投资方案年固定成本为 5 万元,单位可变成本为 30 元,由于原材料供应货源充足,原材料价格随进货数量的增加而有所下降,这使单位可变成本略有节约,节约率为 0.1%,单位售价在 60 元的基础上随销售量的增加而下降 0.3%。求盈亏平衡点的产量和最大利润时的产量。

【解】 已知 $C_0 = 50\ 000$ 元/年,$V = 30$ 元/件,$b = 0.001$,$P = 60$ 元/件,$d = 0.003$。

盈亏平衡点的产量,由式(8.12)得:

$$Q_{1,2} = \frac{-(60-30) \pm \sqrt{(60-30)^2 + 4(0.001-0.003) \times 50\ 000}}{2(0.001-0.003)}$$

$Q_1 = 1\ 910$ 件,$Q_2 = 13\ 090$ 件

最大利润时的产量,由式(8.14)得:

$$Q = \frac{30-60}{2(0.001-0.003)} = 7\ 500$$

即最大利润时的产量为 7 500 件。

由于 $\frac{d^2M}{dQ^2} = 2(0.001-0.003) < 0$,即 7 500 件为利润最大时的产量。

此时,最大利润为:

$M = (0.001-0.003) \times 7\ 500^2$ 元 $+ (60-30)$ 元/件 $\times 7\ 500$ 件 $- 50\ 000$ 元 $= 62\ 500$ 元

8.2　敏感性分析

一个技术方案的投资一般要经过较长的时间才能收回,而在这期间往往会碰到许多不确定因素,如原材料价格上涨、销售量减少、销售价格降低等使方案达不到预期的经济效益。在投资方案的评价中,除了根据预测数据计算一系列经济效益指标外,还应对方案所能承受的风险大小进行估计,以便更科学地进行投资决策。

对方案的风险分析一般需要解决这样 3 个问题:一是指出风险最大的因素及其影响;二是投资项目对各主要影响因素风险的承受力如何;三是各种风险出现的可能性有多大,后果如何。解决前两个问题的主要方法是敏感性分析,解决第三个问题的主要方法是概率分析。

投资项目经济效益随其现金流量中某个或某几个因素的改变而变化,称为投资项目经济效益对因素的敏感性。当某因素在较小范围内变化即引起投资项目经济效益较大变化时,称该项目对该因素的敏感性强,反之,则称对该因素敏感性弱。

敏感性分析(Sensitivity Analysis)是通过分析、预测项目主要因素发生变化时对经济评价指标的影响,从中找出敏感性因素,并确定其影响程度。

在项目计算期内可能发生变化的因素有:

①投资额,包括固定资产投资与流动资金占用,其中固定资产投资又可划分为设备费用、建筑安装费用等;

②项目建设期限、投产期限;

③产品产量以及销售量;

④产品价格或主要原材料与动力价格;

⑤经营成本,特别是其中的变动成本;

⑥项目寿命期;

⑦项目寿命期末的资产残值;

⑧折现率;

⑨外币汇率。

根据每次变动因素数目的不同,敏感性分析方法可以分为单因素敏感性分析,双因素敏感性分析和三因素敏感性分析。

·8.2.1　单因素敏感性分析·

每次只变动一个因素,而其他因素保持不变时所进行的敏感性分析,称为单因素敏感性分析。

敏感性分析的基本步骤为:

①确定方案敏感性分析的具体经济效果评价指标。一般可采用净现值、净年值、内部收益率、投资回收期等作为分析评价指标,主要针对项目的具体情况进行选择;

②选择影响方案经济效果指标的主要变量因素,并设定这些因素的变动范围;

③计算各变量因素在可能的变动范围内发生不同幅度变动所导致的方案经济效果指标的

变动结果,建立起一一对应的数量关系,并用图或表的形式表示出来;

④确定敏感因素,对方案的风险情况作出判断。

【例8.4】 设某投资方案的初始投资为5 000万元,年净收益900万元,寿命期10年,基准收益率10%,期末残值700万元。试对主要参数初始投资、年净收益、寿命期和基准收益率进行净现值的单因素敏感性分析。

【解】 ①确定方案经济评价指标:净现值。

②设各因素变化率为k,变化范围为±30%,间隔为10%。

③计算各因素单独变化时所得净现值。用$NPV_j(j=1,2,3,4)$分别表示初始投资、年净收益、寿命期和基准收益率单独变化时的净现值,其计算公式为:

$$NPV_1 = 900(P/A,10\%,10) + 700(P/F,10\%,10) - 5\ 000(1+k)$$

$$NPV_2 = 900(1+k)(P/A,10\%,10) + 700(P/F,10\%,10) - 5\ 000$$

$$NPV_3 = 900(P/A,10\%,10(1+k)) + 700(P/F,10\%,10(1+k)) - 5\ 000$$

$$NPV_4 = 900(P/A,10\%(1+k),10) + 700(P/F,10\%(1+k),10) - 5\ 000$$

计算结果见表8.3。

表8.3 各参数单独变化时的净现值

变化率k \ 参数	−30%	−20%	−10%	0	10%	20%	30%
初始投资	2 300	1 800	1 300	800	300	−200	−700
年净收益	−859	−306	247	800	1 353	1 906	2 459
寿命	−259	128	480	800	1 091	1 355	1 596
基准收益率	1 677	1 363	1 072	800	547	311	92

根据表中的数据,画出敏感性分析图。用横坐标表示参数变化率k,纵坐标表示净现值,如图8.4所示。

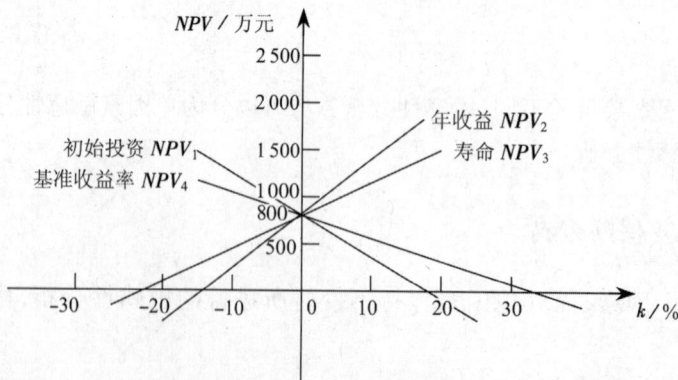

图8.4 敏感性分析图

④确定敏感性因素,对方案的风险情况作出判断。有两种方法可以确定敏感因素,即图解法和代数法。

• 图解法:在敏感性分析图上找出各敏感性曲线与横轴的交点,这一点上的参数值就是使净现值等于零的临界值。

初始投资的敏感曲线与横轴交点约为 17%，此时初始投资为：

$$K = 5\ 000\ \text{万元}(1+17\%) = 5\ 850\ \text{万元}$$

即初始投资增加到 5 850 万元时，净现值降至零，说明初始投资必须控制在 5 850 万元以下，方案才是可行的。

年净收益 M 与横轴交点约为 -15%，使方案可行的年净收益为：

$$M \geqslant 900\ \text{万元}(1-15\%) = 765\ \text{万元}$$

寿命期 n 与横轴交点约为 -22%，使方案可行的寿命期为：

$$n \geqslant 10\ \text{年}(1-22\%) = 7.8\ \text{年}$$

基准收益率 i 与横轴交点约为 33%，使方案可行的基准收益率为：

$$i \leqslant 10\%(1+33\%) = 13.3\%$$

● 代数法：令净现值计算式大于或等于零，求变化率 k 及相应的参数值。

令 $NPV_1 \geqslant 0$，得 $k_1 \leqslant 17\%$，$K \leqslant 5\ 000$ 万元$(1+17\%) = 5\ 850$ 万元；

令 $NPV_2 \geqslant 0$，得 $k_2 \geqslant -15\%$，$M \geqslant 900$ 万元$(1-15\%) = 765$ 万元；

令 $NPV_3 \geqslant 0$，得 $k_3 \geqslant -22\%$，$n \geqslant 10$ 年$(1-22\%) = 7.8$ 年；

令 $NPV_4 \geqslant 0$，得 $k_4 \leqslant 33\%$，$i \leqslant 10\%(1+33\%) = 13.3\%$。

对比各因素的临界变化率 k_i 及敏感曲线的形状，可知临界变化率较小则敏感曲线较陡，相应参数的变化对净现值的影响就较大。所以，在本例中，净现值对各参数的敏感性由强到弱依次为：年净收益、初始投资、寿命、基准收益率。

·8.2.2 双因素敏感性分析·

单因素敏感性分析的方法简单，但其不足之处在于忽视了因素之间的相关性。这是因为在实际分析中经常出现不止一个不确定因素的情况，这对于项目所造成的风险更大，应当对此进行多因素敏感性分析。

设方案的其他因素不变，每次仅考虑两个因素同时变化对经济效益的影响，称为双因素敏感性分析。这种分析往往建立在单因素敏感性分析基础之上，即先通过单因素分析确定两个敏感性大的因素，然后通过双因素敏感性分析考察这两个因素同时变化对项目经济效益的影响。

双因素敏感性分析主要借助图形进行，其分析步骤为：

①建立直角坐标系，横轴（x）与纵轴（y）表示两个因素的变化率；

②建立项目经济效益评价指标（NPV，NAV 或 IRR）随两因素变化率 x 和 y 而变的关系式，令该指标值为临界值（即 $NPV=0$，$NAV=0$ 或 $IRR=i_0$），即可得到一个关于 x，y 的函数式，称为临界方程；

③在直角坐标轴上画出这个临界方程的曲线，它表明两个变化率之间的约束关系；

④该临界线把平面分成两个部分，一部分是方案可行区域，另一部分则是方案的不可行区域，据此可对具体情况进行分析。

【例 8.5】 对例 8.4 中的方案进行双因素敏感性分析。

【解】 在例 8.4 中，我们得到 4 个主要因素的临界变化率分别是：初始投资 17%，年净收益-15%,寿命-22%,基准收益率33%。其中最为敏感的两个因素是年净收益和初始投资,因此对这两个因素作双因素敏感性分析。

设初始投资变化率为 x,年净收益变化率为 y,有:

$NPV = 900(1+y)(P/A,10\%,10) + 700(P/F,10\%,10) - 5\ 000(1+x) =$
  $799.99 - 5\ 000x + 5\ 530.14y$

令 $NPV = 0$,有:

$y = 0.904\ 1x - 0.144\ 7$

在 xoy 坐标系上画出这一直线。

临界线 $NPV = 0$ 在 x 轴和 y 轴上截得的点分别是(17%,0)和(0,-15%),17%和-15%正是单因素变化时初始投资和年净收益的临界变化率。因此,如果先进行了单因素敏感性分析,对呈线性变化的因素进行双因素分析就可以简化,只要将两个因素的临界变化率点找到,连接而成的直线即为双因素临界线。

由 8.5 图可知,临界线把平面分成两个部分,左上平面为年净收益增加、初始投资减小,应是方案的可行区域;右下平面为年净收益减小、初始投资增加,是方案的不可行区域。所以,为了保证方案在经济上可接受,应设法防止右下平面区域的变化组合情况出现。

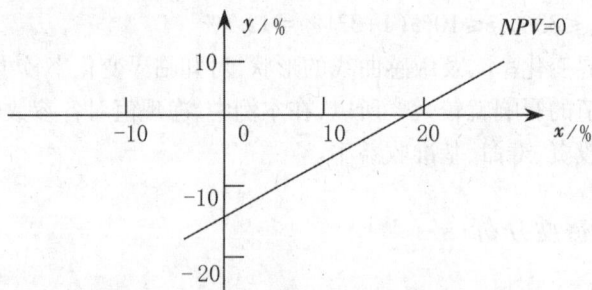

图 8.5　双因素敏感性分析图

· 8.2.3　三因素敏感性分析 ·

三因素敏感性分析主要是在其他参数不变情况下,研究有 3 个因素同时变化对项目经济效益的影响,其做法是:在 3 个参数中选定一个因素,令其在某一变化范围内间断取值,对每一取值都可得到另外两个因素的临界曲线,最终得到一组双因素临界方程和对应的一组临界曲线,从而可用于实际分析。

【例 8.6】　对例 8.4 中的方案做关于初始投资、年净收益和寿命 3 个因素进行 3 因素敏感性分析。

【解】　设初始投资变化率为 x,年净收益变化率为 y,寿命为 n 时的净现值为:

$NPV_n = 900(1+y)(P/A,10\%,n) + 700(P/F,10\%,n) - 5\ 000(1+x)$

在变化范围为 ±20% 内,寿命分别取 8 至 12 年中的 5 个整年数,代入上式,可得到 5 个临界方程:

令 $NPV_8 = 0$,得 $y = 1.041\ 4x - 0.026\ 7$

令 $NPV_9 = 0$,得 $y = 0.964\ 7x - 0.092\ 6$

令 $NPV_{10} = 0$,得 $y = 0.904\ 1x - 0.144\ 7$

令 $NPV_{11} = 0$，得 $y = 0.855\ 3x - 0.186\ 6$

令 $NPV_{12} = 0$，得 $y = 0.815\ 4x - 0.221\ 0$

可用图 8.6 表示。

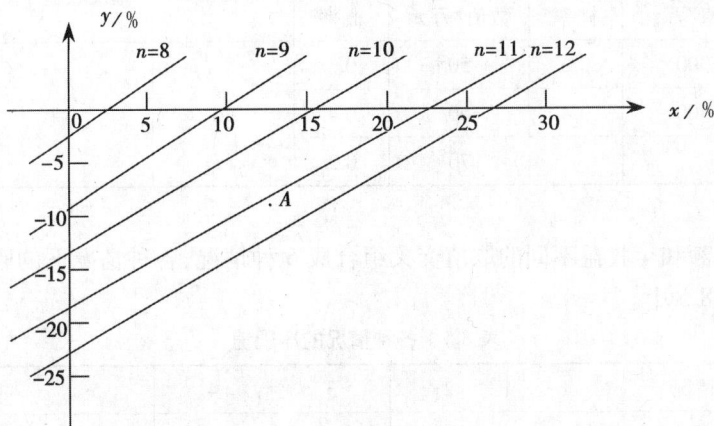

图 8.6　三因素敏感性分析图

　　由图可看出，寿命减少，临界线上移，可行域变小；寿命增加，临界线下移，可行域增大。利用该图可进行具体分析，如投资增加 8%，年净收益减少 10%，可得点 A，位于 $n = 11$ 临界线上方和其余临界线下方，说明此时只有在寿命为 11 年，即寿命增加 10% 时，方案才可行。

　　敏感性分析在一定程度上就各种不确定因素的变动对方案经济效果的影响作了定量描述，这有助于决策者了解方案的风险情况，有助于确定在决策过程中及方案实施过程中需要重点研究与控制的因素。但是，敏感性分析没有考虑各种不确定因素在未来发生变动的概率，这可能会影响分析结论的准确性。为此，必须进行概率分析。

8.3　概率分析

　　根据项目的特点和需要，有条件时应对项目经济效果指标进行概率分析。概率分析就是利用概率定量地分析和预测不确定因素对项目经济效果指标的影响。

　　这里主要介绍期望值法。所谓期望值法，就是把每个方案的期望值求出来加以比较。期望值即概率论中离散型随机变量的数学期望，其计算公式为：

$$E_{(x)} = \sum_{i=1}^{n} X_i P_i \tag{8.15}$$

式中　$E_{(x)}$——经济指标 x 的期望值；

　　　X_i——第 i 种情况下的经济指标值；

　　　P_i——第 i 中情况下出现的概率，等于第 i 中情况中参数值出现的概率的乘积。

　　如果决策目标是效益最大，则选择收益期望值最大的方案；如果方案中对应的益损值为费用值，而且决策目标是费用最小，则应选择费用期望值最小的方案。

　　期望值的分析和求解过程，可用图论中的树型结构来表达，我们称之为决策树法。

　　【例 8.7】　已知某方案各参数的不同取值及相应的概率见表 8.4，计算方案净现值的期望值。

表 8.4　各方案的有关数据

投资额		年收益		寿命/年	基准收益率/%
数值/万元	概率	数值/万元	概率		
300	0.6	50	0.3		
400	0.4	60	0.4	10	12
		70	0.3		

【解】　投资额和年收益不同的取值交叉组合成 6 种情况,各种情况下的联合概率及相应的净现值列于表 8.5 中。

表 8.5　各种情况的净现值

组合情况	1	2	3	4	5	6
投资额/万元	300	300	300	400	400	400
年收益/万元	50	60	70	50	60	70
联合概率 P_i	0.18	0.24	0.18	0.12	0.16	0.12
净现值/万元	−17.49	39.01	95.51	−117.49	−60.99	−4.49

方案净现值的期望值为:

$$E_{NPV} = -17.49 \text{ 万元} \times 0.18 + 39.01 \text{ 万元} \times 0.24 + 95.51 \text{ 万元} \times 0.18 -$$
$$117.49 \text{ 万元} \times 0.12 - 60.99 \text{ 万元} \times 0.16 - 4.49 \text{ 万元} \times 0.12 = -0.99 \text{ 万元}$$

即方案净现值的期望值为−0.99 万元。

【例 8.8】　为生产某种新产品,有两个建厂方案。一个是建大厂,需投资 300 万元,销售情况好的概率为 0.7,每年可获利 100 万元,销售情况不好的概率为 0.3,此时每年将亏损 20 万元。另一方案是建小厂,需投资 160 万元,销售情况好的概率为 0.7,每年可盈利 40 万元,销售情况不好的概率为 0.3,每年可盈利 10 万元。两方案均可使用 10 年。又据市场预测,建大厂时,若销路好的概率前 3 年为 0.7,则后 7 年为 0.9;若销路不好的概率前 3 年为 0.3,则后 7 年销路一定不好,其余数据不变。如果先建小厂,前 3 年销路好的概率为 0.7,此时可扩建,需投资 140 万元,可再使用 7 年。扩建后销路好的概率为 0.9,年盈利 100 万元,销路不好,每年亏损 20 万元。前 3 年销路好但 3 年后不扩建,后 7 年销路仍好的概率为 0.9,年盈利 40 万元,销路不好时年盈利 10 万元,若前 3 年销路差,则后 7 年销路肯定差,每年盈利 10 万元。试问如何决策?(设基准贴现率为 10%)

【解】　本题是一个二级决策,我们可利用数学期望的思想,计算每年的期望收益和预期费用作为每年的净现金流量,然后求得每一方案的预期净现值以评价方案。

第一步:画出前 3 年的决策树,如图 8.7 所示。

第二步:计算两种方案前 3 年的年期望收益值。

建大厂方案:100 万元×0.7+(−20 万元)×0.3=64 万元

建小厂方案:40 万元×0.7+10 万元×0.3=31 万元

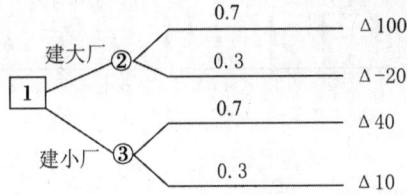

图 8.7 前 3 年决策树

第三步:画出后 7 年建厂情况的决策树,如图 8.8 所示。

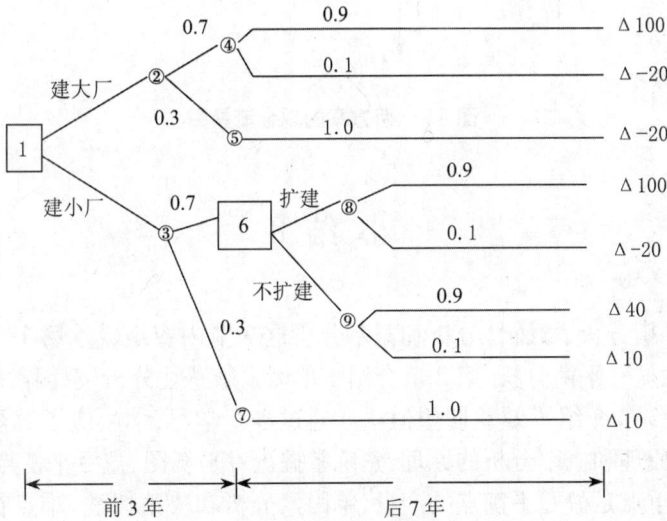

图 8.8 后 7 年决策树

第四步:计算后 7 年各方案每年的期望收益值。

建大厂方案:100 万元×0.9×0.7−20 万元×0.7×0.1−20 万元×0.3=55.6 万元

扩建方案:100 万元×0.9−20 万元×0.1=88 万元

不扩建方案:40 万元×0.9+10 万元×0.1=37 万元

因此对于节点 6 应选择扩建方案。

于是对于建小厂方案后 7 年的年预期收益值为:88 万元×0.7+10 万元×0.3=64.6 万元

第五步:将两方案的预期净现金流量绘制成现金流量图,如图 8.9 所示。

第六步:求两方案的预期净现值。

$NPV_大=−300+64(P/A, 10\%, 3)+55.6(P/A, 10\%, 7)(P/F, 10\%, 3)=$
　　　65.53 万元

$NPV_小=−160+31(P/A, 10\%, 3)+64.6(P/A, 10\%, 7)(P/F, 10\%, 3)−140(P/F, 10\%, 3)=48.19$ 万元

因为 $NPV_大>NPV_小$,因此选择建大厂方案。

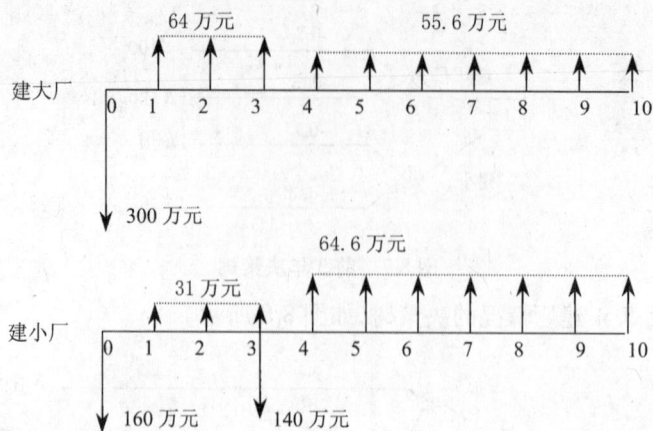

图 8.9　两方案的现金流量图

小 结 8

本章由盈亏平衡分析、敏感性分析和概率分析这 3 节内容组成。第 1 节介绍了线性盈亏平衡分析和非线性盈亏平衡分析,第 2 节介绍了单因素敏感性分析、双因素敏感性分析和三因素敏感性分析,第 3 节介绍了效益期望值法。通过本章学习,学生应了解盈亏平衡分析的原理、敏感性分析的原理和概率分析的原理,熟练掌握盈亏平衡图、盈亏平衡点、单因素敏感性分析和决策树方法,重点是盈亏平衡点的产量、单因素分析和决策树法,难点在于非线性盈亏平衡分析和多因素敏感性分析。

复习思考题 8

8.1　为什么要对工程项目进行不确定性分析?

8.2　某建设项目拟定产品销售单价为 8 元,生产能力为 200 000 单位,单位生产成本中可变费用为 4 元,总固定费用为 300 000 元。试用产量、生产能力利用率、销售单价表示盈亏平衡点并求出具体数值。

8.3　某工厂生产一种产品,单位产品可变成本 60 元,年固定成本 120 万元,单位产品售价为 150 元,设计能力为年产量 30 000 件,销售税率为 8%。试求该厂盈亏平衡点的年产量、生产能力利用率并评价经营安全状况。

8.4　在练习题 3 的基础上,假如再扩大一条生产线,年产量增加 10 000 件,每年固定成本增加 40 万元,但单位可变成本可降低 30 元,这时售价随销售量的增加略有下降,下降率为 0.2%。问这时的盈亏平衡点产量,利润最大时的产量及最大利润为多少?

8.5　某厂需用一种零件,如果由本厂生产,每件可变成本为 40 元,同时需负担购置机械设备等固定成本 120 000 元/年,若从市场购买,每个单价为 100 元。该厂应如何决策?

8.6 生产某产品可供选择的工艺方案有 3 个,甲方案机械化程度较低,年固定成本 20 万元,单位产品可变成本 10 元;乙方案机械化程度较高,年固定成本 30 万元,单位产品可变成本 8 元;丙方案为自动化生产方案,年固定成本 60 万元,单位可变成本 4 元。试分析如何根据不同产量水平采用最合算的工艺方案。

8.7 某企业计划购进一台设备,需投资 15 万元,使用寿命 10 年,不计残值,该设备年度收益 7 万元,使用成本费 4 万元,利率为 10%。现考虑以投资、年收益、年使用成本费和使用寿命期 4 种因素为变量因素,变动范围为±10%,试进行敏感性分析。

8.8 某企业为研究一项投资方案,提供了下表的因素估计:

方案因素估计值表

因素	初始投资/万元	寿命/年	残值/万元	年销售收入/万元	年经营费/万元	基准收益率/%
数值	100	10	20	120	80	8

(1)分析当寿命、基准收益率和年经营费每改变一项时对净现值的敏感性,指出最敏感性因素,画出敏感性曲线。

(2)进行投资和年销售收入对净现值的双因素敏感性分析。

(3)进行投资、年销售收入及寿命的三因素敏感性分析。

8.9 某企业为满足社会对产品的需要,拟制订一个企业发展计划,有 3 个可行性方案:扩建、新建、与外商合资经营。3 方案的决策收益情况见下表。假定 3 方案的投资分别为:扩建 100 万元,新建 200 万元,合资经营 20 万元,计算期 10 年。试用决策树选择方案。

各方案收益表　　　　　　　　单位:万元

方案 ＼ 概率	销路好 $P=50\%$	销路一般 $P=30\%$	销路差 $P=10\%$	销路极差 $P=10\%$
扩建	50	26	−25	−45
新建	70	30	−40	−80
合资经营	30	15	−5	−10

9 建筑工程技术经济分析

建筑工程技术经济分析,是对建筑工程中所采用的各种技术方案、技术措施、技术政策或经济效益进行计算、比较、分析和评价,以便为选用最佳方案提供科学依据。

人们为了完成拟定的建设项目,可以采用不同的设计方案、施工方案,使用不同的机械设备和建筑材料,采用的技术方案也不止一个,对于大型工程项目,甚至可提出多个方案。而采用不同的方案会得到不同的经济效益,因此,为了达到最优的目标,就有一个比较各方案的经济效益问题。建筑设计和施工方案的技术经济,就是为了比较、分析和评价设计和施工方案的经济效益,从而选择最优的设计和施工方案。

9.1 设计与施工方案技术经济分析概述

对建筑设计与施工方案的技术经济分析虽然各有其特点,但分析的目的要求、原则步骤,甚至所有的方法基本上都是一致和相同的。

· 9.1.1 设计与施工方案技术经济分析的目的 ·

①选择合理的技术形式,在满足使用功能要求的条件下力求经济。

在实际工作中,经济与否往往成为选择方案的主要依据。特别是建筑工程一次性投资大,而且产品一旦形成,其可变性很小,因此,在拟订方案时必须注意技术经济分析,以便做到胸中有数,减少盲目性。在我国,有 60%~70% 的建设投资是通过工程设计来安排使用的,如果在设计阶段中把工作做得好些,则可使工程造价明显降低。

②通过一系列技术经济分析,可以从若干个可行方案中选取经济效果最佳的方案。

通过对拟订方案的定性、定量以及综合性分析,才能选择出技术上既先进可行,经济上又合理的方案。一个方案最经济并不意味着最合理,而经济上的合理也不一定技术上先进和可行。两者往往处于矛盾状态中,方案设计人员和经济分析人员的任务就是要对所拟订的方案进行深入细致的综合分析,以便选择更合理的方案。

③通过对方案的技术经济分析,可以使方案不断地得到改进和完善。

对已设计的方案,在采用前要进行技术经济分析。特别是建筑产品所具有的技术经济特点,影响因素很多,因此必须对本地区的自然条件、社会条件等进行分析,并与设计方案联系起来,一般说来,在某地区和某一环境下的最优方案,到另一地区、另一环境下不一定是最优方案。此外,通过技术经济分析,可以及时发现设计方案的某些不合理之处,经修改使之完善后,才成为更适合于某种条件下的方案。

④通过一系列的技术经济分析,可以积累经验,提高方案的设计和分析能力。

• *9.1.2 设计与施工方案技术经济分析的基本要求* •

建筑设计方案与施工方案的技术经济分析除必须遵循技术经济分析的一般原则之外,还有其技术分析的特殊要求,这些要求是:

①以国家的建设方针为总标准,注意方案的总体经济效果,尽可能使经济、适用、美观三者统一。

应从设计、施工、管理等方面进行全面、综合的分析。

②在进行技术经济分析时,灵活地采用定性分析和定量分析两类方法。在进行定量分析时,要使用多指标组成的指标体系,并注意设置主要指标和辅助指标,进行综合评价。

③在作技术经济分析结论时,既要着眼于建筑工程项目的目前效果,也要看长期效果;即要看局部效果,又要看宏观效果,切忌片面性。

④注意方案可比性。比选方案时如果缺乏可比性,就等于失去分析比较的标准,结果会使工作无法进行或得出错误的结论。一般说来可比性包括以下四项内容:a.功能上的可比性;b.消耗上的可比性;c.价格上的可比性;d.时间上的可比性。

• *9.1.3 设计与施工方案技术经济分析的步骤* •

①根据项目的要求,列出各种可行的技术方案。

随着建筑科学技术的发展,一个建筑工程项目的设计和施工,可以有多种不同的方案。例如,设计具有基本相同功能的住宅,可以设计成砖混结构、砌块结构、大模板结构、大板结构或框架轻板结构,大模板结构又可以有外挂内浇、外砌内浇或内外全浇之分。同一个工程项目的施工方案也可以有许多种,如施工方法的不同和选择施工机械的不同等都能造成施工方案的差异。因此,在进行技术经济分析之前,要根据项目的要求,将各种可行的方案都列出来作为分析的对象。

②拟订各种方案的技术经济指标并收集有关资料。

每个方案都要以其本身所具备的技术经济指标来表现它的特征及技术经济水平,并参与技术经济评价中的比较分析。因此,要根据评价的要求拟订所需的指标或指标体系,并据此去收集、调查各方案的有关资料,列成表格,加以说明,以备进行分析。

③对各种指标进行具体计算。

每种指标都有自身的计算规则或要求。收集得来的指标资料要按规则或要求,经加工整理成真实、可靠的指示数据,以便进行分析。

④进行技术经济分析,得出结论。

要根据技术经济分析的要求,选用适当的方法进行分析,在分析的基础上回答该方案的技术经济指标是先进还是落后,经济效果是好还是坏,方案是可取或不可取,可行或不可行,等等。结论的获得一定要立足于科学依据和辩证的分析,防止主观、片面和行政命令式的做法。

· 9.1.4　设计与施工方案技术经济分析的主要方法 ·

建筑工程项目技术经济分析的方法很多,有些方法在投资的经济效果分析或价值工程中都有介绍。这里只介绍一些目前我国经常采用或正在研究采用的分析方法。

1)多指标评价法

这是目前采用比较多的一种方法。它的基本点是使用一些适用的指标体系,将对方案的指标值列出,然后一一进行对比分析,根据指标的高低分析判断其优劣。

利用这种方法首先需要将对比指标分成主要指标和辅助指标。主要指标是能够比较充分地反映工程的技术经济特点的指标,是确定工程项目经济效果大小、优劣的主要依据。辅助指标在技术经济分析中的作用次于主要指标,主要用来作为主要指标的补充,当主要指标还不足以说明技术经济效果优劣时,辅助指标也可用来作为进一步技术经济分析的依据,所以有些辅助指标可以在一定条件下转化为主要指标。如果方案不完全符合对比条件,要加以调整使其满足对比条件后再进行对比,并在综合分析时予以说明。

这种方法的优点是指标全面、分析确切,可通过各种技术经济指标定性或定量地直接反映方案技术经济性能的主要方面;其缺点是不便于对某一功能评价,不便于定量的综合分析。由于是多指标,容易出现某一方案有些指标较优,另一些指标较差,而另一方案则可能正好相反,前者优的反而差,前者差的反而优,这样,就使分析工作复杂化。有时,也会因方案的可比性差而产生客观标准不统一的现象,因此,在进行综合分析时,要特别注意检查对比方案在使用功能和工程质量方面的差异,并分析这些差异对各指标的影响,避免导致错误的结论。

通过综合分析,最后应给出如下结论:

①分析对象的主要技术经济特点和适用条件;

②现阶段实际达到的经济效果水平;

③找出提高经济效果的潜力和途径以及相应采取的主要技术组织措施;

④预期经济效果;

⑤能否推广(或采用)和如何推广(或采用)的具体意见。

2)单指标评价法

单指标评价法主要运用评分法。评分法就是根据各指标的重要程度给以一定的权数,然后按方案满足于各项指标的程度评分,最后以总分的高低来判别方案的优劣,其计算公式为:

$$R_i = \sum_{j=i}^{n} C_j W_j \tag{9.1}$$

式中　R_i——第 i 个方案的总分($i=1,2,\cdots,m$);

　　　C_j——各方案中各指标的分值($j=1,2,\cdots,n$);

　　　W_j——各指标的权重数值($j=1,2,\cdots,n$)。

例如:某建筑工程有 4 个设计方案,按适用性、平面布置、经济性、美观 4 项指标评定。各项指标的权重值(权重值总计为 1)、分值(每项指标最低为 1 分,最高为 10 分)及所得总分值见表 9.1、表 9.2,试选择最优方案。

表 9.1 各方案权重值及分值

指标 权重值 W_j 分值 C_j 方案 i	适用	平面布置	经济	美观
	0.4	0.2	0.3	0.1
A	9	8	9	7
B	8	7	7	9
C	7	8	9	8
D	6	9	8	9

按公式计算(结果见表 9.2),最优方案为 A 方案。

表 9.2 各方案总分值计算

方 案	计 算 式	总 分 值 R_i
A	$0.4×9+0.2×8+0.3×9+0.1×7=8.6$	8.6
B	$0.4×8+0.2×7+0.3×7+0.1×9=7.6$	7.6
C	$0.4×7+0.2×8+0.3×9+0.1×8=7.9$	7.9
D	$0.4×6+0.2×9+0.3×8+0.1×9=7.5$	7.5
最佳方案	$R_{max}=8.6$,即 A 方案最佳	

评分法的优点在于避免了多指标评价法可能发生相互矛盾的现象,并且由于是定量性的指标,也可利用电子计算机求解。但缺点是确定权重值和评分难免存在主观臆断成分,同时,分值是相对的,因而就不能直接判断各方案的各项功能。

9.2 建筑设计方案技术经济分析

·9.2.1 建筑设计方案技术经济评价指标的分类·

建筑设计方案的评价指标,根据不同的要求可分为以下几大类:

①按指标范围,可分为综合指标和局部指标 综合指标是概括一个工程设计方案经济性的指标,如工程的总造价、总面积、用地等;局部指标是只表明某个方面经济性的指标,如单方材料用量、层高等。

②按指标表现形态,可分为实物指标和货币指标 实物指标能直接地较准确在反映经济效益,但其形态千差万别,使用性质不同的资料在数量上难以相互比较,故在评价中有局限性;货币指标也叫价值指标,它可以综合地反映工程在建设和使用过程中所消耗的社会劳动,在数量上有对比性。

③按指标应用,可分为建设指标和使用指标 建设指标是应用在工程建设阶段,表示工程

在建造过程中的一次性消耗指标,如工程造价、各种材料的用量等;使用指标是工程交付使用后,直到其经济寿命终了之前,全部使用过程中经常性消耗指标,如维修费、能源耗用量等。

④按指标性质,可分为定量指标和定性指标 建筑设计技术经济评价指标以定量为主,但定性的评价也是不可缺少的。前者如造价、用工、材料等的耗用量,后者如平面布置的合理性等。

· 9.2.2 民用建筑设计方案技术经济分析的指标体系 ·

为了使技术经济分析做到全面而明确,可根据评价方法和不同建筑工程(或建筑体系)的实际需要来确定其指标体系。

民用建筑设计方案的技术经济指标,一般包括:

①建筑面积 即外墙外边线所围的各层水平面积之和,它包括居住面积、辅助面积、公共辅助面积和结构面积4个部分。

②有效面积 也就是使用面积,是建筑面积扣除结构面积所余部分。有效面积与建筑面积的换算关系是:

$$有效面积 = 建筑面积 - 结构面积$$

或

$$有效面积 = \frac{建筑面积}{有效面积折算系数}$$

如果已知结构面积系数,可用公式计算有效面积折算系数:

$$有效面积折算系数 = \frac{1}{1-结构面积系数} \tag{9.2}$$

③工程造价 指建筑物本身,包括基础、设备在内的全部造价,不包括室外工程及附属工程的造价。工程造价又可分为土建工程造价和水电暖卫设备安装工程造价。工程造价指标还可按基础、墙体、楼板与楼地面、屋面分别列出,以备进行分析。

④施工工期 以定额工期或计划工期为标准。

⑤主要材料耗用量 指用于工程的主要材料,包括钢材、木材、水泥等耗用量。

⑥劳动耗用量 指住宅建造过程中直接耗用的全部劳动量,可分现场用工和预制厂用工两部分,以工日为单位。

⑦一次性投资 指的是为发展某种工业化民用建筑体系而必须购置的专用施工设备,设置混凝土集中搅拌站或生产线、预制厂以及发展新材料所必需的建设投资。不包括诸如砖、水泥、钢材等已有生产能力的建厂投资。如果建筑项目是在原有基础上加以改建或扩建,则只计算为改建和扩建而追加的投资。

⑧建筑自重 建筑自重指标反映新材料、新结构在建筑工程中采用的程度,可衡量建筑技术水平高低。合理减轻自重对于减少材料耗用量、运输量、劳动量、降低造价和提高经济效益都有积极意义。为保持可比性,仅计算土建工程±0 线以上部分。

⑨能源耗用 它反映某一民用建筑对能源的需求程度,不仅应包括主要墙体材料生产、混凝土预制构件及建筑施工阶段的能源耗用量,还应包括房屋建成后在使用阶段的能源耗用量。

⑩工业废料利用 以墙体材料中所含工业废料实物量的百分率表示。这个指标反映利用

工业废料给国民经济有关部门带来的经济效果,既可以节约废料处理费用,又可以节约建筑材料费用。

⑪房屋经常使用费　是指民用建筑在使用过程中的折旧、维修费用,可按房管部门规定计算。

⑫土地占用　指建筑物占用土地,可按实际占用量计算。

•9.2.3　民用建筑技术经济分析实例•

现用多指标评价法对内外墙全现浇建筑体系进行技术经济分析。见表9.3、表9.4。

从表9.3中可以看到,与内浇外砌比较,全现浇的优点是,有效面积大、用工省、自重轻、抗震好、速度快。其缺点是,由于外墙改成现浇钢筋混凝土,故造价高,水泥、混凝土的用量也较大。

内外全现浇体系是有发展前途的。内浇外砌建筑只能建多层,不能建高层,而全现浇体系可以建高层,因为它的整体性很好。

从表9.4可看出,它比内模外挂无论在哪一项指标上都占优势,同时又省去了一次性投资,所以它比内模外挂体系更有发展前途。

表 9.3　全浇与内浇外砌对比

项目名称		单位	对比标准	评价对象	比较	备注
建筑特征	设计型号	—	内浇外砌建筑	全现浇大模板建筑	—	
	建筑面积	m²	8 500	8 500	0	
	有效面积	m²	7 140	7 215	+75	
	层数	层	6	6	—	
	外墙厚度	cm	36	30	−6	浮石混凝土外墙
	外墙装修	—	勾缝,一层水刷石	干粘石,一层水刷石	—	
技术经济指标	±0以上土建造价	元/m²(建筑面积)	80	90	+10	
		元/m²(有效面积)	95.2	106.0	+10.8	
	主要材料耗量 水泥	kg/m²	130	150	−20	
	钢材	kg/m²	9.17	20	+10.83	
	施工周期	天	220	210	−10	
	±0以上用工	工日/m²	2.78	2.23	−0.55	
	建筑自重	kg/m²	1 294	1 070	−224	
	房屋服务年限	年	100	100	—	

表 9.4　全浇与内模外挂对比

指标 方案	±0 以上土建 造价/(元·m⁻²)	±0 以上土建单位 用工/(工日·m⁻²)	主要材料耗量/(kg·m⁻²)		备 注
			水泥	钢材	
内外全现浇	90	1.722	150	20	
内模外挂	124.8	2.278	207	30.5	

9.3　工业建筑设计方案技术经济分析

评价一个工业建筑项目设计方案的优劣,常常不是根据一个或几个经济指标就可以解决问题,有时不仅要有几个经济指标而且还要一些技术指标作参考。

对于一个工业建筑项目而言,评价用的主要经济效果指标有:基建投资效果系数、单位生产能力投资额、建设成本、建设工期、建设质量、劳动生产率、单位产品成本、生产年限、投资回收期等。

·9.3.1　常用的评价指标·

工业建筑设计方案在具体评价中,常常用到以下一些指标:

①建筑面积

②建筑系数　它是综合说明建筑设计的经济价值指标,一般用百分数形式表达。总平面设计的建筑系数,一般指建筑密度而言,用它来说明土地的使用率。

$$建筑系数 = \frac{(建筑物+构筑物+堆置场地)的占地面积}{总平面占地面积} \times 100\% \tag{9.3}$$

③厂区占地面积　厂区所占面积一般指各生产车间、各种仓库和生产动力的建筑物、堆场以及供运输成品和材料的道路、铁路和美化厂区的绿化的用地等。

④总产值　总产值是以货币表现的工业企业生产的产品总量,它是各种产品的产量与价格相乘的总和,其单位为:元/年 。

⑤总产量　工业产品以实物单位表示的产品产量(实物量),即以适合产品的特征、性能并能体现其使用价值的计量单位所表示的产品产量,其单位为:产品产量/年。

⑥全员劳动生产率　是表示全厂生产产品的劳动效率的指标。以实物量指标表示的计算公式为:

$$全员劳动生产率 = 总产量/全厂人数$$

以价值指标表示的计算公式为:

$$全员劳动生产率 = \frac{年产值}{全厂人数} \tag{9.4}$$

⑦生产工人劳动生产率　计算公式为:

$$生产工人劳动生产率 = \frac{年产值}{生产工人+辅助生产工人} \tag{9.5}$$

⑧全厂总投资　系指全厂基本建设项目和费用的总概算。

⑨利润指标(元/年)

● 净利润:净利润是劳动者为社会创造的一部分剩余产品的价值变现形式;

● 产值利润率;

● 成本利润率;

● 资金利润率;

● 实际投资利润率　计算公式为:

$$实际投资利润率 = \frac{资金利润率 \times 固定资金}{投资总额} \times 100\% \tag{9.6}$$

⑩产品成本　为生产产品而支出的各种费用,是综合反映经济效果的一个重要指标。计算公式为:

$$单位产品成本 = \frac{产品总成本核算}{年产量} \tag{9.7}$$

另外还有主要原材料消耗、全厂用水、用电、用气量、全年货物运输量、全厂设备数量等指标。

评价土建设计方案的优劣,应将建筑方面的适用性指标和经济指标综合起来考虑。适用性指标主要指占地面积、建筑面积、使用面积、建筑体积、生产车间使用面积及其在总建筑面积中所占比例等。土建设计方案的经济指标是参照民用建筑的经济指标确定。

· 9.3.2　工业建筑总平面设计方案的评价指标 ·

工业建筑总平面设计方案的经济合理性,对于整个工业企业设计方案是否合理有极大的影响,正确合理的总平面设计可以大大减少建筑工程量,节省建设投资,加快建设速度,并为企业创造良好的生产组织、经营条件和生产环境。

评价总平面设计的技术经济指标有:

①建筑密度指标　是指工业场地内部建筑物、构筑物的占地面积与工业场地占地面积之比。计算公式为:

$$建筑密度 = \frac{F_2 + F_3}{F_1} \times 100\% \tag{9.8}$$

式中　F_1——工业厂区占地面积;

　　　F_2——建筑物及构筑物占地面积;

　　　F_3——露天仓库、堆场、操作场地面积。

建筑密度是工业建筑总平面设计中比较重要的技术经济指标,它可以反映总平面设计中用地是否紧凑合理。建筑密度高,表明可省土地和土石方工程量,又可以缩短管线长度,从而降低建厂费用和使用费。

②厂区利用系数　是指工业场地内建筑物、构筑物、露天场地、铁路、道路、广场占地面积与工业场地占地面积之比。计算公式为:

$$厂区利用系数 = \frac{F_2 + F_3 + F_4 + F_5}{F_1} \times 100\% \tag{9.9}$$

式中 F_4——指铁路、道路、人行道占地面积;

F_5——指地下地上工程管线占 F 地面积。

厂区利用系数比建筑密度更能全面反映厂区用地的情况。

③绿化系数 绿化系数指厂区内绿化面积与厂区占地面积之比。计算公式为:

$$绿化系数 = \frac{绿化面积}{厂区占地面积} \times 100\%$$ (9.10)

④实物工程量指标 实物工程量指标反映总平面及运输部分的建设实物量,包括场地平整土方工程量、铁路长度、道路和广场铺砌面积、排水工程量、围墙长度及绿化面积等。

⑤生产经营费用指标 它反映企业生产经营期间,总平面部分的经常费用,包括每年的铁路及道路运输经营费,每吨货物运费,铁路和道路及其构筑物的维修养护费以及厂区绿化费用。

· 9.3.3 提高设计方案技术经济效果的主要途径 ·

提高设计方案技术经济效果的主要途径是节约用地和降低造价。

1)节约用地的途径与措施

(1)节约用地和合理用地的一般要求

①工程项目的布点和占地应在区域规划和城市规划的控制下进行,不得破坏已有整体规划任意布点占地或扩大用地。

②在满足生产及使用要求的前提下,应尽量少占良田好地,多利用山地、坡地、荒地和劣地。

③实行城市综合开发,实行统一规划、统一征地、统一开发、统一建设,提高土地的利用效率。

(2)工业建筑设计中节约用地的措施

①改进生产工艺流程,采取车间合并措施,即采用联合车间形式,将狭长形平面改为方形平面,组合建造车间,可大大节约用地。

②改单层厂房为多层厂房,变水平工艺流程为垂直工艺流程。

③车间的平面外形应尽量规整、简单,既节约用地,也便于施工。

④除运输量特别大的工厂外,在厂内应采用汽车运输、架空运输、机械运输和管道运输,尽量不采用曲率半径大、占地面积多的铁路运输形式。

(3)民用建筑设计中节约用地的措施

①增加建筑层数,提高居住面积密度。据有关资料统计,居住建筑由 1 层增至 4 层时节约用地效果显著;6 层以上继续增加层数时,节约用地的数量明显减少。因为层数增加后,住宅之间的日照间路也相应增加,基地面积在每户建筑面积中所占比重逐步减少,所以节约用地的效果也逐步下降。

②降低层高。因层高影响建筑物间距的大小,故降低层高有利于节约用地。

③改进平面设计。在平面设计中,进深增大,则用地越省,所以在不妨碍使用要求的前提下,应尽可能加大房屋进深。适当增加建筑物的长度,也可节约用地,这是因为减少了房屋山墙间的间距所占的用地。

④适当集中公共设施,合理布置道路,充分利用小区内的边角用地,以提高建筑密度。

⑤合理确定建筑物间距是节约用地不可忽视的因素。在保证建筑功能要求以及居民环境质量的前提下,降低建筑物间距,便能提高建筑面积净密度,达到节约用地的效果。

⑥建筑群体布置形式对用地的影响也不容忽视,如采取高低搭配、点条结合、前后错列以及局部东西向布置、斜向布置或拐角单元等手法不仅可节省用地,同时也能突破枯燥单调的行列式格局,创造出多样化的建筑群体空间。

2)降低建筑造价的途径与措施

(1)民用建筑设计中降低造价的措施

①平面形状力求规则。平面形状越是简单,它的单价造价就越低,因为规则的平面形状,既可减小外墙周长,又方便施工。

②提高平面系数。在建筑面积相同情况下,提高面积利用率,增加户内使用面积,就会相应地降低造价。提高平面系数,关键是在满足使用要求的前提下,合理设计门厅过道、走廊、楼梯及电梯井等交通联系面积。

③适当降低层高,既可节约用地,又能降低工程造价。

④合理确定建筑层数。对多层住宅来说,提高层数可以使每户造价平均降低 1% 左右。但对高层住宅来说,由于要设置电梯和加压水泵等,其造价则相应上升。而且,高层住宅的使用功能和环境质量较多层住宅差,因此一般应控制高层住宅的建筑,只有在大城市的特定地区,当高层住宅节约用地显著时,才可以建造少量高层住宅。

(2)工业建筑设计中降低造价的措施

①合理确定厂房建筑的平面布置。如单层厂房的平面形式最好是方形,其次是矩形,长:宽 =(2~3):1 为好,并尽量避免设置纵横跨,以便采用统一的结构方案,尽量减少构件类型和简化构造,使厂房面积得到最有效的利用。

②厂房层数尽量采用经济层。

a.单层厂房:对于工艺要求跨度大和层数高,拥有重型生产设备和起重设备,生产时常有较大振动和散发大量热与气体的重工业厂房,采用单层厂房是经济合理的。

b.多层厂房。对于工艺紧凑,可采用垂直工艺流程和利用重力运输方式,设备与产品质量轻,并要求恒温条件的各种轻型车间,采用多层厂房。

多层厂房经济层的确定主要考虑两个因素:一是厂房展开面积大小,展开面积越大,经济层数越可增加;二是与厂房长度和宽度有关,长度和宽度越大,经济层数越可增加,造价也随之降低。

③合理确定厂房高度和层高。相同建筑面积的厂房,高度和层高增加,工程造价也随之增加。因此在满足工艺流程和设备正常运转与操作方便以及工作环境良好的条件下,总是力求降低层高。

④柱网选择要经济合理。柱网的布置是确定柱子的行距(跨度)和间距(每行柱子中间两个柱间的距离)的依据。柱网布置是否合理,对工程造价和厂房面积的利用都有较大的影响。对单跨厂房当柱距不变时,跨度越大则单位面积造价越小,这是因为除屋架外,其他结构分摊在单位面积上的平均造价随跨度增大而减小。对于多跨厂房,当跨度不变时,中跨数量越多越经济,这是因为柱子和基础分摊在单位面积上的造价减少。

在工艺生产线长度不变的情况下,柱距不变跨度加大,或跨度不变柱距加大,则生产占用厂房面积有所减少。这是因为跨度或柱距增大,扩大了节间范围内的面积,减少了柱子所占面积,有利于工艺设备的紧凑而灵活的布置。从而相对地减少了设备占用厂房面积,降低总造价。

⑤尽量减少厂房的体积和面积。在满足工艺要求和生产能力的前提下,尽量减少厂房体积和面积以减少工程量和降低工程造价。

9.4 施工方案的技术经济分析

· 9.4.1 施工方案技术经济分析的意义和内容 ·

施工的整个过程是按照事先编制的施工方案进行的。施工方案的技术经济分析是编制施工方案的重要环节和内容之一,是管理的一项重要工作。工期的长短,质量的好坏,材料的节约或浪费,人力能否合理安排使用,工程成本的高低,乃至企业的经营管理,都和施工方案有极大的关系,因此必须对建筑工程项目的施工方案作技术经济分析。施工方案的技术经济分析包括施工组织方案和施工工艺方案,以及采用新结构、新材料的技术经济分析。技术经济分析有为选择方案提供依据的事前分析,也有方案实施后的效果评价。后者的目的在于确定该项技术方案的实际效果如何,有无进一步推广的价值,以及指明进一步提高该项技术方案技术经济效果的方向和途径。

· 9.4.2 施工方案技术经济分析的一般程序 ·

施工方案与设计方案技术经济分析的程序基本上是相同的,仅各步骤包含的具体工作内容不同。

施工方案的技术经济分析的一般程序如下:

①明确方案分析的任务和范围,即明确方案是群体工程的施工方案、单位工程的施式方案,还是工种工程的施工方案,同时收集有关资料。

②拟订两个以上可行的备选方案。若评价新工艺、新技术方案时应以传统方案作为对比依据。

③确定反映方案特征的技术经济指标体系。

④指标计算。

⑤方案的分析、评价与选择。

对施工方案的技术经济评价,一般采用多指标体系进行方案间的比较(有时也采用单指标评价),以选出最佳方案。若只有一个方案时,一般也要进行技术经济方面的分析和论证,以说明技术上的先进性,组织上的可行性,经济上的合理性。

9.4.3 施工方案技术经济分析的指标体系

1）施工工艺方案的评价指标

施工工艺方案，是指分部（分项）工程和工种工程的施工方案，如主体结构工程、基础工程、垂直运输、构件安装、水平运输、大体积混凝土浇注、混凝土运送以及模板支撑方案等。上述施工工艺方案的内容主要包括施工技术方法和相应的施工机械设备的选择等。

施工工艺方案虽然各异，但其评价指标不外乎以下几类：

（1）技术性指标

技术性指标主要反映方案的技术特征或适用条件。技术性指标可用各种技术性参数表示，例如现浇混凝土工程总量、安装构件总量、构件最大尺寸、构件最大质量、最大安装高度、模板型号数、各种型号楼板的尺寸、模板单位经济性指标量等。

（2）经济性指标

经济性指标主要反映为完成工程任务所需要的各种消耗。

①工程施工成本，包括直接人工资、机械设备使用费、施工设施的成本或摊销费等。

②主要专用机械设备需要量，包括配备台数、使用时间、总台班数等。

③施工中主要资源需要量，如施工设施所需的枕木、道轨、道渣、模板材料、工具式支撑、脚手架材料和不同施工工艺方案引起的结构材料消耗的增加量等。

（3）效果指标

①工程效果指标，如工程工期。

②经济效果指标，如成本降低额或降低率，材料资源节约额或节约率。

（4）其他指标　如额外增加的材料资源，施工安全性、对环境的影响以及施工临时占用的建筑红线以外的场地面积和所需的主要材料资源、专用设备等。

以上指标并不是每一个工艺方案评价时都要具备的，而应根据评价方案的具体情况加以设置。

2）施工组织方案的评价指标

施式组织方案是组织单位工程施式或全工地性的施工管理方案。这类方案中虽然包含有施工工艺，但主要是施工组织的方法。

评价施工组织方案的技术经济指标有：

（1）技术性指标

①占地面积。

②技术工作、工程质量保证体系。

③施工均衡性，如：

$$主要工种工程施工不均衡系数 = \frac{计划期高峰工程量}{计划期平均工程量}$$

$$主要材料、资源消耗不均衡系数 = \frac{计划期高峰材料、资源耗用量度}{计划期平均材料、资源耗用量}$$

$$劳动消耗量的不均衡系数 = \frac{计划期高峰劳动消耗量度}{计划期平均劳动消耗量}$$

（2）经济性指标

①施工单位的固定资产和流动资金的占用量。

②工程成本，包括直接人工费、机械设备使用费、施工现场管理费等。

③主要专用设备需要量。

④主要材料资源耗用量。

⑤三大材料（钢材、木材、水泥）的节约。

⑥劳动生产率。

（3）效果指标

如工程总工期，从主要项目开工到全部项目投产使用为止的时间，其中包括施工准备期。

（4）其他指标

反映施工组织方案特点的其他指标有：

①机械化施工程度 $= \dfrac{机械化施工完成工作量}{总工作量} \times 100\%$

②工厂化施工程度 $= \dfrac{预制加工厂完成的工作量}{总工作量} \times 100\%$

③临时工程投资比例 $= \dfrac{全部临时工程投资额}{建筑安装总投资} \times 100\%$

·9.4.4　施工方案的评价及实例·

施工方案的选优，可以用前述各章所阐述的方法。一般建筑施工生产并非最终目的，而最终目的是满足使用部门的需要。例如：建设生产性建筑物是为了满足生产的需要；民有建筑施工是为了满足文化娱乐、体育、医疗、居住等需要。在评价施工方案的经济效果时，一般是不计算生产使用过程（部门）的经济效果的。如果由于施工方案的不同而对工程今后的使用有影响时，就要考虑这方面的因素。

施工方案的分析，既要用定性分析，也要用定量分析。定性分析主要是根据施工经验对施工方案的优缺点进行分析，例如工期是否适当，分段流水方法是否合理，总平面设计是否充分利用场地，是否体现文明施工，是否有浪费，是否先进可行等。定量分析强调用数据说明问题，是对各项主要指标进行科学的计算，然后进行量的分析比较，从而确定方案的优劣。

施工方案的技术经济分析实例：

【例 9.1】　某工程的钢筋混凝土框架中竖向钢筋的连接，可以采用电渣压力焊、帮条焊及人工绑扎 3 种方案。若每层共有 1 200 个接头，试分析其技术经济效果。

【解】　表 9.5 是对 3 个方案中所使用的钢材、焊接材料、人工、电量消耗 4 项指标的数量及经济效果的计算结果。可以看出，电渣压力焊与帮条焊比较，各项指标都有节约，综合节约效果为 4 959.6 元，每个接头节约 133 元；而电渣压力焊与人工绑扎比，虽然增加了电焊材料和电力费用，但由于钢材和人工都有节约，总的经济效果仍较好，每个接头节约 0.68 元。所以电渣压力焊是最好的方案，应优先选用。

表 9.5 每个接头的消耗和费用

项 目	电渣压力焊		帮 条 焊		绑 扎	
	用量	金额/元	用量	金额/元	用量	金额/元
钢材	0.189 kg	0.095	2.04 kg	1.02	3.1 kg	1.55
人工	0.14 工日	0.28	0.2 工日	0.4	0.025 工日	0.05
耗电	2.1 kW·h	0.168	25.2 kW·h	2.016	—	—
焊接材料	—	0.4		1.64		0.023
合计	—	0.943		5.076		1.623

【例9.2】 某工程建筑面积 9 000 m², 设计预算造价 85.6 万元。现设计两种施工方案, 一种是用常规办法安排施工, 一种是用统筹法组织施工并进行了优化, 各项指标列于表9.6, 试比较哪个方案较优?

【解】 由表列的几个主要指标进行一一对比, 可见用统筹法安排施工, 各项指标均取得较好效果, 因此应采用统筹法组织施工的方案。

表 9.6 指标数据表

指标名称		单位	第一方案（常规）	第二方案（统筹）	比较
工 期		天	178	155	-23
单 方 用 工		工日/平方米	3.2	2.9	-0.3
主 要 材 料 节 约	钢材	千克	2 350	2 350	0
	木材	m²	8	8	0
	水泥	kg	47 504	47 504	0
大型吊装机械单方台班数		台班/m²	0.014	0.012	-0.002
降低成本额		元	36 500	56 000	+19 500
降低成本率		%	4.26	6.54	+2.28

小 结 9

本章主要讲述工程项目的技术经济特点和技术经济分析的方法, 要求学生熟悉建筑工程项目设计与施工方案技术经济分析的基本要求和分析步骤, 掌握建筑工程项目与施工方案技术经济分析的主要方法, 对建筑业中所采用的各种技术方案、技术措施、技术方法有充分的了解, 并能针对其经济效益进行计算、比较、分析和评价, 以便为选用最佳方案提供科学依据。

复习思考题 9

9.1 设计与施工方案技术经济分析的目的、要求和一般步骤是什么？

9.2 多指标评价法和单指标评价法各有何特点？

9.3 如何对民用建筑和工业建筑的设计方案进行评价？有哪些主要指标？

9.4 提高民用和工业建筑设计方案技术经济效果的途经如何？

9.5 评价施工方案有哪些主要指标？

10 建筑设备更新的技术经济分析

10.1 设备的磨损及其补偿方式

随着使用时间的延长,设备的技术状况会逐渐劣化,其价值和使用价值也会随时间逐渐降低,引起这些变化的原因统称磨损。磨损分为有形磨损和无形磨损两种形式。

· 10.1.1 有形磨损 ·

1) 有形磨损的概念

有形磨损又称为物质磨损或物理磨损,它以设备发生实体性磨损,其使用价值降低或丧失为特征。

有形磨损按其产生的原因又可分为因使用产生的磨损和因闲置而产生的磨损,前者称为第一类有形磨损,后者称为第二类有形磨损。

第一类有形磨损是指机器设备在运转过程中,由于机械力等外力的作用,其零部件发生摩擦、振动和疲劳现象,从而引起机器设备的实体发生磨损。通常表现为:机器设备零部件的原始尺寸改变,形状变化,公差配合性质发生改变,精度降低或零部件损坏,甚至整机损坏。

第一类有形磨损可使设备的精度降低,使用效率下降。当这种磨损达到一定程度时,整个机器的功能就会下降并可能发生事故,导致设备使用费剧增,甚至难以正常工作,丧失使用价值。这类磨损程度取决于使用时间及负荷强度,也与设备自身质量及其安装水平、维修程度、操作管理水平有关。

第二类有形磨损是由于设备在闲置中受日晒、雨淋、风吹以及外界温度、湿度变化等自然力的作用,使其生锈、腐蚀及塑料件老化,从而引起使用价值降低或丧失。这类磨损程度与生产过程中的使用无关,其磨损程度取决于闲置时间的长短、外界自然力作用的大小以及设备的防腐性能和保养程度。

有形磨损在程度较轻时,可以通过修理恢复其使用价值,因此,这类有形磨损又称为可消除性有形磨损。

有形磨损将使设备的使用价值降低或丧失,要消除设备的有形磨损,使之局部或完全恢复使用价值,必须支出相应的补偿费用,以抵偿贬值的部分。

2) 有形磨损的经济度量

设备磨损的经济度量就是用经济指标来度量设备的磨损程度,即设备因磨损而产生的价值贬值程度。

对于可消除性有形磨损,可以通过修理或更换部分零部件使其使用价值得以恢复,由此需要增加一笔修理或更换零部件的费用度量。因此,可以在确定个别零部件磨损的基础上,确定整机的平均磨损程度,其磨损程度的计算公式为:

$$a_\mathrm{p} = \frac{\sum\limits_{i=1}^{n} a_i K_i}{\sum\limits_{i=1}^{n} K_i} \tag{10.1}$$

式中　a_p——设备整机平均磨损程度;

　　　K_i——零件 i 的价值;

　　　n——设备零件总数;

　　　a_i——零件 i 的磨损程度。

或者,可以用修理(或零部件更换)费用与设备的重置费用的比值来表示:

$$a_\mathrm{p} = \frac{R}{K_I} \tag{10.2}$$

式中　R——修理或更换全部磨损零部件所需的费用;

　　　K_I——设备的重置费用。

· 10.1.2　无形磨损 ·

1)无形磨损的概念

无形磨损又叫做经济磨损、精神磨损或技术磨损。无形磨损不是因为在生产过程中的使用或自然力的作用造成的,所以并不表现为设备实体的变化和使用价值的降低,而是表现为设备原始价值的贬低。产生无形磨损的根本原因是科学技术的不断进步和发展。无形磨损按其特点,也可分为第一类无形磨损和第二类无形磨损。

第一类无形磨损是由于设备制造工艺不断改进,成本不断降低和劳动生产率不断提高,生产同种设备所需的社会必要劳动耗费减少,即设备的再生产费用减少,因而设备的市场价格降低,原有设备的价值相应贬值。第一类无形磨损不改变原有设备的技术特性和功能,不影响原有设备的使用,即原有设备的使用价值并不发生变化。

第二类无形磨损是由于技术进步,市场上出现了结构更先进、技术更完善、生产效率更高、耗用原材料和能源动力更少的新型设备,使原有设备价值降低,而且会使原有设备局部或全部丧失其使用价值。因为原有设备的使用期虽然尚未达到其物理寿命,还能正常工作,但由于技术上更先进的新设备的应用,将使原有设备的生产效率大大低于社会平均生产效率,如继续使用原有设备,就会使产品成本大大高于社会平均成本,所以使用新设备比使用原有设备在经济上更划算,因此,原有设备应当及时更新。

2)无形磨损的经济度量

设备的无形磨损可用设备再生产费用的变量与原设备的购置费的比值来度量:

$$a_I = \frac{K_0 - K_1}{K_0} = 1 - \frac{K_1}{K_0} \tag{10.3}$$

式中　a_1——设备无形磨损的程度；

　　　K_0——原设备的原始价值；

　　　K_1——等效设备的重置费用。

K_1应当反应技术进步在相同设备再生产价值的降低和具有更好功能更高效率的新设备出现这两个方面对原有设备的影响。可用下式表示：

$$K_1 = K_n \left(\frac{q_0}{q_n} \right)^{\alpha} \left(\frac{C_n}{C_0} \right)^{\beta} \tag{10.4}$$

式中　K_n——新设备的价值；

　　　q_0, q_n——使用原有设备与对应新设备的年生产率；

　　　C_0, C_n——使用原有设备与对应新设备的单位产品耗费；

　　　α, β——设备生产效率提高指数和成本降低指数（$0 < \alpha < 1, 0 < \beta < 1$），其值可根据具体设备的实际数据确定。

在上式中，若 $q_0 = q_n, C_0 = C_n$，即新旧设备的劳动生产率与使用成本均相同时，则 $K_1 = K_n$，表示只发生了第一类无形磨损。

如果上式中出现了下述 3 种情况之一，则 $K_1 \neq K_n$，即表示发生了第二类无形磨损。

$q_n > q_0, C_n = C_0$；

$q_n = q_0, C_n < C_0$；

$q_n > q_0, C_n < C_0$。

·10.1.3　综合磨损·

设备在使用期内，既会遭受有形磨损，又会遭受无形磨损，当两类磨损同时作用于设备上，称为综合磨损。

有形磨损和无形磨损都同时引起机器设备原始价值的贬值。但是，有形磨损，尤其是有形磨损严重时，设备在修理之前往往不能继续工作；而无形磨损，即使是无形磨损严重，设备仍然可以使用，只是继续使用它生产产品时，其经济效果较差。因此，当设备遭受综合磨损时，必须分析考虑该设备继续使用是否划算，即计算设备的综合磨损程度。

设备的综合磨损程度可用下式计算：

$$a = 1 - (1 - a_p)(1 - a_1) \tag{10.5}$$

式中　a——设备综合磨损程度；

　　　a_p——设备有形磨损程度；

　　　a_1——设备无形磨损程度。

设备在任何时期遭受综合磨损后的净值可用下式计算：

$$K = (1 - a)K_0 = \left[1 - 1 + (1 - a_p)(1 - a_1) \right] K_0 =$$
$$\left(1 - \frac{R}{K_1} \right) \left(1 - \frac{K_0 - K_1}{K_0} \right) K_0 =$$
$$K_1 - R \tag{10.6}$$

式中　K——设备净值（综合磨损后的剩余价值）；

　　　K_0——设备的原始价值；

R——修复全部磨损零件的费用；

K_1——等效设备的重置费用。

由上式可以看出，设备在遭受综合磨损后的净值，等于等效设备的重置费用减去修理费用。

· 10.1.4 设备磨损的补偿方式 ·

设备综合磨损的形式不同，补偿的方式也不一样，补偿可分为局部补偿和完全补偿。设备有形磨损的局部补偿是修理，设备无形磨损的局部补偿是现代化改装，有形磨损和无形磨损的完全补偿是更换。设备磨损形式及其补偿方式之间的相互关系如图10.1所示。

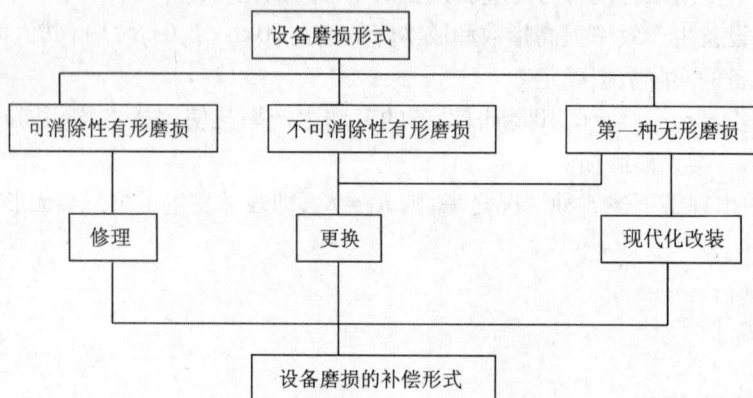

图 10.1 设备磨损形式及其补偿方式

10.2 技术改造的技术经济分析

· 10.2.1 技术改造的含义 ·

社会经济的发展和增长，其途径主要有两条：一条是外延扩大再生产，即把追加的投资用来建设新的企业，单纯依靠增加生产要素的数量，如依靠增加设备、资金、人力和生产场所扩大生产规模。另一条是内涵扩大再生产，就是把追加投资用于扩充正在执行职能的原有资产，依靠生产技术的进步，生产要素的质量改善，从而提高劳动和生产资料的效率来实现生产规模的扩大。对现有企业进行技术改造，就是内涵扩大再生产的主要形式。

技术改造是指在科学技术进步的前提下，把科学技术成果应用于企业生产的各个环节，用先进技术改造落后的技术，用先进工艺和装备代替落后的工艺和装备，实现以内涵为主的扩大再生产，达到增加品种、提高质量、节约能源、降低原材料消耗、全面提高社会综合经济效益的目的。

对一个具体项目而言，对老厂进行技术改造比新建厂有很多优点：

①可以充分利用现有厂房、公用设施、外部运输等的潜力，从而节约基建投资；

②可以少占用日益珍贵的土地资源；

③可以不增加、少增加甚至减少熟练劳动力；

④可以缩短建设时间并利用成熟的生产经验使企业提前达产；

⑤可以调动企业自筹资金的积极性，从而扩大建设资金的来源。

当然，对老厂进行技术改造也存在一些缺点，如施工比较复杂，可能或长或短地影响生产以及难于全盘自动化等。

· 10.2.2　技术改造项目的类型 ·

从技术改造的方式和内容上可以分为以下几种类型。

①调整和加强生产流程中的薄弱环节　由于各工序生产效率发展的不平衡，很多企业大都存在薄弱环节，调整各工序之间的关系，加强薄弱环节扩大产量、提高质量，投资效果往往很好。

②采用新工艺　采用新的工艺，可以扩大产量、降低成本、提高质量、改善环境，但所采用的新工艺必须结合国情。

③增加新的工序　通常，增加新工序大都是为了提高产品的内在质量或改善外观与装潢，以适应市场特别是国际市场的需要。

④更新陈旧设备，实行设备更新　是指由于设备陈旧需要将原型号的设备更新成新型号的设备以扩大产量，提高质量，降低成本和改善劳动条件。

⑤设备现代化改装　是指应用现代化的技术成就和先进经验，根据生产的需要，改变现有设备的结构，以改善原有设备技术性能和使用功能，使其局部或全部达到目前生产的新设备水平。

· 10.2.3　技术改造项目的特点 ·

①与企业存量基础密切相关　技术改造项目是在企业原有基础上进行的，进行技术改造所新增加的投资及其新形成的资产，都必须与企业的原有资产相结合而发挥作用。因此，技术改造与企业的原有资产关系密切，需要对企业的资产存量进行深入的调查、分析和估算。

②着眼于增量效益　技术改造项目是通过增加投资，对现有企业进行以内涵扩大再生产为宗旨的设备更新或改建、扩建，其最终目的表现为获取经济效益的增加。所以，在对技术改造项目进行经济分析时，必须着眼于技改投资的增量效益。

③效益和费用多样　根据生产实际需要，技术改造的目标及其规模差异很大，实施方法也有很大的不同，可能只改进或更换一台设备，也可能几乎全部重建等。由此导致技术改造的效益可能表现在某一方面，也可能通过几个方面综合表现出来，如扩大产量、增加品种、提高质量、降低消耗、提高劳动生产率、改善环境、改进劳动条件等。技术改造的费用也包括多方面的内容，不仅包括技术改造项目本身的投资，还包括技术改造后新增加的运行费用，而且还应当包括技术改造过程中对企业带来的影响，如暂时的停产或减产损失等。

④经济评价难度大　由于技术改造项目涉及企业原有资产存量的计算和处理、新增投资的分析、新增经济效益的计算，以及技术改造过程中现有生产所受到的影响等方面问题，所以，技术改造项目的经济效果计算及其评价的难度，比新建项目的经济效果计算和评价的难度要大。

· 10.2.4 技术改造项目的评价方法 ·

技术改造项目具有一般建设项目的共性,所以一般建设项目的经济评价方法也都适用于技术改造项目。但是,由于技术改造是在企业原有基础上进行的,所以在具体评价方法上又有其自身的特点。

技术改造项目经济评价方法的最基本特点,就是必须计算项目的增量效益和增量费用,从而得到增量评价指标,用以判断项目的可行性。

1)总量法

技术改造项目的财务评价一般采用有无对比法,即技术改造后("有项目")的未来情况与不进行技术改造("无项目")的未来情况相对比,而不是技术改造前和后的情况对比。

用总量指标对技术改造项目进行评价只能使用价值型指标(如净现值),而不能使用效率型指标(如内部收益率等)。我们可以先计算不进行技术改造情况下的净现值,再计算技术改造情况下的净现值,然后加以比较,这就是总量法的含义。

方案对比时应注意:

①和现状相比,"无项目"情况下的效益和费用在计算期内可能增加,可能减少,也可能保持不变。必须预测这些趋势,以避免人为地低估或夸大项目的效果。

②为使计算期保持一致,应以"有项目"的计算期为基准,对"无项目"的计算期进行调整。

③如果由于技术改造而使部分原有资产不再有用并能转让出售或作其他有价处理时,应把转让资产的收入视作现金流入。

【例 10.1】 某改造项目原有资产的重估值为 200 万元,其中 100 万元的资产将在改造后被拆除变卖,其余的 100 万元资产继续留用。改造的新增投资估计为 300 万元,改造后预计的每年的净收益可达 100 万元,而不改造每年的净收益预计只有 40 万元。假定改造、不改造的寿命期均为 8 年,$i_0 = 10\%$,问该企业是否应进行技术改造?

【解】 "有项目"和"无项目"的现金流量图如图 10.2 所示。

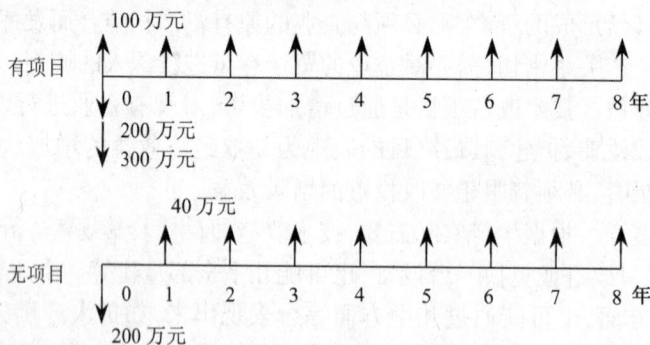

图 10.2 现金流量图

$NPV_{无} = -200 \text{ 万元} + 40 \text{ 万元}(P/A, 10\%, 8) = 13.4 \text{ 万元}$

$NPV_{有} = -400 \text{ 万元} + 100 \text{ 万元}(P/A, 10\%, 8) = 133.5 \text{ 万元}$

由于 $NPV_{有} > NPV_{无}$

所以应对企业进行技术改造。

2)增量法

增量法的程序是:首先计算不进行技术改造产生的现金流量,再计算进行技术改造产生的现金流量,然后计算"有项目"和"无项目"的增额现金流量,最后在"有项目"和"无项目"之间进行绝对效果和相对效果检验。

根据互斥方案评价方法,若前一个方案通过了绝对效果检验,后一个方案与前一个方案比较通过了相对效果检验,那么,后一个方案必然通过绝对效果检验。

增量法可以采用内部收益率指标进行评价,也可采用净现值指标进行评价。

【例10.2】 某企业经过技术改造,年产量由$100×10^4$ t增加到$150×10^4$ t,由于产品质量提高,产品售价由 8 元/t 提高到 10 元/t。由于采用先进技术,经营成本由现在的 6.5 元/t 降至 6 元/t。产品销售税率按 5% 计算,试计算该项目的增量效益。

【解】 增量效益计算过程如表 10.1 所示,增量效益为有项目与无项目时净收益之差。

表 10.1 增量效益计算表

项 目	有项目				无项目			
	1	2	3	…	1	2	3	…
产量/10^4 t	150	145	140		100	90	80	
销售收入/万元	1 500	1 450	1 400		800	720	640	
经营成本/万元	900	870	840		650	585	520	
销售税金/万元	75	73	70		40	36	32	
净收益/万元	525	507	490		110	99	88	
增量效益/万元	415	408	402					

【例10.3】 对例10.1中的改造项目采用内部收益率法进行评价。

【解】 先求"无项目"的$IRR_无$

$$-200+40(P/A,IRR,8)=0$$

$$IRR_无-14.56\%>i_0-10\%$$

再进行相对效果检验,求$\Delta IRR_{有,无}$

$$-200+60(P/A,\Delta IRR,8)=0$$

$$\Delta IRR_{有,无}=25\%>i_0=10\%$$

根据以上计算结果,可判定改造项目可行。

从以上的分析中,我们发现无论是总量法还是增量法都需要将原有资产视为投资,从而需要对原有资产进行估价,而资产估价是一种十分复杂和困难的工作,其工作量和难度往往超过项目评价本身。因此,我们希望回避资产评估。一般情况下,只需要根据增量现金流量计算指标,原有资产在进行增量现金流量计算时便会互相抵消,这样就不必进行原有资产的估价了。

10.3 设备更新的经济分析

· 10.3.1 设备的3种寿命 ·

①自然寿命(物质寿命) 是指机械设备在使用过程中,由于物质损耗的原因,从投入使用直至不能继续使用而报废为止的全部时间。加强设备的维护保养和管理,可以延长其自然寿命。

②技术寿命 是指由于科学技术的迅速发展,一方面对产品的质量和精度的要求越来越高,另一方面,不断涌现出技术上更先进,性能更完善的设备。在这种情况下,原有设备虽然还能继续使用,但已不能保证产品的精度、质量和技术要求而被淘汰。此时,设备从投入使用至淘汰为止所经历的时间即为设备的技术寿命。如某种设备的第一代、第二代等,相邻两代设备之间的时间间隔就是前一代设备的技术寿命。

③经济寿命 设备随着使用时间的延长,一方面其磨损逐渐加大,效率日益下降;另一方面,为了维持原有设备的生产效率,必须增加维修次数,消耗更多的燃料和动力,而使每年的使用费用呈递增趋势。当设备年使用费的增长超过了一次性投资分摊费的降低额时,继续使用该设备就不经济了。根据设备使用费用这种变化规律确定的设备最经济使用期限,就称为设备的经济寿命。

· 10.3.2 设备更新分析的经济寿命法 ·

1)经济寿命确定的准则

确定设备的经济寿命,就是寻求设备在使用过程中,投资的分摊成本费与年使用费的总和为最小时的时刻。在这个时刻之前,或者在这个时刻之后,其总费用都会增加。所以,从设备投入使用到投资的分摊成本费与年使用费的总和为最小的时刻所经历的时间,就是设备的经济寿命。确定其经济寿命的分析方法就是设备更新分析的经济寿命法。

2)经济寿命的静态分析法

设设备的原值(即投资费用)为 P,设备已使用的年数为 T,则每年平均分摊投资成本为 P/T。随着使用年数 T 的增长,每年分摊的投资成本将逐渐减少。但另一方面,设备的维修费用、燃料、动力消耗等使用费用又逐渐增加。这一过程叫做设备的低劣化。用 A_1 表示第1年机械设备的使用费用(运营成本费用),用 G 表示因低劣化而使设备使用费从第2年起的增加值,如图 10.3 所示。

T 年内每年使用费用的平均值为 $A_1+G(T-1)/2$。因此,设备每年平均的投资成本和使用成本之和称为总成本,其表达式为:

$$C = \frac{P}{T} + A_1 + \frac{G(T-1)}{2} \tag{10.7}$$

式中 C——设备的平均年总成本。

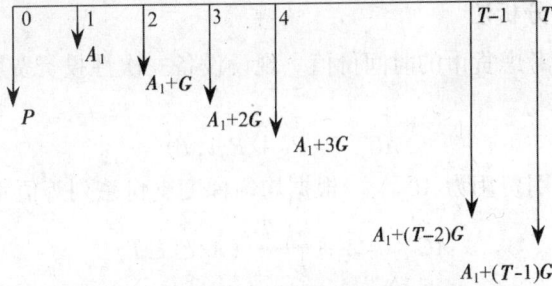

图 10.3　现金流量图

为了使平均年总成本达到最小,令 $\dfrac{\mathrm{d}C}{\mathrm{d}T}=0$,有:

$$\frac{-P}{T^2}+\frac{G}{2}=0$$

$$T_0=\sqrt{\frac{2P}{G}} \tag{10.8}$$

T_0 为设备的经济寿命,也是设备的最佳更新期。

【例 10.4】　设某设备原值为 10 000 元,第一年的动力、操作和维修管理等使用费用为 500 元,以后每年递增 450 元。试用静态分析法确定其经济寿命期。

【解】　由公式(10.6)得:

$$T_0=\sqrt{\frac{2\times10\ 000}{450}}=6.67$$

即经济寿命期约为 7 年。

对应的最小成本 $C_0=\dfrac{10\ 000\ 元}{7\ 年}+500\ 元/年+\dfrac{450\ 元/年(7-1)}{2}=3\ 279\ 元/年$

列表计算也可得到相同的结果。见表 10.2。

表 10.2　经济寿命计算表

使用年数 T	P/T	$A+G(T-1)/2$	合计 C
1	10 000	500	10 500
2	5 000	725	5 725
3	3 333	950	4 283
4	2 500	1 175	3 675
5	2 000	1 400	3 400
6	1 667	1 625	3 292
7	1 429	1 850	3 279
8	1 250	2 075	3 325
9	1 111	2 300	3 411

3)经济寿命的动态分析法

动态分析法就是要考虑货币的时间价值。现设设备一次性投资费用按利率 i 在 T 年中的分摊成本为:

$$AC_{1(T)} = P(A/P, i, T)$$

又设设备年平均使用费用为 $AC_{2(T)}$。根据均匀梯度支付系列等值年金公式,得:

$$AC_{2(T)} = A_1 + \frac{G}{i} - \frac{TG}{i}(A/F, i, T)$$

从而设备的年平均费用为:

$$AC_{(T)} = AC_{1(T)} + AC_{2(T)} = P(A/P, i, T) + A_1 + \frac{G}{i} - \frac{TG}{i}(A/F, i, T) \tag{10.9}$$

最小年平均费用 $AC_{(T)}$ 所对应的时间就是设备的经济寿命,即最佳更新周期。由于用数学方法求解式(10.9)的最小值比较困难,所以,往往用列表计算的方式来求设备的动态经济寿命期。

【例 10.5】 设利率 $i = 15\%$,用动态分析法确定例 10.4 中设备的经济寿命期。

【解】 由已知条件得:

$$AC_{1(T)} = 10\ 000(A/P, 15\%, T)$$

$$AC_{2(T)} = 500 + \frac{450}{0.15} - \frac{450}{0.15} \times T \times (A/F, 15\%, T) =$$

$$3\ 500 - 3\ 000T(A/F, 15\%, T)$$

$$AC_{(T)} = AC_{1(T)} + AC_{2(T)}$$

列表计算,见表 10.3。

表 10.3 经济寿命计算表

更新周期 T	$AC_{1(T)}$	$AC_{2(T)}$	$AC_{(T)}$
1	11 500	500	12 000
2	6 151	709	6 860
3	4 380	908	5 288
4	3 503	1 096	4 599
5	2 983	1 275	4 258
6	2 642	1 444	4 086
7	2 404	1 602	4 006
8	2 229	1 750	3 979
9	2 096	1 891	3 987
10	1 993	2 021	4 014

从表中可知,最小的年平均费用为 3 979 元/年,对应的经济寿命期为 8 年。

对于设备使用费用呈不规则变化的情况,可通过表先计算各年使用费用的现值和 T 年使用费用的累计现值,再计算 $AC_{2(T)}$,然后求 $AC_{(T)}$,最终找出最佳更新周期。

4)设备更新分析的机会成本法

当原有设备尚未达到预定的更新期限,就有更经济更高效的新设备问世时,按原定期限更新设备便不经济了,这时,新设备的出现就为原有设备的更新提供了又一可供选择的机会。在原设备"经济寿命期"之前的某个时机更换成新型设备,可能由于新设备远比旧设备优越而最终节约一笔开支。由此而节约的这笔开支就称为机会成本。如果放弃这一机会,就等于失去了这笔机会成本。因此,这时设备是否应该更新、何时更新、除了考虑它原有的年平均费用之外,还与机会成本的大小有关。

机会成本法就是在经济寿命的动态分析法的基础上,再考虑新型设备的机会成本因素,求最佳更新时机的一种经济分析法。

假定原有设备使用了 e 年时,就有新型设备出现。已知原有设备最小的年平均费用为 $MinAC$,新型设备最小的年平均费用为 $MinAC'$,$MinAC' < MinAC$。从长远观点看,第 e 年之后,两种设备的最小年平均费用之差: $d = MinAC - MinAC'$,即为继续使用原有设备每年损失的机会成本。

如果原有设备再继续使用 1 年,那么,$e+1$ 年中的年平均费用就必须在原有基础上加上第 $e+1$ 年机会成本在 $e+1$ 年中的分摊费用,即为:

$$AC_{(e+1)}^{''} = AC_{(e+1)} + d(A/F, i, e+1)$$

式中 $AC_{(e+1)}^{''}$ ——考虑机会成本时,原有设备使用了 $e+1$ 年的年平均费用。

依此类推,如果原有设备继续使用 m 年,那么,年平均费用就必须加上 m 年的机会成本分摊费用,即为:

$$AC_{(e+m)}^{''} = AC_{(e+m)} + d(F/A, i, m)(A/F, i, e+m) \tag{10.10}$$

于是,考虑机会成本的最佳更新时机的年平均费用可表达为:

$$MinAC_{(e+m)}^{''} = AC_{(e+m)} + d(F/A, i, m)(A/F, i, e+m) \tag{10.11}$$

具体计算,可通过列表进行。

【例 10.6】 设例 10.5 中设备使用了 3 年时,出现了可满足同样需要的更优越的新设备。据分析计算,新设备经济寿命期对应的最小年平均费用 $AC_{min} = 2\,979$ 元/年。利率 i 仍为 15%,试用机会成本法分析该设备的最佳更新时机。

【解】 列表计算如下:

表 10.4　经济寿命期的计算表

更新时机 $(e+m)$	$AC_{(e+m)}$	$d(F/A, i, m)(A/F, i, e+m)$	$AC_{(e+m)}$
3+0	5 288		5 288
3+1	4 599	200	4 799
3+2	4 285	319	4 604
3+3	4 086	397	4 483
3+4	4 006	451	4 457
3+5	3 979	491	4 470

从表中可知,最小的年平均费用为 4 457 元/年,对应的 $m=4$ 年。即原有设备继续使用 4 年后更新为新设备最合适。这比原定的经济寿命期提前了 1 年。

小 结 10

本章由设备磨损及其补偿方式、技术改造的技术分析、设备更新的技术分析这 3 节内容组成。第 1 节介绍了设备的有形磨损、无形磨损以及补偿方式,第 2 节介绍了技术改造项目的特点和评价方法,第 3 节介绍了设备的 3 种寿命及其评价方法。通过本章学习,学生应了解磨损的概念、如何补偿设备的磨损、技术改造项目的特点、设备的 3 种寿命,熟练掌握有形磨损和无形磨损的特点、设备的经济寿命,重点是设备的经济寿命和经济寿命的分析方法,难点是经济寿命的动态评价分析方法。

复习思考题 10

10.1 什么是设备的有形磨损、无形磨损,各有何特点? 对设备的补偿方式有哪些?

10.2 什么是设备的自然寿命、技术寿命和经济寿命?

10.3 某设备需进行大修理,其购置费用为 15 000 元,再生产价值为 10 000 元,大修理需费用 2 500 元。问设备遭受了何种磨损? 磨损度为多少?

10.4 某一设备,其原值为 7 200 元,第 1 年的使用成本费为 500 元,以后每年递增 400 元,若不计残值和利息,其经济寿命期为几年? 若按 10% 的利率计算,其经济寿命期又为几年?

10.5 某企业经过技术改造,年产量由 200 t 增加到 400 t,由于产品质量、工艺水平的提高,产品售价由 6 元/t 提高到 8 元/t,经营成本由现在的 5 元/t 降至 4.5 元/t。产品销售税率按 10% 计算,试计算该项目的增量效益。

11 项目后评价

11.1 概　述

·11.1.1　项目后评价的概念·

项目后评价(Post Project Evaluation)是指对已完成的项目的目的、过程、效益、作用和影响所进行的系统的、客观的分析;通过对项目活动实践的检查总结,确定项目预期的目标是否达到,项目或规划是否合理,项目的主要效益指标是否实现;通过项目后评价分析找出项目失败的原因,总结经验教训并通过及时有效的信息反馈,为未来新项目的决策和提高完善投资决策管理水平提出建议,同时也为被评项目实施运营中出现的问题提出改进意见,从而达到提高投资效益的目的。

根据项目生命的全周期过程概念,一般认为项目后评价是在项目建成和竣工验收之后所进行的评价,其评价的时间范围如图 11.1 中的 D 点到 F 点。此前的过程可分为项目前评估(可简称为项目评估)、项目中间评价(可称为跟踪评价),其与项目后评价一起构成完整的项目评估评价过程。

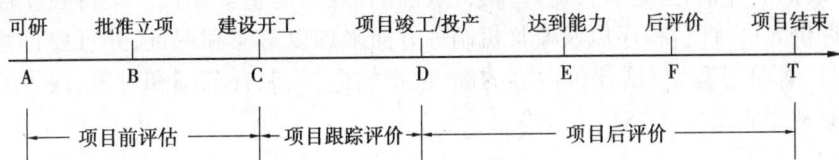

图 11.1　项目生命周期中的评价阶段

项目中间评价是指对正在建设尚未完工的项目所进行的评价。中间评价可以是全面、系统地对项目的决策、目标、过程及未来效益进行的全面评价;也可以是单独对项目建设过程中的某项内容进行的单项评价;或者对一个行业、产品、地区等的同类项目进行的评价。中间评价的作用是及时发现项目建设过程中存在的问题,分析产生的原因,重新评价项目的目标是否可能达到,项目的效益指标是否可以实现,并据此提出相应的对策和措施,以使决策者调整和完善方案,使项目得以顺利完成。项目中间评价包括项目实施过程中从立项到项目完成前的各种评价,如开工评价、跟踪评价、调整评价、阶段评价、完工评价等。国外把中间评价称为"绩效评价"。

项目后评价的内容包括项目效益后评价、项目影响后评价和项目管理后评价 3 大部分。

①项目效益后评价主要是对应于项目前评估而言的,是指项目竣工后对项目投资经济效果的再评价。评价方式以项目建成运行后的实际数据为依据,重新计算项目的各项经济指标,并与项目评估时预测的经济指标(如项目净现值、项目内部收益率、项目获利指数等)进行纵向对比,评价分析两者的偏差及其产生的原因,进而总结其经验教训,为以后的相关项目决策提供借鉴和反馈信息。

②项目影响后评价包括环境影响后评价和社会影响后评价两方面,环境影响后评价主要从项目对环境产生的影响方面对项目前评估所预测的情况与项目竣工后的实际环境影响效果进行对比分析,如环境污染、资源保护、生态平衡等方面。社会影响后评价是从项目的角度分析项目对国家或地区社会发展目标的贡献和影响,并与项目评估时的分析进行对比,重新确定其影响程度,以便决定是否采取新的措施,降低其负面影响。

③项目管理后评价是指当项目竣工之后,对项目策划及实施阶段的项目管理工作所进行的评价,目的是通过对项目实施过程中管理行为及管理效果的分析,全面总结项目工作的管理经验,为类似项目的管理提供指导。

从以上3方面的内容可以看出,项目后评价是全面提高项目决策和项目管理水平的必要而有效的手段。

·11.1.2 项目后评价的一般性原则·

1)公正性

这一原则表示在评价时,应采取实事求是的态度,在发现问题、分析原因和作出结论时要避免主观臆断,应始终保持客观、公正的态度进行评价工作。公正性标志着项目后评价及评价者的信誉,因此这是项目后评价应坚持的一条重要的原则。

2)独立性

该原则指项目后评价不受项目决策者、管理者和执行者的干扰,也不同于项目决策者和管理者自己开展的前评估,这是项目后评价公正性和客观性的重要保证。坚持独立性原则要从评价机构、评价人员、评价程序以及监督机制等方面来加以落实和保证,并且要自始至终贯穿于整个项目后评价过程,包括评价内容的确定、指标选择、调查范围和对象、报告编写及审稿等,都应独立地完成。

3)科学性

科学性是指项目后评价所采用的理论、方法和技术手段是公认和经过实践验证为正确的,评价结果既要反映项目的成功经验,也要包括失败教训。科学性还要求项目后评价所采用的资料信息的完整性和可靠性。

4)实用性

实用性原则强调项目后评价结果能对未来的类似项目提供借鉴和指导,对被评价项目本身的后期运行也具有指导和改进作用。因此,对项目后评价报告提出的结论和建议要求具体、实用和可行。

5)反馈性

反馈包括两方面的含义:一是用于项目后评价的信息资料是从项目竣工后的实施过程中

反馈回来的;二是项目后评价结果要及时反馈给各相关决策和实施部门。这种反馈可称为两级反馈,项目后评价是这两级反馈的中间加工过程:将工程项目运行的复杂信息通过分析、处理、归纳成具体的结论和建议,供相关部门和相关项目的立项评估使用。

· *11.1.3 项目后评价的程序* ·

项目后评价的程序是指项目后评价工作开展的步骤,一般包括后评价项目选择、后评价计划、后评价内容与范围、后评价专家或机构确定、后评价实施及后评价报告编制等。

1)后评价项目选择

一般根据下列条件选择需开展后评价的项目:

①政府投资项目中规定需要进行后评价的项目;

②特殊项目(如大型项目、复杂项目和试验性的新项目等);

③可为即将实施的国家预算、宏观战略和规划制定提供信息的项目;

④具有未来发展方向的有代表性的项目;

⑤对行业或地区的投资发展有重要意义的项目;

⑥竣工运营后与前评估的预测结果有重大变化的项目;

⑦其他需要了解作用和效果的项目。

原则上讲,为使项目的运营、管理更加完善和本着对投资者负责的态度,大、中型投资项目有条件都应进行项目后评价工作。

2)项目后评价计划

确定需要进行后评价的项目后,就要制订项目后评价计划。制订项目后评价计划的时间应当尽可能地早,因为一旦确定需要进行后评价之后,从项目的可行性论证开始,就要注意收集和保存有关的信息资料。计划的内容要对后评价的预计时间、后评价范围、指标系统、技术方法以及人员机构等作出总体安排。

3)项目后评价内容与范围

后评价计划主要强调各评价阶段的划分和时间安排,项目后评价的内容与范围则是以项目后评价任务书的形式加以确定,并对目的、内容、深度、范围和方法作出明确而具体的说明。主要包括以下几点:

①项目后评价的目的;

②项目后评价的范围与内容;

③项目后评价的方法;

④项目后评价采用的指标体系;

⑤项目后评价所需的经费;

⑥项目后评价的时间安排。

4)项目后评价机构和咨询专家的选择

项目后评价一般分为两个阶段:自我后评价和独立后评价。自我后评价通常由项目实施单位和项目使用单位,并以项目使用单位为主来完成,重点是记录和收集项目运行的原始数据,从使用者的角度来进行后评价;独立后评价由独立的评价机构完成。评价机构接受任务后,要确定一名专业负责人,并由专业负责人组织相关专家成立后评价小组。评价小组成员与被评价项目没有经济和社会利益关系,以保证项目后评价的公正性。后评价机构也可聘请机构以外的独立后评价咨询专家,共同完成项目的后评价任务,以增加公正性和提高评价质量。

5)项目后评价的实施

项目后评价的具体实施,根据不同类型的项目可能有所不同,从大的方面包括以下 3 个方面:

①项目后评价信息资料的收集　首先应尽可能全面地收集与后评价项目有关的原始资料,包括项目可行性论证(研究)报告、立项审批书、项目变更资料、竣工验收资料、决算审计报告、各项设计文件、项目运营情况的原始记录以及自我后评价报告等资料。

②项目后评价的现场调查资料　现场调查要预先做好现场调查设计,根据项目后评价内容的需要设计调查的内容和问题、调查对象、调查形式以及具体安排等。调查的内容要包括项目实施情况、项目目标的实现情况、项目各经济技术指标的合理性、项目产生的作用及影响等。

③项目后评价资料的整理与分析　资料的整理过程中要注意资料的客观性和有效性,只有同时满足这两者要求的资料才是合格的资料,对于非正常条件下及偶然因素作用下获取的信息数据不应作为项目后评价的分析依据。分析主要从 3 个方面进行:一是项目后评价结果与项目前评估预测结果的对比分析;二是对项目后评价本身结果所作的分析;三是对项目未来发展的分析。

6)项目后评价报告的编写

项目后评价报告是后评价工作中的最后一项,也是反映项目后评价工作成果最关键的一项。报告的编写以前 5 项工作内容为依据,以评价原则为指导,客观、全面、公正地描述被评价项目的实施现状。项目后评价报告要具有项目绩效评价、改善项目后续发展和提高项目决策人员水平的功能和作用。报告一般包括以下几点:

①封面;

②项目后评价组织及人员分工;

③报告摘要;

④项目概况;

⑤后评价内容及方法;

⑥数据处理与分析;

⑦主要成果与存在问题;

⑧后评价结论与建议;

⑨附件及说明。

· 11.1.4　项目后评价的历史与发展 ·

项目后评价和项目前评估在国外几乎是同时提出来的。20 世纪 30 年代,美国、瑞典等一些发达国家的财政、审计机构及援外单位就已经开始了工程项目的后评价工作,美国国会还以此作为监督政府投资新政政策的手段。到 20 世纪 60 年代,美国在实施"向贫困宣战"的计划中进一步采用项目评估和对后评价方法进行监督。20 世纪 70 年代,项目后评价广泛地被许多国家政府和世界银行、亚洲开发银行等国际金融组织所采用,成为项目生命周期中的一个重要环节和投资管理的一种重要手段,并逐渐形成了一套比较完善的管理和评价体系。

在项目后评价机构方面,大部分西方发达国家将其隶属于立法机构或设立于政府部门中。如美国的评价机构为美国会计总署(the General Accounting Office,GAO),直接受美国国会领导;马来西亚则是在各级政府部门中建立项目监督和评价机构;韩国在政府中设立的经济企划院评价局则属于国家级的后评价机构。在许多国际金融组织中,一般设立独立的后评价机构,直接由董事会领导。如世界银行的后评价机构为业务评价局(The WorldBank Operations Evaluation Department,OED)。在发展中国家当中,印度是开展后评价工作比较好的一个。印度于第一个五年计划(1951—1955年)期间就成立了规划评议组织,专门负责组织项目后评价工作。印度各邦也设有邦评议组织,负责各州的具体后评价事务。印度的规划评议组织设在国家计划委员会内,它直接向计划委员会副主席报告工作,并只对计划委员会而不对任何其他行政部门负责,以保证其独立性。

我国的投资项目后评价始于20世纪80年代。1988年原国家计委委托中国国际工程咨询公司,进行了第一批国家重点投资建设项目的后评价,标志着项目后评价工作在我国应用的正式开始。到了20世纪90年代中期,项目后评价工作已在全国范围内得到普遍推广。为了总结经验、吸取教训,1996年交通部颁发了《公路建设项目后评价工作管理办法》,并确定沪嘉、广佛、西三、沈大4条高速公路为国内首批高速公路后评价项目,标志着我国项目后评价管理水平已经上升到了一个新的高度。2001年起国家开发银行全面实行了项目贷款后评价,其后评价工作由总行稽核评价局负责归口管理,后评价工作分为分行后评价、总行主要业务局后评价和后评价局后评价3个层次,建立了比较完整的后评价体系,形成了自己的特色。2002年5月。对广东省已建成营运的公路项目——深汕西高速公路开展了环境影响后评价试点工作,这是我国开展的第一个公路项目的环境影响后评价,2002年10月28日《环境影响评价法》颁布,并于2003年9月1日起施行。该法首次对规划、建设项目的环境影响提出了后评价(或跟踪评价)要求,这对加强我国规划、建设项目环境影响评价管理,健全环境影响评价体系具有重要的作用。

经过近20年的时间,中国的后评价事业有了较快的发展,在公路、铁路、水利、火电站、大型建筑项目等工程中得到运用,但是由于投资、经济和管理体制等多种原因,中国的项目后评价制度、组织建设、理论与方法以及应用实践都尚不成熟,许多行业的后评价制度规范和宏观管理监督还未完全纳入法制化的轨道。

11.2　项目后评价方法

项目后评价工作包含的内容十分广泛,分析方法从总体上说是定量和定性相结合,其中主要的分析方法有对比分析法、逻辑框架法、成功度法和综合评价法。

1)对比分析法

对比分析法也是后评价方法的一条基本原则,包括前后对比、有无对比和横向对比。

前后对比是将项目可行性研究和评估时所预测的效益和项目竣工投产运行后的实际结果相比较,找出差异和原因。这种对比用于提示项目的计划、决策和实施的质量,是项目过程评价应遵循的原则。

　　有无对比是将项目投产后实际发生的情况与没有运行投资项目可能发生的情况进行对比,以度量项目的真实效益、影响和作用。对比的重点主要是分清项目自身的作用和项目以外的作用。这种对比用于项目的效益评价和影响评价。对比的关键是要求投入的代价与产出的效果口径一致,即所度量的效果要真正归因于有此项目。有无对比法需要大量可靠的数据,最好有系统的项目监测资料,也可引用当地有效的统计资料。在进行对比时,先要确定评价内容和主要指标,选择可比的对象,用科学的方法收集资料,通过建立对比表来进行分析。

　　横向对比是同一行业内类似项目相关指标的对比,用以评价项目的绩效或竞争力。

2)逻辑框架法

　　逻辑框架法(Logical Framework Approach,LFA)是美国国际开发署在 1970 年开发并使用的一种设计、计划和评价的工具。目前大部分的国际组织把该方法作为援助项目的计划、管理和后评价的主要方法。LFA 不是一种机械的方法或程序,而是一种综合、系统地研究问题的思维框架模式,这种方法有助于对关键因素和问题作出合乎逻辑的分析。

　　LFA 是一种概念化论述项目的方法,即用一张简单的框图来清晰地分析一个复杂项目的内涵和关系,使之更易理解。LFA 是将几个内容相关、必须同步考虑的动态因素组合起来,通过分析其间的逻辑关系,从设计、策划到目的、目标等方面来评价一项活动或项目。LFA 为项目计划者和评价者提供一种分析框架,用以确定工作的范围和任务,并通过对项目目标和达到目标所需的手段进行逻辑关系的分析。

　　LFA 的核心概念是事物的因果逻辑关系,即"如果"提供了某种条件,"那么"就会产生某种结果,这些条件包括事物内在的因素和事物所需要的外部因素。

　　LFA 的基本模式可用一张 4×4 的矩阵图来表示,见表 11.1。

表 11.1　逻辑框架法的模式

层次描述	客观验证指标	验证方法	重要外部条件
目标/影响	目标指标	监测和监督手段及方法	实现目标的主要条件
目标/作用	目标指标	监测和监督手段及方法	实现目标的主要条件
产出/结果	产出物定量指标	监测和监督手段及方法	实现产出的主要条件
投入/措施	投入物定量指标	监测和监督手段及方法	实现投入的主要条件

　　2005 年 5 月,国务院国资委对中央企业固定资产投资项目后评价工作制定了工作指南,其中逻辑框架法通过投入、产出、直接目的、宏观影响 4 个层面对项目进行分析和总结并加以描述,其评价模式见表 11.2。

表 11.2　国资委项目后评价逻辑框架表

项目描述	可客观验证的指标			原因分析		项目可持续能力
	原定指标	实现指标	差别或变化	内部原因	外部条件	
项目宏观目标						
项目直接目的						
产出/建设内容						
投入/活动						

3) 成功度法

成功度评价法也就是所谓的打分方法,是以逻辑框架法分析的项目目标的实现程度和经济效益分析的评价结论为基础,以项目的目标和效益为核心所进行的全面系统评价。首先要确定成功度的等级及标准,再选择与项目相关的评价指标并确定其对应的重要性权重,通过指标重要性分析和单项成功度结论的综合,即可得到整个项目的成功度指标。

成功度法是依靠评价专家或专家组的经验,根据项目各方面的执行情况并通过系统准则或目标判断表来评价项目总体的成功程度。成功度评价是以逻辑框架法分析的项目目标的实现程度和经济效益分析的评价结论为基础,以项目的目标和效益为核心所进行的全面系统的评价。进行成功度分析时,首先确立项目绩效衡量指标,然后根据如下的评价体系对每个绩效衡量指标进行专家打分。

①成功(AA):完全实现或超出目标;相对成本而言,总体效益非常大。

②基本成功(A):目标大部分实现;相对成本而言,总体效益较大。

③部分成功(B):部分目标实现;相对成本而言,取得了一定效益。

④不成功(C):实现的目标很少;相对成本而言,取得的效益很少或不重要。

⑤失败(D):未实现目标;相对成本而言,没有取得效益或亏损,项目放弃。

项目成功度表可设置评价项目的主要指标。在评定具体项目的成功度时,并不一定要测定所有的指标,评价人员首先根据具体项目的类型和特点,确定表中指标与项目相关的程度,按重要性分为重要、次重要和不重要 3 类,见表 11.3。相关重要性不重要的指标就不用测定,对每项指标的成功率进行评价后,综合单项指标的成功度结论和指标重要性可得到整个项目的成功度评价结论。

表 11.3　项目成功度评价表

评定项目指标	项目相关重要性	评定等级
宏观目标和产业政策		
决策及其程序		
布局与规模		
项目目标与市场		
设计与技术装备水平		
资源和建设条件		
资金来源和融资		
项目进度及其控制		
项目投资及其控制		
项目经营		
机构与管理		
项目财务效益		
项目经济效益与影响		
社会和环境影响		
项目可持续		
项目总评		

4)综合评价法

(1)综合评价法的概念

建设项目的综合后评价,就是在建设项目的各分项分部工程、项目施工的各阶段以及从项目组织各层次评价的基础上,寻求项目的整体优化。由于建设项目的复杂性,技术、经济、环境和社会的影响因素众多,各种评判指标也只能反映投资项目的某些侧面或局部功能,因此采用综合评价法对项目进行综合后评价更能从整体上把握投资项目的建设质量和投资者的决策水平。

(2)综合评价法的一般步骤

①确定目标;

②确定评价范围;

③确定评价指标和标准;

④确定指标的权重;

⑤确定综合评价的依据。

综合评价法一般采用定性或定性分析与定量分析相结合的方法,常用的方法有德尔菲法、层次分析法(AHP)、模糊综合评判法等。

11.3　经济效益后评价

11.3.1　项目财务后评价

项目财务后评价是项目后评价的一项重要内容,它是对建成投产后的项目投资财务效益的再评价。项目财务后评价从企业角度出发,根据项目投产后的实际财务数据,如产品价格、生产成本、销售收入、销售利润等重新预测整个项目生命期的财务数据,计算项目投产后实际的财务评价指标,然后与项目前评价中预测的财务效益指标进行对比,分析两者偏离的原因,以对财务评价作出结论,吸取其经验教训,提高今后项目财务预测水平和项目微观决策科学化水平。但财务后评价中采用的数据不能简单地使用实际数,应扣除物价指数的影响,以使各项评价指标在前评估和后评价的不同时间点上具有可比性。

在盈利性分析中,通过全投资和自有资金现金流量表计算全投资税前内部收益率、净现值、自有资金税后内部收益率等指标;通过编制损益表,计算资金利润率、资金利税率、资本金利润率等指标,以反映项目和投资者的获利能力。偿债能力分析主要是通过资产负债表、借款还本付息计算表,计算资产负债率、流动比率、速动比率等指标来反映建设项目的清偿能力。

财务后评价指标及与前评估的对比可按表11.4的形式列出。

表 11.4　财务后评价与前评估对比表

序号	分析内容	名称报表	评价指标名称	指标值		偏离值	偏离原因
				前评估	后评价		
1	盈利性分析	全部投资现金流量表	全部投产回收期				
2			财务内部（税前）				
3			财务净现值（税前）				
4		自有资金现金流量表	财务内部收益（税后）				
5			财务净现值（税前）				
6		损益表	资金利润率				
7			资金利税率				
8			资本金利润率				
9	偿债能力分析	资金来源与运用表	借债偿还期、偿债准备率				
10		资产负债表	资产负债率				
11			流动比率				
12			速动比率				

·11.3.2　项目经济后评价·

　　项目经济后评价的内容主要是通过编制全投资和国内投资的经济效益及费用流量表、外汇流量表、国内资源流量表等计算出项目实际的国民经济盈利性指标——全投资和国内投资经济内部收益率和经济净现值、经济换汇成本、经济节汇成本等指标,此外还应分析项目的建设对当地经济发展、所在行业和社会经济发展的影响;对收益公平分配的影响(提高低收入阶层收入水平的影响);对提高当地人口就业的影响和推动本地区、本行业技术进步的影响等。其主要作用是通过项目后评价指标与前评估指标的比较,分析项目前评估和项目决策质量以及项目实际的国民经济效益费用情况。经济后评价结果与前评估指标对比见表 11.5。

表 11.5　经济后评价结果与前评估指标对比表

序号	分析内容	名称报表	评价指标名称	指标值		偏离值	偏离原因
				前评估	后评价		
1	经济盈利性分析	全投资社会经济效益费用流量表	经济内部收益率				
2			经济净现值				
3		国内投资社会经济效益费用流量表	经济内部收益率				
4			经济净现值				
5	外汇效果分析		经济换汇成本				
6		损益表	经济节汇成本				

11.4 项目社会及环境影响后评价

· 11.4.1 项目社会影响后评价 ·

项目社会影响后评价主要从两方面进行分析,一是项目实施后对社会影响的实际结果,二是这种实际结果与前评估预测分析结果的差距及其原因。具体内容包括以下几项:

(1)对社会就业的影响

项目对社会就业的影响包括直接和间接的影响,评价指标可采用新增就业人数或用剔除投资额影响的投资就业人数,前者为绝对量指标,后者为相对量指标。计算式如下:

$$新增就业人数 = 项目直接就业人数 + 项目引起的其他就业人数 \tag{11.1}$$

$$单位就业人数 = \frac{新增就业人数}{项目总投资} \tag{11.2}$$

该指标可反映项目对区域或地区社会就业率的影响程度,分析时可与同地区或同行业类似项目评价指标对比,项目对间接影响的其他就业人数要注意严格区分。

(2)对地区收入分配的影响

项目对地区收入分配的影响,主要是从国家对社会公平分配和扶贫政策的角度考虑。项目所处地区是处于相对富裕或贫困的状况用地区(省级)收益分配系数中的人均国民收入来描述,通过重新计算引入地区收益分配系数后的经济净现值指标(IDR),对项目的社会影响后评价进行分析。计算式如下:

$$D_i = \left(\frac{G}{G'} \right)^m \tag{11.3}$$

$$IDR = ENPV \cdot D_i = \sum_i^m (B - C)_i (1 + i_s) D_i \tag{11.4}$$

式中　D_i ——第 i 个地区(省级)收益分配系数;

G ——项目评价时的全国人均国民收入;

G' ——同一时间项目省份的人均国民收入;

IDR ——地区收入分配效益(地区经济净现值);

$ENPV$ ——项目经济净现值;

n ——地区数量;

B ——经济效益流量;

C ——费用效益流量;

i_s ——社会折现率;

m ——国家规定的贫困省份的收入分配系数,由国家定期分布,其值代表国家对于贫困地区的投资扶贫政策。

(3)对居民生活条件和生活质量的影响

项目对于当地居民生活条件和生活质量的影响后评价主要考虑项目实际引起的居民收入

变化、人口增长率变化、住房条件和服务设施的改善、体育和娱乐设施的改善等。此外,同样也需要做项目前评估与后评价的分析对比。

(4)项目对地方和社区发展的影响

评价项目实施后对当地社会发展的影响时,主要分析地方和社区的社会安定、社区福利、地方政府和社区的参与程度、社区的组织机构和管理机制等。

(5)项目对文化教育和民族宗教的影响

项目对文化、教育水平是否具有促进作用,对妇女社会地位的影响,特别是对当地风俗习惯、宗教信仰的影响以及对少数民族团结的影响等,主要以定性分析为主,也需从项目实施后的状况和项目前评估的预测情况及其对比的角度来分析。

· 11.4.2 项目环境后评价 ·

项目环境后评价是指在规划、建设活动实施后,对照项目前评估所批准的项目环境影响报告书,将其对环境造成的实际影响程度进行系统调查和评价,检查减少环境影响措施的落实程度和实施效果,验证环境影响预测评估结论的正确性、可靠性,判断提出的环保措施的有效性,并对前评估时未认识到的一些环境影响进行分析研究,对项目竣工之后的各类变化情况进行补充完善,以达到改进环境质量和管理水平,并采取进一步的技术和经济措施,改善或减少项目对环境造成的不利影响。

项目环境影响后评价的主要内容有以下几项:

(1)项目对环境污染的影响

从污染源分析,项目对环境污染的影响后评价包括以下内容:

①噪声环境影响后评价。对建设项目环境影响后评价工作来说,噪声环境评价是比较重要的一项工作。即根据前评估的项目环境影响报告,在确定主要噪声环境敏感区的基础上,对敏感区测点进行检测和评价,判断针对防噪声的措施是否合理、有效等。

②空气环境影响后评价。即项目竣工投产后,对周边地区空气环境的污染,有害、有毒气体的排放量等检测结果与前评估结果的对比评价。

③污水环境影响后评价。包括:项目建成后,集中排放的污水处理情况及对周边地区环境的影响;项目区路面径流对周围水体水质的影响,以及其他(固体)污染物的排放对地区环境的影响,后评价的同时也要与前评估的预测结果进行对比分析。

对环境污染的影响可用环境质量指数来评价。环境质量指数的数值是相对于某一个环境质量标准而言的,当选取的环境质量标准变化时,尽管某种污染物的浓度并未变化,环境质量指数的取值也会不同,因此在进行横向比较时需要注意各自采用的标准。环境质量标准根据项目所处地区或城市可能有所差别,受到社会、经济等因素的制约。环境质量指数的计算公式如下:

$$I_{EQ} = \sum_{i=1}^{n} Q_i / Q_{i0} \tag{11.5}$$

式中　I_{EQ}——环境质量指数;

　　　Q_i——第 i 种污染物的排放量;

　　　Q_{i0}——第 i 种污染物政府允许的最大排放量;

n——项目排放物的污染物种类。

（2）项目对自然资源的利用和保护

项目对自然资源的利用和保护是指对包括水、海洋、土地、森林、草原、矿产、渔业、野生动植物等自然界中对人类有用的一切物质和能量的合理开发、利用、保护和再生增值。项目对资源利用与保护的后评价分析重点是能源节约和资源、土地利用以及资源综合利用等。可参照2002年10月颁布的《环境影响评价法》进行。

（3）项目对生态平衡的影响

项目对生态平衡的影响，是指由于人类的各种项目活动对自然界已形成的生态平衡的影响。包括的范围有人类、植物和动物种群（特别是珍稀濒临的野生动植物）、重要水源涵养区、具有重大科教文化价值的地质构造（如著名溶洞、冰川、火山、温泉等自然景观）、人文遗迹、气候、土壤、植被等。

11.5 监测评价与指标系统

· 11.5.1 项目监测评价 ·

我国最早开展项目监测评价的是世界银行提供贷款的黄土高原水土保持项目，该项目以全新的管理模式推动了我国的水土保持工作。项目首次按照基建程序开展项目前期准备工作，建立了完备的项目组织领导和实施管理体系，在财务管理中引入报账制和审计制；首次开展了全面的项目监测评价工作；首次进行了项目支持服务体系建设。项目实施开创了黄土高原水土保持生态建设的新局面，建成了一批高质量、高效益的治理水土流失的样板工程，取得了显著的经济效益、社会效益和生态效益，同时还引进了先进技术，提高了管理水平，培养了一批高素质的项目管理人才。特别是其中的监测评价和报账制、审计制，在国内同类项目中得到成功推广，起到了很好的示范作用，使我国水土保持工作在优质、高效和规范、科学管理方面迈上了一个新台阶。

此后，我国在农业、水利、环境保护以及医疗卫生等领域相继开展了项目监测评价工作，单独从工程建设项目本身进行项目监测评价的还较少，但已涉及相关的土木工程。

1）项目监测评价的概念

项目监测是随着项目的进展，根据项目既定目标的要求，按照事先设计的指标体系，定期或连续采集数据和资料的过程。项目监测评价就是通过设计的指标体系，利用监测数据分析评价项目实施的效果，以及与前评估预测结果的差别。监测对象可以是工程项目实施过程中的进度、质量、成本控制中的某项参数，也可以是项目竣工投产后生产过程或成果的某项指标。根据11.1.1节的定义，前者属于跟踪评价的范围，后者则属于项目后评价的内容。因此，从工程管理的角度分析，项目监测评价应该属于项目跟踪评价（或项目中评价）和项目后评价共同的范畴。

2) 项目监测与评价的关系

(1) 项目监测与项目评价的联系

两者都是重要的管理手段,都是收集项目执行过程中投入、产出、进度、质量和成本等方面的信息,并与目标比较评价其效果和差距;两者在收集指标、分析方法和信息传递反馈体系方面基本类似;项目监测与项目评价的目的均在于发现问题,总结经验教训,改进项目的执行和决策方法,优化资源配置,提高效益;执行监测和评价的组织形式相似,尤其在基层基本上是由同一个机构执行。

(2) 项目监测与项目评价的区别

①工作目标的区别:项目监测着重于为实现目标而作的检查、监督;项目评价着重于判断目的是否实现;监测是项目执行的耳目,是对项目执行实行全面的监督检查,以便发现问题,及时研究解决;监测的目标是确定项目是否按照计划的程序在进行,是否与原来设计一致,评价的目标在于判断项目的效果和影响是否达到了或正在达到预定目标,同时总结经验教训,为修正和完善新的项目提供借鉴。

②工作内容的区别:一般来说,项目的监测工作着重于执行过程中的完成情况及存在的问题,而评价是对项目等执行效果和影响的评议,着重于其执行后所产生的效果。也可以说,监测是保证项目取得预期效果和发生预期影响的重要手段,评价则是以监测提供的数据为依据,结合实地调查及其他有关资料来识别和解释项目执行所产生的效果和影响中是否包含一些规律性的东西。

总之,项目监测是评价的基础,是为评价提供过程数据和依据的;项目评价则是对监测数据的整理和分析,评价结果的反馈可能会完善项目过程,因而也可能改变监测的内容、地点、方式或者方案。项目监测使评价具有动态特征。所以,为了与项目监测工作相适应,需要建立一套完整的项目信息管理系统和指标体系。

3) 建立和完善我国的工程项目监测评价体系

①改革现行投资管理体制和建立国家与市场两种监督机制,尽快建立效率与资源分配挂钩的决策机制,从而促进项目监测评价的需求。

②通过积极支持对在建项目的跟踪评价,吸收国外投资机构组织的监测评价经验,促进国内机构对监测评价的重视和参与。同时通过支持科研机构和大学进行有关监测评价方面的研究和技术开发,形成建立监测评价体系的学术氛围和社会氛围,营造项目监测评价所需的工程应用环境。

③通过建立项目监测评价的全员参与机制和信息化建设,增加项目决策和管理的透明度,使监测数据与评价结果能动态结合,真正实现实时的跟踪评价及动态过程的监测评价。

④加强监测评价理论和方法的研究,积极总结提高项目监测评价能力和评价结果的准确性,促进项目决策机构、监测评价主体、监测对象等各方对项目监测评价作用的认识,以形成全方位的项目监测评价体系。

⑤加强监测评价的制度建设,使项目监测评价工作进入法制化轨道。制度建设是我国工程项目监测评价体系能否成功的关键,所有国际发展援助机构过去的经验都证明,没有法定制度作保障,项目的监测评价就难以得到实施,无法发挥作用。

·11.5.2　项目后评价指标体系·

工程项目后评价过程中,除了运用一些定性指标进行定性分析评价外,更重要的是要尽量把定性指标转化成定量指标,形成一整套项目后评价指标系统。由于评价一个工程项目要从项目的建设水平、项目的效益水平以及项目对社会和环境的影响程度等方面全方位地进行评价,并要与项目前评估预测的水平相比较,因此评价指标系统要能全面地描述和反映项目的整体功能和效果。

在工程项目后评价指标系统中,包括质量、进度、投资与成本等指标相对前评估预测值的变化率,反映项目运营阶段的经济效果指标,根据获得的实际经营指标重新预测项目全生命周期的财务指标和国民经济评价指标,以及工程项目建成后的社会效益与环境效益(费用)的评价指标等。

1)反映工程项目前期和实施阶段效果的后评价指标

(1)实际项目决策(设计)周期变化率

$$\text{实际项目决策(设计)周期变化率} = \frac{\text{实际项目周期决策(设计)周期} - \text{预计决策(设计)周期}}{\text{预计决策(设计)周期}} \times 100\%$$

$$(11.6)$$

(2)实际建设工期变化率

$$\text{实际建设工期变化率} = \frac{\text{实际建设工期} - \text{预计(或定额)建设工期}}{\text{预计(或定额)建设工期}} \times 100\% \quad (11.7)$$

(3)实际工程合格(优良)品率

$$\text{实际工程合格(优良)品率} = \frac{\text{实际工程合格(优良)品数量}}{\text{验收鉴定的单位工程数量}} \times 100\% \quad (11.8)$$

该指标反映工程项目的整体质量。

(4)实际总投资变化率

$$\text{实际静态(动态)总投资变化率} = \frac{\text{实际静态(动态)总投资} - \text{预计静态(动态)投资}}{\text{预计静态(动态)总投资}} \times 100\%$$

(5)实际总投资变化率

$$\text{实际静态(动态)总投资变化率} = \frac{\text{实际静态(动态)总投资} - \text{预计静态(动态)投资}}{\text{预计静态(动态)总投资}} \times 100\%$$

$$(11.9)$$

该指标反映了实际总投资与项目前评估时预计总投资的偏离程度,包括静态比较与动态比较。

(6)实际单位生产能力(或效益)投资及其变化率

$$\text{实际单位生产能力(或效益)投资} = \frac{\text{工程项目总投资}}{\text{新增生产能力(或效益)}} \quad (11.10)$$

该指标反映了竣工项目每增加单位生产能力(或效益)所花费的投资,它将投资与投资效果联系起来分析,能够反映投资的比较效果。

$$实际单位生产能力\atop(或效益)投资变化率 = \frac{\dfrac{实际单位投资能力}{(或效益)投资} - \dfrac{设计单位生产能力}{(或效益)投资}}{设计单位生产能力(或效益)投资} \times 100\% \qquad (11.11)$$

该指标反映了实际单位生产能力（或效益）投资与设计单位生产能力（或效益）投资的偏离（节约）程度。

2）反映工程项目运营阶段效果的后评价指标

（1）实际达产年限变化率

$$实际达产年限变化率 = \frac{实际达产年限 - 设计达产年限}{设计达产年限} \times 100\% \qquad (11.12)$$

该指标反映了实际达产年限与设计达产年限的偏离程度。

（2）实际产品价格（成本）变化率

该指标可以衡量前评估中对产品价格（成本）的预测水平，也可以部分地解释实际投资效益与预期投资效益产生偏差的原因，还可以作为重新预测项目寿命周期内产品价格（成本）变化情况的依据。该指标计算可分三步进行。

第一步，计算各年各主要产品的价格（成本）变化率：

$$主要产品价格（成本）变化率 = \frac{该年实际产品价格（成本） - 预测产品价格（成本）}{预测产品价格（成本）} \times 100\%$$

$$(11.13)$$

第二步，计算各年主要产品价格（成本）平均变化率：

$$各年主要产品价格（成本）平均变化率 = \sum 该年产品价格（成本）变化率 \times 该产品产值$$
（成本）占总产值（总成本）的比例 $\qquad (11.14)$

第三步，计算考核期内的产品价格（成本）变化率：

$$产品价格（成本）变化率 = \frac{年实际利润（利税）}{实际总投资} \times 100\% \qquad (11.15)$$

该指标是反映工程项目投资效果的一个重要指标，其中年实际利润（利税）是指项目达到设计生产能力后的实际年利润（利税）或实际平均利润（利税）。

$$实际投资利润（利税）变化率 = \frac{实际投资利润（利税）率 - 预计投资利润（利税）率}{预计投资利润（利税）率} \times 100\%$$

$$(11.16)$$

该指标反映实际投资利润（利税）率与预计投资利润（利税）率的偏离程度。

3）反映工程项目全寿命期效果的后评价指标

（1）实际净现值（ *RNPV* ）及其变动率：

$$RNPV = \sum_{t=1}^{n} (RCI - RCO)_t (1 + i_0)^{-t} \qquad (11.17)$$

式中　*RNPV* ——实际净现值；

　　　RCI ——工程项目实际或根据情况重新预测的年现金流入量；

　　　RCO ——工程项目实际或根据情况重新预测的年现金流出量；

　　　i_0 ——根据实际情况重新选定的行业基准投资收益率；

n ——重新预测的工程项目寿命期；

t ——工程项目寿命期中的某一年份，$t = 1, 2, \cdots, n$。

该指标反映了工程项目寿命期内的动态获利能力。

$$净现值变化 = \frac{RNPV - NPV}{NPV} \times 100\% \tag{11.18}$$

式中　$RNPV$ ——实际(后评估)净现值；

　　　NPV ——预计(前评估)净现值。

该指标反映了实际净现值与预计净现值的偏离程度。

(2)实际内部收益率($RIRR$)

$$\sum_{t=1}^{n} (RCI - RCO)_t (1 + RIRR)^{-t} = 0 \tag{11.19}$$

式中　$RIRR$ ——实际内部收益率；

　　　其他符号含义同前。

实际内部收益率($RIRR$)是工程项目在后评价前实际发生的各年净现金流量和后评价后重新预测的项目寿命周期内各年净现金流量的现值之和为零时的拆现率。该指标是通过解上述方程求得的。用后评价时计算得到的实际内部收益率($RIRR$)与前评估时预测计算的内部收益率(IRR)或行业基准投资收益率(i_k)进行比较，能清楚地反映工程项目的实际投资效益。若$RIRR > IRR$，则说明工程项目的实际投资经济效益已达到或超过行业平均水平或预测的目标水平，有较好的投资经济效益。

(3)实际投资回收期

该指标反映用项目实际产生的净收益或根据实际情况重新预测净收益来抵偿总投资所需的时间。实际投资回收期分实际静态投资回收期和实际动态回收期。

实际静态回收期(T_{Rt})的计算公式如下：

$$\sum_{t=1}^{T_{Rt}} (RCI - RCO)_t = 0 \tag{11.20}$$

式中　T_{Rt} ——实际静态投资回收期；

　　　其他符号含义同前。

实际动态投资回收期(T'_{Rt})的计算公式如下：

$$\sum_{t=1}^{T_{Rt}} (RCI - RCO)_t (1 + i_0)^{-t} = 0 \tag{11.21}$$

式中　T'_{Rt} ——实际动态投资回收期；

　　　其他符号含义同前。

(4)实际借款偿还期(T_{Rd})

$$I_{Rd} = \sum_{t=1}^{T_{Rd}} (R_{Rp} + D_R + R_{R0} - R_{Rt}) \tag{11.22}$$

式中　I ——固定资产投资借款本金和建设期利息；

　　　T_{Rd} ——实际借款偿还期；

　　　R_{Rp} ——实际或重新预测的年税后利润；

　　　D_R ——实际用于还款的折旧；

R_{R0}——实际用于还款的其他收益；

R_{Rt}——还款期内的企业留利。

（5）实际经济净现值（$RENPV$）和实际经济内部收益率（$REIRR$）

实际经济净现值（$RENPV$）和实际经济内部收益率（$REIRR$）是国民经济后评价中的两个重要指标，其计算方法与实际净现值（$RNPV$）和实际内部收益率（$RIRR$）相同。但在计算这两个指标时必须认真考虑以下两个问题：一是工程项目投入物和产出物的影子价格的确定；二是工程项目的间接费用的计算。由于后评价是在工程项目竣工投产若干年后进行的，与前评估相隔有近10年，在此期间由于经济发展、产业结构调整和汇率变化，前评估时的影子价格已不适用了，必须重新计算；对于工程项目的间接效益和间接费用，也会随时间的推移，其他工程项目建成投产等原因，使预期的间接效益随之消失，间接费用也会有所变化，因此在后评价时均应重新加以考虑，作出新的符合实际的评价。

4）反映工程项目社会效益和环境效益的后评价指标

反映工程项目社会效益和环境效益的后评价指标有定性效益指标和定量效益指标两大类。

反映社会效益和环境效益的定性指标有对资源的有效利用、先进技术的扩散、生产力布局的改善、工业产业结构的调整、地区经济平衡发展的促进以及有利于生态平衡和环境保护等方面产生影响的描述。

反映社会效益和环境效益的定量指标有劳动就业效益、收入分配效益和综合能耗等。

（1）劳动就业效益的后评价指标

工程项目的劳动就业效益，可分为直接劳动就业效率、间接劳动就业效率和总劳动就业效率3种。

$$直接劳动就业效率 = \frac{工程项目新增就业人数}{工程项目投资产出}（人/万元）\times 100\% \tag{11.23}$$

$$间接劳动就业效率 = \frac{配套项目新增就业人数}{配套项目投资产出}（人/万元）\times 100\% \tag{11.24}$$

$$总劳动就业效率 = \frac{工程项目新增就业人数 + 配套项目新增就业人数}{工程项目投资产出 + 配套项目投资产出}（人/万元）\times 100\%$$

$$\tag{11.25}$$

劳动就业效益指标，是指单位投资所创造的就业机会。在劳动力过剩、有较多失业人员存在的情况下，为保持社会安定，分析工程项目的劳动就业机会，评价其对社会的贡献具有十分重要的意义。但是，劳动就业效益与技术进步和劳动生产率提高是有矛盾的。工程项目的自动化程度越高，工人的劳动生产率越高，所需要的劳动力就越少，工程项目的劳动就业效益也就越低。所以劳动就业效益的评价应与项目的目标联系起来进行分析和评价。

（2）收入分配效益的后评价指标

收入分配效益就是考察工程项目的国民收入净增值在职工、投资者、企业和国家等各利益主体之间的分配情况，并评价其公平性和合理性。

$$职工分配比重 = \frac{年职工工资收入 + 年职工福利费}{项目年国民收入净增值}\times 100\% \tag{11.26}$$

$$投资者分配比重 = \frac{年投资者分配的利润}{项目年国民收入净增值} \times 100\% \tag{11.27}$$

$$企业留用比重 = \frac{年提取法定盈余公积金和公益金+未分配利润}{项目年国民收入净增值} \times 100\% \tag{11.28}$$

$$国家分配比重 = \frac{年上交国家财政税金+保险费+利息}{项目年国民收入净增值} \times 100\% \tag{11.29}$$

上述 4 项指标之和等于 1。

所谓国民收入净增值,是指从事物质资料生产的劳动者在一定时期内所创造的价值,也就是从社会总产值中扣除生产过程中消耗掉的生产资料价值后的净产值。所以,项目年国民收入净增值应等于项目物质生产部门在正常生产经营年度的职工工资、职工福利费、税金、保险费、利息和税后利润的总和。

(3)综合能耗指标

$$国民收入综合能耗 = \frac{年度能源净耗量}{年度国民收入净增值} \tag{11.30}$$

式中,能源消耗量是指生产时耗用的煤、油、气等折合成标准煤的吨数。

该指标反映工程项目能源利用状况和对社会效益带来的影响。

在实际的工程项目后评价中,还要根据具体项目,如不同行业、不同类型以及区域经济环境不同的工程项目,制定具体的后评价要求或设置一些其他评价指标。通过对这些指标的计算和对比,可以寻找并发现项目实际运行情况和预期目标的偏差及其偏离程度。在对这些偏差进行分析的基础上,可以对产生偏差的各种因素采取具有针对性的措施,以保证工程项目正常运营并取得更大效益。对有规律性或有代表性的后评价结论应加以提炼总结,供其他类似工程项目借鉴和参考。

小 结 1

本章主要讲述了项目后评价的概念、方法、项目经济效益评价、项目社会与环境影响后评价、监测评价与指标系统。在项目后评价的概念中介绍了项目后评价的一般性原则、项目后评价的内容与范围、项目后评价的实施、项目后评价报告的编写以及项目后评价的历史与发展。在学习的过程中,学生要注重理解项目后评价的实质性内容。在项目后评价的方法中,要了解对比分析法、逻辑框架法、成功度法和综合评价法。在项目经济效益后评价中,要弄清项目财务后评价指标与前评估的不同。在项目社会与环境影响后评价中掌握环境影响后评价的内容。最后要了解监测评价与指标系统。

复习思考题 11

11.1　工程项目后评价与前评估的主要区别是什么?

11.2　项目跟踪评价有何特点?

11.3 试讨论项目效益后评价、项目影响后评价和项目管理后评价之间的关系。

11.4 项目影响后评价的主要内容是什么?

11.5 在项目后评价的成功度分析方法中,不成功项目与失败项目有什么区别?

11.6 项目环境影响包括哪 3 个方面?

11.7 如何建立工程项目监测评价机制?

11.8 建立工程项目后评价指标系统应考虑哪些原则?

11.9 某公众图书馆工程投资 2 200 万元,建成后招收了当地 128 人进入图书馆工作,馆前一条街增加了大约 72 人从事服务性工作,新开张四家书店 20 人。计算该图书馆项目的单位就业人数。

11.10 绿草湾花园住宅小区项目的实际建设工期变化率为 20%,由于对雨季估计不足,实际建设工期比预计的增加了 50 天。问该项目实际建设工期为多少天?

附　录

附表1　复利系数表

1%的复利系数

年份	一次支付		等额系列			
	终值系数	现值系数	年金终值系数	年金现值系数	资本回收系数	偿债基金系数
n	$F/P,i,n$	$P/F,i,n$	$F/A,i,n$	$P/A,i,n$	$A/P,i,n$	$A/F,i,n$
1	1.010	0.9901	1.000	0.9910	1.0100	1.0000
2	1.020	0.9803	2.010	1.9704	0.5075	0.4975
3	1.030	0.9706	3.030	2.9401	0.4300	0.3300
4	1.041	0.9610	4.060	3.9020	0.2563	0.2463
5	1.051	0.9515	5.101	4.8534	0.2060	0.1960
6	1.062	0.9421	6.152	5.7955	0.1726	0.1626
7	1.702	0.9327	7.214	6.7282	0.1486	0.1386
8	1.083	0.9235	8.286	7.6517	0.1307	0.1207
9	1.094	0.9143	9.369	8.5660	0.1168	0.1068
10	1.105	0.9053	10.426	9.4713	0.1056	0.0956
11	1.116	0.8963	11.567	10.3676	0.0965	0.0865
12	1.127	0.8875	12.683	11.2551	0.0889	0.0789
13	1.138	0.8787	13.809	12.1338	0.0824	0.0724
14	1.149	0.8700	14.974	13.0037	0.0769	0.0669
15	1.161	0.8614	16.097	13.8651	0.0721	0.0621
16	1.173	0.8528	17.258	14.7191	0.0680	0.0580
17	1.184	0.8444	18.430	15.5623	0.0634	0.0543
18	1.196	0.8360	19.615	16.3983	0.0610	0.0510
19	1.208	0.8277	20.811	17.2260	0.0581	0.0481
20	1.220	0.8196	22.019	18.0456	0.0554	0.0454
21	1.232	0.8114	23.239	18.8570	0.0530	0.0430
22	1.245	0.8034	24.472	19.6604	0.0509	0.0409
23	1.257	0.7955	25.716	20.4558	0.0489	0.0389
24	1.270	0.7876	26.973	21.2434	0.0471	0.0371
25	1.282	0.7798	28.243	22.0232	0.0454	0.0354
26	1.295	0.7721	29.526	22.7952	0.0439	0.0339

续表

年份	一次支付		等额系列			
	终值系数	现值系数	年金终值系数	年金现值系数	资本回收系数	偿债基金系数
27	1.308	0.7644	30.821	23.5596	0.0425	0.0325
28	1.321	0.7568	32.129	24.3165	0.0411	0.0311
29	1.335	0.7494	33.450	25.0658	0.0399	0.0299
30	1.348	0.7419	34.785	25.8077	0.0388	0.0288
31	1.361	0.7346	36.133	26.5423	0.0377	0.0277
32	1.375	0.7273	37.494	27.2696	0.0367	0.0267
33	1.389	0.7201	38.869	27.9897	0.0357	0.0257
34	1.403	0.7130	40.258	28.7027	0.0348	0.0248
35	1.417	0.7050	41.660	29.4086	0.0340	0.0240

3%的复利系数

年份	一次支付		等额系列			
	终值系数	现值系数	年金终值系数	年金现值系数	资本回收系数	偿债基金系数
n	$F/P,i,n$	$P/F,i,n$	$F/A,i,n$	$P/A,i,n$	$A/P,i,n$	$A/F,i,n$
1	1.030	0.9709	1.000	0.9709	1.0300	1.0000
2	1.061	0.9426	2.030	1.9135	0.5226	0.4926
3	1.093	0.9152	3.091	2.8286	0.3535	0.3235
4	1.126	0.8885	4.184	3.7171	0.2690	0.2390
5	1.159	0.8626	5.309	4.5797	0.2184	0.1884
6	1.194	0.8375	6.468	5.4172	0.1846	0.1546
7	1.230	0.8131	7.662	6.2303	0.1605	0.1305
8	1.267	0.7894	8.892	7.0197	0.1425	0.1125
9	1.305	0.7664	10.159	7.7861	0.1284	0.0984
10	1.344	0.7441	11.464	8.5302	0.1172	0.0872
11	1.384	0.7224	12.808	9.2526	0.1081	0.0781
12	1.426	0.7014	14.192	9.9540	0.1005	0.0705
13	1.469	0.6810	15.618	10.6450	0.0940	0.0640
14	1.513	0.6611	17.086	11.2961	0.0885	0.0585
15	1.558	0.6419	18.599	11.9379	0.0838	0.0538
16	1.605	0.6232	20.157	12.5611	0.0796	0.0496
17	1.653	0.6050	21.762	13.1661	0.0760	0.0460
18	1.702	0.5874	23.414	13.7535	0.0727	0.0427
19	1.754	0.5703	25.117	14.3238	0.0698	0.0398
20	1.806	0.5537	26.870	14.8775	0.0672	0.0372
21	1.860	0.5376	28.676	15.4150	0.0649	0.0349
22	1.916	0.5219	30.537	15.9369	0.0628	0.0328
23	1.974	0.5067	32.453	16.4436	0.0608	0.0308
24	2.033	0.4919	34.426	16.9356	0.0591	0.0291
25	2.094	0.4776	36.495	17.4132	0.0574	0.0274
26	2.157	0.4637	38.553	17.8769	0.0559	0.0259
27	2.221	0.4502	40.710	18.3270	0.0546	0.0246
28	2.288	0.4371	42.931	18.7641	0.0533	0.0233
29	2.357	0.4244	45.219	19.1885	0.0521	0.0221
30	2.427	0.4120	47.575	19.6005	0.0510	0.0210

续表

年份	一次支付		等额系列			
	终值系数	现值系数	年金终值系数	年金现值系数	资本回收系数	偿债基金系数
31	2.500	0.4000	50.003	20.0004	0.0500	0.0200
32	2.575	0.3883	52.503	20.3888	0.0491	0.0191
33	2.652	0.3770	55.078	20.7658	0.0482	0.0182
34	2.732	0.3661	57.730	21.1318	0.0473	0.0173
35	2.814	0.3554	60.462	21.4872	0.0465	0.0165

4%的复利系数

年份	一次支付		等额系列			
	终值系数	现值系数	年金终值系数	年金现值系数	资本回收系数	偿债基金系数
n	$F/P,i,n$	$P/F,i,n$	$F/A,i,n$	$P/A,i,n$	$A/P,i,n$	$A/F,i,n$
1	1.040	0.9615	1.000	0.9615	1.0400	1.000
2	1.082	0.9246	2.040	1.8861	0.5302	0.4902
3	1.125	0.8890	3.122	2.7751	0.3604	0.3204
4	1.170	0.8548	4.246	3.6199	0.2755	0.2355
5	1.217	0.8219	5.416	4.4518	0.2246	0.1846
6	1.265	0.7903	6.633	5.2421	0.1908	0.1508
7	1.316	0.7599	7.898	6.0021	0.1666	0.1266
8	1.396	0.7307	9.214	6.7382	0.1485	0.1085
9	1.423	0.7026	10.583	7.4351	0.1345	0.0945
10	1.480	0.6756	12.006	8.1109	0.1233	0.0833
11	1.539	0.6496	13.486	8.7605	0.1142	0.0742
12	1.601	0.6246	15.036	9.3851	0.1066	0.0666
13	1.665	0.6006	16.627	9.9857	0.1002	0.0602
14	1.732	0.5775	18.292	10.5631	0.0947	0.0547
15	1.801	0.5553	20.024	11.1184	0.0900	0.0500
16	1.873	0.5339	21.825	11.6523	0.0858	0.0458
17	1.948	0.5134	23.698	12.1657	0.0822	0.0422
18	2.026	0.4936	25.645	12.6593	0.0790	0.0390
19	2.107	0.4747	27.671	13.1339	0.0761	0.0361
20	2.191	0.4564	29.778	13.5093	0.0736	0.0336
21	2.279	0.4388	31.969	14.0292	0.0713	0.0313
22	2.370	0.4220	34.248	14.4511	0.0692	0.0292
23	2.465	0.4057	36.618	14.8569	0.0673	0.0273
24	2.563	0.3901	39.083	15.2470	0.0656	0.0256
25	2.666	0.3751	41.646	15.6221	0.0640	0.0240
26	2.772	0.3067	44.312	15.9828	0.0626	0.0226
27	2.883	0.3468	47.084	16.3296	0.0612	0.0212
28	2.999	0.3335	49.968	16.6631	0.0600	0.0200
29	3.119	0.3207	52.966	16.9873	0.0589	0.0189
30	3.243	0.3083	56.085	17.2920	0.0578	0.0178
31	3.373	0.2965	59.328	17.5885	0.0569	0.0169
32	3.508	0.2851	62.701	17.8736	0.0560	0.0160
33	3.648	0.2741	66.210	18.1477	0.0551	0.0151
34	3.794	0.2636	69.858	18.4112	0.0543	0.0143
35	3.946	0.2534	73.652	18.6646	0.0536	0.0136

5%的复利系数

年份	一次支付		等额系列			
	终值系数	现值系数	年金终值系数	年金现值系数	资本回收系数	偿债基金系数
n	$F/P,i,n$	$P/F,i,n$	$F/A,i,n$	$P/A,i,n$	$A/P,i,n$	$A/F,i,n$
1	1.050	0.9524	1.000	0.9524	1.0500	1.000
2	1.103	0.9070	2.050	1.8594	0.5378	0.4878
3	1.158	0.8638	3.153	2.7233	0.3672	0.3172
4	1.216	0.8227	4.310	3.5460	0.2820	0.2320
5	1.276	0.7835	5.526	4.3295	0.2310	0.1810
6	1.340	0.7462	6.802	5.0757	0.1970	0.1470
7	1.407	0.7107	8.142	5.7864	0.1728	0.1228
8	1.477	0.6768	9.549	6.4632	0.1547	0.1047
9	1.551	0.6446	11.027	7.1078	0.1407	0.0907
10	1.629	0.6139	12.587	7.7217	0.1295	0.0795
11	1.710	0.5847	14.207	8.3064	0.1204	0.0704
12	1.796	0.5568	15.917	8.8633	0.1128	0.0628
13	1.886	0.5303	17.713	9.3936	0.1065	0.0565
14	1.980	0.5051	19.599	9.8987	0.1010	0.0510
15	2.079	0.4810	21.597	10.3797	0.0964	0.0464
16	2.183	0.4581	23.658	10.8373	0.0932	0.0432
17	2.292	0.4363	25.840	11.2741	0.0887	0.0387
18	2.407	0.4155	28.132	11.6896	0.0856	0.0356
19	2.527	0.3957	30.539	12.0853	0.0828	0.0328
20	2.653	0.3769	33.066	12.4622	0.0803	0.0303
21	2.786	0.3590	35.719	12.8212	0.0780	0.0280
22	2.925	0.3419	38.505	13.1630	0.0760	0.0260
23	3.072	0.3256	41.430	13.4886	0.0741	0.0241
24	3.225	0.3101	44.502	13.7987	0.0725	0.0225
25	3.386	0.2953	47.727	14.0940	0.0710	0.0210
26	3.556	0.2813	51.113	14.3753	0.0696	0.0196
27	3.733	0.2679	54.669	14.6340	0.0683	0.0183
28	3.920	0.2551	58.403	14.8981	0.0671	0.0171
29	4.116	0.2430	62.323	15.1411	0.0661	0.0161
30	4.322	0.2314	66.439	15.3725	0.0651	0.0151
31	4.538	0.2204	70.761	15.5928	0.0641	0.0141
32	4.765	0.2099	75.299	15.8027	0.0633	0.0133
33	5.003	0.1999	80.064	16.0026	0.0625	0.0125
34	5.253	0.1904	85.067	16.1929	0.0618	0.0118
35	5.516	0.1813	90.320	16.3742	0.0611	0.0111

6%的复利系数

年份	一次支付		等额系列			
	终值系数	现值系数	年金终值系数	年金现值系数	资本回收系数	偿债基金系数
n	$F/P,i,n$	$P/F,i,n$	$F/A,i,n$	$P/A,i,n$	$A/P,i,n$	$A/F,i,n$
1	1.060	0.9434	1.000	0.9434	1.0600	1.000
2	1.124	0.8900	2.060	1.8334	0.5454	0.4854
3	1.191	0.8396	3.184	2.6704	0.3741	0.3141
4	1.262	0.7291	4.375	3.4561	0.2886	0.2286
5	1.338	0.7473	5.637	4.2124	0.2374	0.1774
6	1.419	0.7050	6.975	4.9173	0.2034	0.1434
7	1.504	0.6651	8.394	5.5824	0.1791	0.1191
8	1.594	0.6274	9.897	6.2098	0.1610	0.1010
9	1.689	0.5919	11.491	6.8071	0.1470	0.0870
10	1.791	0.5584	13.181	7.3601	0.1359	0.0759
11	1.898	0.5268	14.972	7.8869	0.1268	0.0668
12	2.012	0.4970	16.870	8.3839	0.1193	0.0593
13	2.133	0.4688	18.882	8.8527	0.1130	0.0530
14	2.261	0.4423	21.015	9.2956	0.1076	0.0476
15	2.397	0.4173	23.276	9.7123	0.1030	0.0430
16	2.540	0.3937	25.673	10.1059	0.0990	0.0390
17	2.693	0.3714	28.213	10.4773	0.0955	0.0355
18	2.854	0.3504	30.906	10.8276	0.0924	0.0324
19	3.026	0.3305	33.760	11.1581	0.0896	0.0296
20	3.207	0.3118	36.786	11.4699	0.0872	0.0272
21	3.400	0.2942	39.993	11.7641	0.0850	0.0250
22	3.604	0.2775	43.329	12.0461	0.0831	0.0231
23	3.820	0.2618	46.996	12.3034	0.0813	0.0213
24	4.049	0.2470	50.816	12.5504	0.0797	0.0197
25	4.292	0.2330	54.865	12.7834	0.0782	0.0182
26	4.549	0.2198	59.156	13.0032	0.0769	0.0169
27	4.822	0.2074	63.706	13.2105	0.0757	0.0157
28	5.112	0.1956	68.528	13.4062	0.0746	0.0146
29	5.418	0.1846	73.640	13.5907	0.0736	0.0136
30	5.744	0.1741	79.058	13.7648	0.0727	0.0127
31	6.088	0.1643	84.802	13.9291	0.0718	0.0118
32	6.453	0.1550	90.890	14.0841	0.0710	0.0110
33	6.841	0.1462	97.343	14.2302	0.0703	0.0103
34	7.251	0.1379	104.184	14.3682	0.0696	0.0096
35	7.686	0.1301	111.435	14.4983	0.0690	0.0090

7%的复利系数

年份	一次支付		等额系列			
	终值系数	现值系数	年金终值系数	年金现值系数	资本回收系数	偿债基金系数
n	$F/P,i,n$	$P/F,i,n$	$F/A,i,n$	$P/A,i,n$	$A/P,i,n$	$A/F,i,n$
1	1.070	0.9346	1.000	0.9346	1.0700	1.000
2	1.145	0.8734	2.070	1.8080	0.5531	0.4831
3	1.225	0.8163	3.215	2.6234	0.3811	0.3111
4	1.311	0.7629	4.440	3.3872	0.2952	0.2252
5	1.403	0.7130	5.751	4.1002	0.2439	0.1739
6	1.501	0.6664	7.153	4.7665	0.2098	0.1398
7	1.606	0.6228	8.645	5.3893	0.1856	0.1156
8	1.718	0.5280	10.260	5.9713	0.1675	0.0975
9	1.838	0.5439	11.978	6.5152	0.1535	0.0835
10	1.967	0.5084	13.816	7.0236	0.1424	0.0724
11	2.105	0.4751	15.784	7.4987	0.1334	0.0634
12	2.252	0.4440	17.888	7.9427	0.1259	0.0559
13	2.410	0.4150	20.141	8.3577	0.1197	0.0497
14	2.597	0.3878	22.550	8.7455	0.1144	0.0444
15	2.759	0.3625	25.129	9.1079	0.1098	0.0398
16	2.952	0.3387	27.888	9.4467	0.1059	0.0359
17	3.159	0.3166	30.840	9.7632	0.1024	0.0324
18	3.380	0.2959	33.999	10.0591	0.0994	0.0294
19	3.617	0.2765	37.379	10.3356	0.0968	0.0268
20	3.870	0.2584	40.996	10.5940	0.0944	0.0244
21	4.141	0.2415	44.865	10.8355	0.0923	0.0223
22	4.430	0.2257	49.006	11.0613	0.0904	0.0204
23	4.741	0.2110	53.436	11.2722	0.0887	0.0187
24	5.072	0.1972	58.177	11.4693	0.0872	0.0172
25	5.427	0.1843	63.249	11.6536	0.0858	0.0158
26	5.807	0.1722	68.676	11.8258	0.0846	0.0146
27	6.214	0.1609	74.484	11.9867	0.0834	0.0134
28	6.649	0.1504	80.698	12.1371	0.0824	0.0124
29	7.114	0.1406	87.347	12.2777	0.0815	0.0115
30	7.612	0.1314	94.461	12.4091	0.0806	0.0106
31	8.145	0.1228	102.073	12.5318	0.0798	0.0098
32	8.715	0.1148	110.218	12.6466	0.0791	0.0091
33	9.325	0.1072	118.933	12.7538	0.0784	0.0084
34	9.978	0.1002	128.259	12.8540	0.0778	0.0078
35	10.677	0.0937	138.237	12.9477	0.0772	0.0072

8%的复利系数

年份	一次支付		等额系列			
	终值系数	现值系数	年金终值系数	年金现值系数	资本回收系数	偿债基金系数
n	$F/P,i,n$	$P/F,i,n$	$F/A,i,n$	$P/A,i,n$	$A/P,i,n$	$A/F,i,n$
1	1.080	0.9259	1.000	0.9259	1.0800	1.0000
2	1.166	0.8573	2.080	1.7833	0.5608	0.4080
3	1.260	0.7938	3.246	2.5771	0.3880	0.3080
4	1.360	0.7350	4.506	3.3121	0.3019	0.2219
5	1.496	0.6806	5.867	3.9927	0.2505	0.1705
6	1.587	0.6302	7.336	4.6229	0.2163	0.1363
7	1.714	0.5835	8.923	5.2064	0.1921	0.1121
8	1.851	0.5403	10.637	5.7466	0.1740	0.0940
9	1.999	0.5003	12.488	6.2469	0.1601	0.0801
10	2.159	0.4632	14.487	6.7101	0.1490	0.0690
11	2.332	0.4289	16.645	7.1390	0.1401	0.0601
12	2.518	0.3971	18.977	7.5361	0.1327	0.0527
13	2.720	0.3677	21.459	7.8038	0.1265	0.0465
14	2.937	0.3405	24.215	8.2442	0.1213	0.0413
15	3.172	0.3153	27.152	8.5595	0.1168	0.0368
16	3.426	0.2919	30.324	8.8514	0.1130	0.0330
17	3.700	0.2703	33.750	9.1216	0.1096	0.0296
18	3.996	0.2503	37.450	9.3719	0.1067	0.0267
19	4.316	0.2317	41.446	9.6036	0.1041	0.0214
20	4.661	0.2146	45.762	9.8182	0.1019	0.0219
21	5.034	0.1987	50.423	10.0168	0.0998	0.0198
22	5.437	0.1840	55.457	10.2008	0.0980	0.0180
23	5.871	0.1703	60.893	10.3711	0.0964	0.0164
24	6.341	0.1577	66.765	10.5288	0.0950	0.0150
25	6.848	0.1460	73.106	10.6748	0.9370	0.0137
26	7.396	0.1352	79.954	10.8100	0.0925	0.0125
27	7.988	0.1252	87.351	10.9352	0.0915	0.0115
28	8.627	0.1159	95.339	11.0511	0.0905	0.0105
29	9.317	0.1073	103.966	11.1584	0.0896	0.0096
30	10.063	0.0994	113.283	11.2578	0.0888	0.0088
31	10.868	0.0920	123.346	11.3498	0.0881	0.0081
32	11.737	0.0852	134.214	11.4350	0.0875	0.0075
33	12.676	0.0789	145.951	11.5139	0.0869	0.0069
34	13.690	0.0731	158.627	11.5869	0.0863	0.0063
35	14.785	0.0676	172.317	11.6546	0.0858	0.0058

9%的复利系数

年份	一次支付		等额系列			
	终值系数	现值系数	年金终值系数	年金现值系数	资本回收系数	偿债基金系数
n	$F/P,i,n$	$P/F,i,n$	$F/A,i,n$	$P/A,i,n$	$A/P,i,n$	$A/F,i,n$
1	1.090	0.9174	1.000	0.9174	1.0900	1.0000
2	1.188	0.8417	2.090	1.7591	0.5685	0.4785
3	1.295	0.7722	3.278	2.5313	0.3951	0.3051
4	1.412	0.7084	4.573	3.2397	0.3087	0.2187
5	1.539	0.6499	5.985	3.8897	0.2571	0.1671
6	1.677	0.5963	7.523	4.4859	0.2229	0.1329
7	1.828	0.5470	9.200	5.0330	0.1987	0.1087
8	1.993	0.5019	11.028	5.5348	0.1807	0.0907
9	2.172	0.4604	13.021	5.9953	0.1668	0.0768
10	2.367	0.4224	15.193	6.4177	0.1558	0.0658
11	2.580	0.3875	17.560	6.8052	0.1470	0.0570
12	2.813	0.3555	20.141	7.1607	0.1397	0.0497
13	3.066	0.3262	22.953	7.4869	0.1336	0.0436
14	3.342	0.2993	26.019	7.7862	0.1284	0.0384
15	3.642	0.2745	29.361	8.0607	0.1241	0.0341
16	3.970	0.2519	33.003	8.3126	0.1203	0.0303
17	4.328	0.2311	36.974	8.5436	0.1171	0.0271
18	4.717	0.2120	41.301	8.7556	0.1142	0.0242
19	5.142	0.1945	46.018	8.9501	0.1117	0.0217
20	5.604	0.1784	51.160	9.1286	0.1096	0.0196
21	6.109	0.1637	56.765	9.2023	0.1076	0.0176
22	6.659	0.1502	62.873	9.4424	0.1059	0.0159
23	7.258	0.1378	69.532	9.5802	0.1044	0.0144
24	7.911	0.1264	76.790	9.7066	0.1030	0.0130
25	8.623	0.1160	84.701	9.8226	0.1018	0.0118
26	9.399	0.1064	93.324	9.9290	0.1007	0.0107
27	10.245	0.0976	102.723	10.0266	0.0997	0.0097
28	11.167	0.0896	112.968	10.1161	0.0989	0.0089
29	12.172	0.0822	124.135	10.1983	0.0981	0.0081
30	13.268	0.0754	136.308	10.2737	0.0973	0.0073
31	14.462	0.0692	149.575	10.3428	0.0967	0.0067
32	15.763	0.0634	164.037	10.4063	0.0961	0.0061
33	17.182	0.0582	179.800	10.4645	0.0956	0.0056
34	18.728	0.0534	196.982	10.5178	0.0951	0.0051
35	20.414	0.0490	215.711	10.568	0.0946	0.0046

10%的复利系数

年份	一次支付		等额系列			
	终值系数	现值系数	年金终值系数	年金现值系数	资本回收系数	偿债基金系数
n	$F/P,i,n$	$P/F,i,n$	$F/A,i,n$	$P/A,i,n$	$A/P,i,n$	$A/F,i,n$
1	1.100	0.9091	1.000	0.9091	1.1000	1.0000
2	1.210	0.8265	2.100	1.7355	0.5762	0.4762
3	1.331	0.7513	3.310	2.4869	0.4021	0.3021
4	1.464	0.6880	4.641	3.1699	0.3155	0.2155
5	1.611	0.6299	6.105	3.7908	0.2638	0.1638
6	1.772	0.5645	7.716	4.3553	0.2296	0.1296
7	1.949	0.5132	9.487	4.8684	0.2054	0.1054
8	2.144	0.4665	11.436	5.3349	0.1875	0.0875
9	2.358	0.4241	13.579	5.7590	0.1737	0.0737
10	2.594	0.3856	15.937	6.1446	0.1628	0.0628
11	2.853	0.3505	18.531	6.4951	0.1540	0.0540
12	3.138	0.3186	21.384	6.8137	0.1468	0.0468
13	3.452	0.2897	24.523	7.1034	0.1408	0.0408
14	3.798	0.2633	27.975	7.3667	0.1358	0.0358
15	4.177	0.2394	31.772	7.6061	0.1315	0.0315
16	4.595	0.2176	35.950	7.8237	0.1278	0.0278
17	5.054	0.1979	40.545	8.0216	0.1247	0.0247
18	5.560	0.1799	45.599	8.2014	0.1219	0.0219
19	6.116	0.1635	51.159	8.3649	0.1196	0.0196
20	6.728	0.1487	57.275	8.5136	0.1175	0.0175
21	7.400	0.1351	64.003	8.6487	0.1156	0.0156
22	8.140	0.1229	71.403	8.7716	0.1140	0.0140
23	8.954	0.1117	79.543	8.8832	0.1126	0.0126
24	9.850	0.1015	88.497	8.9848	0.1113	0.0113
25	10.835	0.0923	98.347	9.0771	0.1102	0.0102
26	11.918	0.0839	109.182	9.1610	0.1092	0.0092
27	13.110	0.0763	121.100	9.2372	0.1083	0.0083
28	14.421	0.0694	134.210	9.3066	0.1075	0.0075
29	15.863	0.0630	148.631	9.3696	0.1067	0.0067
30	17.449	0.0573	164.494	9.4269	0.1061	0.0061
31	19.194	0.0521	181.943	9.4790	0.1055	0.0055
32	21.114	0.0474	201.138	9.5264	0.1050	0.0050
33	23.225	0.0431	222.252	9.5694	0.1045	0.0045
34	25.548	0.0392	245.477	9.6086	0.1041	0.0041
35	28.102	0.0356	271.024	9.6442	0.1037	0.0037

12%的复利系数

年份	一次支付		等额系列			
	终值系数	现值系数	年金终值系数	年金现值系数	资本回收系数	偿债基金系数
n	$F/P,i,n$	$P/F,i,n$	$F/A,i,n$	$P/A,i,n$	$A/P,i,n$	$A/F,i,n$
1	1.120	0.8929	1.000	0.8929	1.1200	1.0000
2	1.254	0.7972	2.120	1.6901	0.5917	0.4717
3	1.405	0.7118	3.374	2.4018	0.4164	0.2964
4	1.574	0.6355	4.779	3.0374	0.3292	0.2092
5	1.762	0.5674	6.353	3.6048	0.2774	0.1574
6	1.974	0.5066	8.115	4.1114	0.2432	0.1232
7	2.211	0.4524	10.089	4.5638	0.2191	0.0991
8	2.476	0.4039	12.300	4.9676	0.2013	0.0813
9	2.773	0.3606	14.776	5.3283	0.1877	0.0677
10	3.106	0.3220	17.549	5.6502	0.1770	0.0570
11	3.479	0.2875	20.655	5.9377	0.1684	0.0484
12	3.896	0.2567	24.133	6.1944	0.1614	0.0414
13	4.364	0.2292	28.029	6.4236	0.1557	0.0357
14	4.887	0.2046	32.393	6.6282	0.1509	0.0309
15	5.474	0.1827	37.280	6.8109	0.1468	0.0268
16	6.130	0.1631	42.752	6.9740	0.1434	0.0234
17	6.866	0.1457	48.884	7.1196	0.1405	0.0205
18	7.690	0.1300	55.750	7.2497	0.1379	0.0179
19	8.613	0.1161	63.440	7.3658	0.1358	0.0158
20	9.646	0.1037	72.052	7.4695	0.1339	0.0139
21	10.804	0.0926	81.699	7.5620	0.1323	0.0123
22	12.100	0.0827	92.503	7.6447	0.1308	0.0108
23	13.552	0.0738	104.603	7.7184	0.1296	0.0096
24	15.179	0.0659	118.155	7.7843	0.1285	0.0085
25	17.000	0.0588	133.334	7.8431	0.1275	0.0075
26	19.040	0.0525	150.334	7.8957	0.1267	0.0067
27	21.325	0.0469	169.374	7.9426	0.1259	0.0059
28	23.884	0.0419	190.699	7.9844	0.1253	0.0053
29	26.750	0.0374	214.583	8.0218	0.1247	0.0047
30	29.960	0.0334	421.333	8.0552	0.1242	0.0042
31	33.555	0.0298	271.293	8.0850	0.1237	0.0037
32	37.582	0.0266	304.848	8.1116	0.1233	0.0033
33	42.092	0.0238	342.429	8.1354	0.1229	0.0029
34	47.143	0.0212	384.521	8.1566	0.1226	0.0026
35	52.800	0.0189	431.664	8.1755	0.1223	0.0023

15%的复利系数

年份	一次支付		等额系列			
	终值系数	现值系数	年金终值系数	年金现值系数	资本回收系数	偿债基金系数
n	$F/P,i,n$	$P/F,i,n$	$F/A,i,n$	$P/A,i,n$	$A/P,i,n$	$A/F,i,n$
1	1.150	0.8696	1.000	0.8696	1.1500	1.0000
2	1.323	0.7562	2.150	1.6257	0.6151	0.4651
3	1.521	0.6575	3.473	2.2832	0.4380	0.2880
4	1.749	0.5718	4.993	2.8550	0.3503	0.2003
5	2.011	0.4972	6.742	3.3522	0.2983	0.1483
6	2.313	0.4323	8.754	3.7845	0.2642	0.1142
7	2.660	0.3759	11.067	4.1604	0.2404	0.0904
8	3.059	0.3269	13.727	4.4873	0.2229	0.0729
9	3.518	0.2843	16.786	4.7716	0.2096	0.0596
10	4.046	0.2472	20.304	5.0188	0.1993	0.0493
11	4.652	0.2150	24.349	5.2337	0.1911	0.0411
12	5.350	0.1869	29.002	5.4206	0.1845	0.0345
13	6.153	0.1652	34.352	5.5832	0.1791	0.0291
14	7.076	0.1413	40.505	5.7245	0.1747	0.0247
15	8.137	0.1229	47.580	5.8474	0.1710	0.0210
16	9.358	0.1069	55.717	5.9542	0.1680	0.0180
17	10.761	0.0929	65.075	6.0472	0.1654	0.0154
18	12.375	0.0808	75.836	6.1280	0.1632	0.0123
19	14.232	0.0703	88.212	6.1982	0.1613	0.0113
20	16.367	0.0611	102.444	6.2593	0.1598	0.0098
21	18.822	0.0531	118.810	6.3125	0.1584	0.0084
22	21.645	0.0462	137.632	6.3587	0.1573	0.0073
23	24.891	0.0402	159.276	6.3988	0.1563	0.0063
24	28.625	0.0349	184.168	6.4338	0.1554	0.0054
25	32.919	0.0304	212.793	6.4642	0.1547	0.0047
26	37.857	0.0264	245.712	6.4906	0.1541	0.0041
27	43.535	0.0230	283.569	6.5135	0.1535	0.0035
28	50.066	0.0200	327.104	6.5335	0.1531	0.0031
29	57.575	0.0174	377.170	6.5509	0.1527	0.0027
30	66.212	0.0151	434.745	6.5660	0.1523	0.0023
31	76.144	0.0131	500.957	6.5791	0.1520	0.0020
32	87.565	0.0114	577.100	6.5905	0.1517	0.0017
33	100.700	0.0099	664.666	6.6005	0.1515	0.0015
34	115.805	0.0086	765.365	6.6091	0.1513	0.0013
35	133.176	0.0075	881.170	6.6166	0.1511	0.0011

20%的复利系数

年份	一次支付		等额系列			
	终值系数	现值系数	年金终值系数	年金现值系数	资本回收系数	偿债基金系数
n	$F/P,i,n$	$P/F,i,n$	$F/A,i,n$	$P/A,i,n$	$A/P,i,n$	$A/F,i,n$
1	1.200	0.8333	1.000	0.8333	1.2000	1.0000
2	1.440	0.6845	2.200	1.5278	0.6546	0.4546
3	1.728	0.5787	3.640	2.1065	0.4747	0.2747
4	2.074	0.4823	5.368	2.5887	0.3863	0.1963
5	2.488	0.4019	7.442	2.9906	0.3344	0.1344
6	2.986	0.3349	9.930	3.3255	0.3007	0.1007
7	3.583	0.2791	12.916	3.6046	0.2774	0.0774
8	4.300	0.2326	16.499	3.8372	0.2606	0.0606
9	5.160	0.1938	20.799	4.0310	0.2481	0.0481
10	6.192	0.1615	25.959	4.1925	0.2385	0.0385
11	7.430	0.1346	32.150	4.3271	0.2311	0.0311
12	8.916	0.1122	39.581	4.4392	0.2253	0.0253
13	10.699	0.0935	48.497	4.5327	0.2206	0.0206
14	12.839	0.0779	59.196	4.6106	0.2169	0.0169
15	15.407	0.0649	72.035	4.7655	0.2139	0.0139
16	18.488	0.0541	87.442	4.7296	0.2114	0.0114
17	22.186	0.0451	105.931	4.7746	0.2095	0.0095
18	26.623	0.0376	128.117	4.8122	0.2078	0.0078
19	31.948	0.0313	154.740	4.8435	0.2065	0.0065
20	38.338	0.0261	186.688	4.8696	0.2054	0.0054
21	46.005	0.0217	225.026	4.8913	0.2045	0.0045
22	55.206	0.0181	271.031	4.9094	0.2037	0.0037
23	66.247	0.0151	326.237	4.9245	0.2031	0.0031
24	79.497	0.0126	392.484	4.9371	0.2026	0.0026
25	95.396	0.0105	471.981	4.9476	0.2021	0.0021
26	114.475	0.0087	567.377	4.9563	0.2018	0.0018
27	137.371	0.0073	681.853	4.9636	0.2015	0.0015
28	164.845	0.0061	819.223	4.9697	0.2012	0.0012
29	197.814	0.0051	984.068	4.9747	0.2010	0.0010
30	237.376	0.0042	1181.882	4.9789	0.2009	0.0009
31	284.852	0.0035	1419.258	4.9825	0.2007	0.0007
32	341.822	0.0029	1704.109	4.9854	0.2006	0.0006
33	410.186	0.0024	2045.931	4.9878	0.2005	0.0005
34	492.224	0.0020	2456.118	4.9899	0.2004	0.0004
35	590.668	0.0017	2948.341	4.9915	0.2003	0.0003

25%的复利系数

年 份	一次支付		等额系列			
	终值系数	现值系数	年金终值系数	年金现值系数	资本回收系数	偿债基金系数
n	$F/P,i,n$	$P/F,i,n$	$F/A,i,n$	$P/A,i,n$	$A/P,i,n$	$A/F,i,n$
1	1.250	0.8000	1.000	0.8000	1.2500	1.0000
2	1.156	0.6400	2.250	1.4400	0.6945	0.4445
3	1.953	0.5120	3.813	1.9520	0.5123	0.2623
4	2.441	0.4096	5.766	2.3616	0.4235	0.1735
5	3.052	0.3277	8.207	2.6893	0.3719	0.1219
6	3.815	0.2622	11.259	2.9514	0.3388	0.0888
7	4.678	0.2097	15.073	3.1611	0.3164	0.0664
8	5.960	0.1678	19.842	3.3289	0.3004	0.0504
9	7.451	0.1342	25.802	3.4631	0.2888	0.0388
10	9.313	0.1074	33.253	3.5705	0.2801	0.0301
11	11.642	0.0859	42.566	3.6564	0.2735	0.0235
12	14.552	0.0687	54.208	3.7251	0.2685	0.0185
13	18.190	0.0550	68.760	3.7801	0.2646	0.0146
14	22.737	0.0440	86.949	3.8241	0.2615	0.0115
15	28.422	0.0352	109.687	3.8593	0.2591	0.0091
16	35.527	0.0282	138.109	3.8874	0.2573	0.0073
17	44.409	0.0225	173.636	3.9099	0.2558	0.0058
18	55.511	0.0180	218.045	3.9280	0.2546	0.0046
19	69.389	0.0144	273.556	3.9424	0.2537	0.0037
20	86.736	0.0115	342.945	3.9539	0.2529	0.0029
21	108.420	0.0092	429.681	3.9631	0.2523	0.0023
22	135.525	0.0074	538.101	3.9705	0.2519	0.0019
23	169.407	0.0059	673.626	3.9764	0.2515	0.0015
24	211.758	0.0047	843.033	3.9811	0.2511	0.0012
25	264.698	0.0038	1054.791	3.9849	0.2510	0.0010
26	330.872	0.0030	1319.489	3.9879	0.2508	0.0008
27	413.590	0.0024	1650.361	3.9903	0.2506	0.0006
28	516.988	0.0019	2063.952	3.9923	0.2505	0.0005
29	646.235	0.0016	2580.939	3.9938	0.2504	0.0004
30	807.794	0.0012	3227.174	3.9951	0.2503	0.0003
31	1009.742	0.0010	4034.968	3.9960	0.2503	0.0003
32	1262.177	0.0008	5044.710	3.9968	0.2502	0.0002
33	1577.722	0.0006	6306.887	3.9975	0.2502	0.0002
34	1972.152	0.0005	788.609	3.9980	0.2501	0.0001
35	2465.190	0.0004	9856.761	3.9984	0.2501	0.0001

30%的复利系数

年份	一次支付		等额系列			
	终值系数	现值系数	年金终值系数	年金现值系数	资本回收系数	偿债基金系数
n	$F/P,i,n$	$P/F,i,n$	$F/A,i,n$	$P/A,i,n$	$A/P,i,n$	$A/F,i,n$
1	1.300	0.7692	1.000	0.7692	1.3000	1.0000
2	1.690	0.5917	2.300	1.3610	0.7348	0.4348
3	2.197	0.4552	3.990	1.8161	0.5506	0.2506
4	2.856	0.3501	6.187	2.1663	0.4616	0.1616
5	3.713	0.2693	9.043	2.4356	0.4106	0.1106
6	4.827	0.2072	12.756	2.6428	0.3784	0.0784
7	6.275	0.1594	17.583	2.8021	0.3569	0.0569
8	8.157	0.1226	23.858	2.9247	0.3419	0.0419
9	10.605	0.0943	32.015	3.0190	0.3321	0.0312
10	13.786	0.0725	42.620	3.0915	0.3235	0.0235
11	17.922	0.0558	65.405	3.1473	0.3177	0.0177
12	23.298	0.0429	74.327	3.1903	0.3135	0.0135
13	30.288	0.0330	97.625	3.2233	0.3103	0.0103
14	39.374	0.0254	127.913	3.2487	0.3078	0.0078
15	51.186	0.0195	167.286	3.2682	0.3060	0.0060
16	66.542	0.0150	218.472	3.2832	0.3046	0.0046
17	86.504	0.0116	285.014	3.2948	0.3035	0.0035
18	112.455	0.0089	371.518	3.3037	0.3027	0.0027
19	146.192	0.0069	483.973	3.3105	0.3021	0.0021
20	190.050	0.0053	630.165	3.3158	0.3016	0.0016
21	247.065	0.0041	820.215	3.3199	0.3012	0.0012
22	321.184	0.0031	1067.280	3.3230	0.3009	0.0009
23	417.539	0.0024	1388.464	3.3254	0.3007	0.0007
24	542.801	0.0019	1806.003	3.3272	0.3006	0.0006
25	705.641	0.0014	2348.803	3.3286	0.3004	0.0004
26	917.333	0.0011	3054.444	3.3297	0.3003	0.0003
27	1192.533	0.0008	3971.778	3.3305	0.3003	0.0003
28	1550.293	0.0007	5164.311	3.3312	0.3002	0.0002
29	2015.381	0.0005	6714.604	3.3317	0.3002	0.0002
30	2619.996	0.0004	8729.985	3.3321	0.3001	0.0001
31	3405.994	0.0003	11349.981	3.3324	0.3001	0.0001
32	4427.793	0.0002	14755.975	3.3326	0.3001	0.0001
33	5756.130	0.0002	19183.768	3.3328	0.3001	0.0001
34	7482.970	0.0001	24939.899	3.3329	0.3001	0.0001
35	9727.860	0.0001	32422.868	3.3330	0.3000	0.0000

35%的复利系数

年份	一次支付		等额系列			
	终值系数	现值系数	年金终值系数	年金现值系数	资本回收系数	偿债基金系数
n	$F/P,i,n$	$P/F,i,n$	$F/A,i,n$	$P/A,i,n$	$A/P,i,n$	$A/F,i,n$
1	1.3500	0.7407	1.0000	0.7404	1.3500	1.0000
2	1.8225	0.5487	2.3500	1.2894	0.7755	0.4255
3	2.4604	0.4064	4.1725	1.6959	0.5897	0.2397
4	3.3215	0.3011	6.6329	1.9969	0.5008	0.1508
5	4.4840	0.2230	9.9544	2.2200	0.4505	0.1005
6	6.0534	0.1652	14.4384	2.3852	0.4193	0.0693
7	8.1722	0.1224	20.4919	2.5075	0.3988	0.0488
8	11.0324	0.0906	28.6640	2.5982	0.3849	0.0349
9	14.8937	0.0671	39.6964	2.6653	0.3752	0.0252
10	20.1066	0.0497	54.5902	2.7150	0.3683	0.0183
11	27.1493	0.0368	74.6976	2.7519	0.3634	0.0134
12	36.6442	0.0273	101.8406	2.7792	0.3598	0.0098
13	49.4697	0.0202	138.4848	2.7994	0.3572	0.0072
14	66.7841	0.0150	187.9544	2.8144	0.3553	0.0053
15	90.1585	0.0111	254.7385	2.8255	0.3539	0.0039
16	121.7139	0.0082	344.8970	2.8337	0.3529	0.0029
17	164.3138	0.0061	466.6109	2.8398	0.3521	0.0021
18	221.8236	0.0045	630.9247	2.8443	0.3516	0.0016
19	299.4619	0.0033	852.7483	2.8476	0.3512	0.0012
20	404.2736	0.0025	1152.2103	2.8501	0.3509	0.0009
21	545.7693	0.0018	1556.4838	2.8519	0.3506	0.0006
22	736.7886	0.0014	2102.2532	2.8533	0.3505	0.0005
23	994.6646	0.0010	2839.0418	2.8543	0.3504	0.0004
24	1342.797	0.0007	3833.7064	2.8550	0.3503	0.0003
25	1812.776	0.0006	5176.5037	2.8556	0.3502	0.0002
26	2447.248	0.0004	6989.2800	2.8560	0.3501	0.0001
27	3303.785	0.0003	9436.5280	2.8563	0.3501	0.0001
28	4460.110	0.0002	12740.313	2.8565	0.3501	0.0001
29	6021.148	0.0002	17200.422	2.8567	0.3501	0.0001
30	8128.550	0.0001	23221.570	2.8568	0.3500	0.0000
31	10973.54	0.0001	31350.120	2.8569	0.3500	0.0000
32	14814.28	0.0001	42323.661	2.8569	0.3500	0.0000
33	19999.28	0.0001	57137.943	2.8570	0.3500	0.0000
34	26999.03	0.0000	77137.223	2.8570	0.3500	0.0000
35	36448.69	0.0000	104136.25	2.8571	0.3500	0.0000

40%的复利系数

年份	一次支付		等额系列			
	终值系数	现值系数	年金终值系数	年金现值系数	资本回收系数	偿债基金系数
n	$F/P,i,n$	$P/F,i,n$	$F/A,i,n$	$P/A,i,n$	$A/P,i,n$	$A/F,i,n$
1	1.400	0.7143	1.000	0.7143	1.4001	1.0001
2	1.960	0.5103	2.400	1.2245	0.8167	0.4167
3	2.744	0.3654	4.360	1.5890	0.6294	0.2294
4	3.842	0.2604	7.104	1.8493	0.5408	0.1408
5	5.378	0.1860	10.946	2.0352	0.4914	0.0914
6	7.530	0.1329	16.324	2.1680	0.4613	0.0613
7	10.541	0.0949	23.853	2.2629	0.4420	0.0420
8	14.758	0.0678	34.395	2.3306	0.4291	0.0291
9	20.661	0.0485	49.153	2.3790	0.4204	0.0204
10	28.925	0.0346	69.814	2.4136	0.4144	0.0144
11	40.496	0.0247	98.739	2.4383	0.4102	0.0102
12	56.694	0.0177	139.234	2.4560	0.4072	0.0072
13	79.371	0.0126	195.928	2.4686	0.4052	0.0052
14	111.120	0.0090	275.299	2.4775	0.4037	0.0037
15	155.568	0.0065	386.419	2.4840	0.4026	0.0026
16	217.794	0.0046	541.986	2.4886	0.4019	0.0019
17	304.912	0.0033	759.780	2.4918	0.4014	0.0014
18	426.877	0.0024	104.691	2.4942	0.4010	0.0010
19	597.627	0.0017	1491.567	2.4959	0.4007	0.0007
20	836.678	0.0012	2089.195	2.4971	0.4005	0.0005
21	1171.348	0.0009	2925.871	2.4979	0.4004	0.0004
22	1639.887	0.0007	4097.218	2.4985	0.4003	0.0003
23	2295.842	0.0005	5373.105	2.4990	0.4002	0.0002
24	3214.178	0.0004	8032.945	2.4993	0.4002	0.0002
25	4499.847	0.0003	11247.110	2.4995	0.4001	0.0001
26	6299.785	0.0002	15746.960	2.4997	0.4001	0.0001
27	8819.695	0.0002	22046.730	2.4998	0.4001	0.0001
28	12347.570	0.0001	30866.430	2.4998	0.4001	0.0001
29	17286.590	0.0001	43213.990	2.4999	0.4001	0.0001
30	24201.230	0.0001	60500.580	2.4999	0.4001	0.0001

45%的复利系数

年	一次支付		等额系列			
份	终值系数	现值系数	年金终值系数	年金现值系数	资本回收系数	偿债基金系数
n	$F/P,i,n$	$P/F,i,n$	$F/A,i,n$	$P/A,i,n$	$A/P,i,n$	$A/F,i,n$
1	1.4500	0.6897	1.0000	0.690	1.45000	1.00000
2	2.1025	0.4756	2.450	1.165	0.85816	0.40816
3	3.0486	0.3280	4.552	1.493	0.66966	0.21966
4	4.4205	0.2262	7.601	1.720	0.58156	0.13156
5	6.4097	0.1560	12.022	1.867	0.53318	0.08318
6	9.2941	0.1076	18.431	1.983	0.50426	0.05426
7	13.4765	0.0742	27.725	2.057	0.48607	0.03607
8	19.5409	0.0512	41.202	2.109	0.47427	0.02427
9	28.3343	0.0353	60.743	2.144	0.46646	0.01646
10	41.0847	0.0243	89.077	2.168	0.46123	0.01123
11	59.5728	0.0168	130.162	2.158	0.45768	0.00768
12	86.3806	0.0116	189.735	2.196	0.45527	0.00527
13	125.2518	0.0080	267.115	2.024	0.45326	0.00362
14	181.6151	0.0055	401.367	2.210	0.45249	0.00249
15	263.3419	0.0038	582.982	2.214	0.45172	0.00172
16	381.8458	0.0026	846.324	2.216	0.45118	0.00118
17	553.6764	0.0018	1228.170	2.218	0.45081	0.00081
18	802.8308	0.0012	1781.846	2.219	0.45056	0.00056
19	1164.1047	0.0009	2584.677	2.220	0.45039	0.00039
20	1687.9518	0.0006	3748.782	2.221	0.45027	0.00027
21	2447.5301	0.0004	5436.743	2.221	0.45018	0.00018
22	3548.9187	0.0003	7884.246	2.222	0.45013	0.00013
23	5145.9321	0.0002	11433.182	2.222	0.45009	0.00009
24	7461.6015	0.0001	16579.115	2.222	0.45006	0.00006
25	10819.322	0.0001	24040.716	2.222	0.45004	0.00004
26	15688.017	0.0001	34860.038	2.222	0.45003	0.00003
27	22747.625	0.0000	50548.056	2.222	0.45002	0.00002
28	32984.056	0.0000	73295.681	2.222	0.45001	0.00001
29	47826.882	0.0000	106279.74	2.222	0.45001	0.00001
30	69348.978	0.0000	154106.62	2.222	0.45001	0.00001

50%的复利系数

年份	一次支付		等额系列			
	终值系数	现值系数	年金终值系数	年金现值系数	资本回收系数	偿债基金系数
n	$F/P,i,n$	$P/F,i,n$	$F/A,i,n$	$P/A,i,n$	$A/P,i,n$	$A/F,i,n$
1	1.5000	0.6667	1.000	0.667	1.50000	1.00000
2	2.2500	0.4444	2.500	1.111	0.90000	0.40000
3	3.3750	0.2963	4.750	1.407	0.71053	0.21053
4	5.0625	0.1975	8.125	1.605	0.62303	0.12308
5	7.5938	0.1317	13.188	1.737	0.57583	0.07583
6	11.3906	0.0878	20.781	1.824	0.54812	0.04812
7	17.0859	0.0585	32.172	1.883	0.53108	0.03108
8	25.6289	0.0390	49.258	1.922	0.52030	0.02030
9	38.4434	0.0260	74.887	1.948	0.51335	0.01335
10	57.6650	0.0173	113.330	1.965	0.50882	0.00882
11	86.4976	0.0116	170.995	1.977	0.50585	0.00585
12	129.7463	0.0077	257.493	1.985	0.50388	0.00388
13	194.6195	0.0051	387.239	1.990	0.50258	0.00258
14	291.9293	0.0034	581.859	1.993	0.50172	0.00172
15	437.8939	0.0023	873.788	1.995	0.50114	0.00114
16	656.8408	0.0015	1311.682	1.997	0.50076	0.00076
17	985.2613	0.0010	1968.523	1.998	0.50051	0.00051
18	1477.8919	0.0007	2953.784	1.999	0.50034	0.00034
19	2216.8378	0.0005	4431.676	1.999	0.50023	0.00023
20	3325.2567	0.0003	6648.513	1.999	0.50015	0.00015
21	4987.8851	0.0002	9973.770	2.000	0.50010	0.00010
22	7481.8276	0.0001	14961.655	2.000	0.50007	0.00007
23	11222.742	0.0001	22443.483	2.000	0.50004	0.00004
24	16834.112	0.0001	33666.224	2.000	0.50003	0.00003
25	25251.168	0.0000	50500.337	2.000	0.50002	0.00002

附表 2   标准正态分布表

$$\Phi(x) = \int_{-\infty}^{x} \frac{1}{\sqrt{2\pi}} e^{-\frac{t^2}{2}} dt = P(X \leqslant x)$$

x	0.00	0.01	0.02	0.03	0.04	0.05	0.06	0.07	0.08	0.09
0.0	0.5000	0.5040	0.5080	0.5120	0.5160	0.5199	0.5239	0.5279	0.5319	0.5359
0.1	0.5398	0.5438	0.5478	0.5517	0.5557	0.5596	0.5636	0.5675	0.5714	0.5753
0.2	0.5793	0.5832	0.5871	0.5910	0.5948	0.5987	0.6026	0.6064	0.6103	0.6141
0.3	0.6179	0.6217	0.6255	0.6293	0.6331	0.6368	0.6404	0.6443	0.6480	0.6517
0.4	0.6554	0.6591	0.6628	0.6664	0.6700	0.6736	0.6772	0.6808	0.6844	0.6879
0.5	0.6915	0.6950	0.6985	0.7019	0.7054	0.7088	0.7123	0.7157	0.7190	0.7224
0.6	0.7257	0.7291	0.7324	0.7357	0.7389	0.7422	0.7454	0.7486	0.7517	0.7549
0.7	0.7580	0.7611	0.7642	0.7673	0.7703	0.7734	0.7764	0.7794	0.7823	0.7852
0.8	0.7881	0.7910	0.7939	0.7967	0.7995	0.8023	0.8051	0.8078	0.8106	0.8133
0.9	0.8159	0.8186	0.8212	0.8238	0.8264	0.8289	0.8355	0.8340	0.8365	0.8389
1.0	0.8413	0.8438	0.8461	0.8485	0.8508	0.8531	0.8554	0.8577	0.8599	0.8621
1.1	0.8643	0.8665	0.8686	0.8708	0.8729	0.8749	0.8770	0.8790	0.8810	0.8830
1.2	0.8849	0.8869	0.8888	0.8907	0.8925	0.8944	0.8962	0.8980	0.8997	0.9015
1.3	0.9032	0.9049	0.9066	0.9082	0.9099	0.9115	0.9131	0.9147	0.9162	0.9177
1.4	0.9192	0.9207	0.9222	0.9236	0.9251	0.9265	0.9279	0.9292	0.9306	0.9319
1.5	0.9332	0.9345	0.9357	0.9370	0.9382	0.9394	0.9406	0.9418	0.9430	0.9441
1.6	0.9452	0.9463	0.9474	0.9484	0.9495	0.9505	0.9515	0.9525	0.9535	0.9535
1.7	0.9554	0.9564	0.9573	0.9582	0.9591	0.9599	0.9608	0.9616	0.9625	0.9633
1.8	0.9641	0.9648	0.9656	0.9664	0.9672	0.9678	0.9686	0.9693	0.9700	0.9706
1.9	0.9713	0.9719	0.9726	0.9732	0.9738	0.9744	0.9750	0.9756	0.9762	0.9767
2.0	0.9772	0.9778	0.9783	0.9788	0.9793	0.9798	0.9803	0.9808	0.9812	0.9817
2.1	0.9821	0.9826	0.9830	0.9834	0.9838	0.9842	0.9846	0.9850	0.9854	0.9857
2.2	0.9861	0.9864	0.9868	0.9871	0.9874	0.9878	0.9881	0.9884	0.9887	0.9890
2.3	0.9893	0.9896	0.9898	0.9901	0.9904	0.9906	0.9909	0.9911	0.9913	0.9916
2.4	0.9918	0.9920	0.9922	0.9925	0.9927	0.9929	0.9931	0.9932	0.9934	0.9936
2.5	0.9938	0.9940	0.9941	0.9943	0.9945	0.9946	0.9948	0.9949	0.9951	0.9952
2.6	0.9953	0.9955	0.9956	0.9957	0.9959	0.9960	0.9961	0.9962	0.9963	0.9964
2.7	0.9965	0.9966	0.9967	0.9968	0.9969	0.9970	0.9971	0.9972	0.9973	0.9974
2.8	0.9974	0.9975	0.9976	0.9977	0.9977	0.9978	0.9979	0.9979	0.9980	0.9981
2.9	0.9981	0.9982	0.9982	0.9983	0.9984	0.9984	0.9985	0.9985	0.9986	0.9986
3	0.9987	0.9990	0.9993	0.9995	0.9997	0.9998	0.9998	0.9999	0.9999	1.0000

参考文献

[1] 冯为民,付晓灵.工程经济学[M].北京:北京大学出版社,2012.

[2] 都沁军.工程经济学[M].北京:北京大学出版社,2012.

[3] 蒋丽波.工程经济学[M].西安:西北工业大学出版社,2012.

[4] 张正华,杨先明.工程经济学理论与实务[M].北京:冶金出版社,2010.

[5] 李南.工程经济学[M].北京:科学出版社,2009.

[6] 杨双全.工程经济学[M].武汉:武汉理工大学出版社,2009.

[7] 巩艳芬,李丽萍,许冯军.技术经济学[M].长春:吉林大学出版社,2011.

[8] 陈君,卢明湘.工程技术经济学[M].成都:西南交通大学出版社,2010.

[9] 郎宏文,王悦,郝红军.技术经济学[M].北京:科学出版社,2009.

[10] 徐莉.技术经济学[M].2 版.武汉:武汉大学出版社,2007.

[11] 王柏轩.技术经济学[M].上海:复旦大学出版社,2007.

[12] 傅家骥,万海川.技术经济学[M].北京:高等教育出版社,1998.

[13] 武育秦,赵彬.建筑工程经济与管理[M].武汉:武汉理工大学出版社,2008.

[14] 龚维丽.工程造价的确定与控制[M].北京:中国计划出版社,2001.